Carl-Auer-Systeme Verlag

Die Heilung kommt von außerhalb

Daan van Kampenhout

Schamanismus und Familien-Stellen

Aus dem Englischen übersetzt von Volker Moritz

Zweite Auflage, 2003

Carl-Auer-Systeme Verlag im Internet: **www.carl-auer.de**

Bitte fordern Sie unseren Gesamtprospekt an:
Carl-Auer-Systeme Verlag,
Weberstr. 2,
69120 Heidelberg

Über alle Rechte der deutschen Ausgabe verfügt Carl-Auer-Systeme
Verlag und Verlagsbuchhandlung GmbH Heidelberg
Fotomechanische Wiedergabe nur mit Genehmigung des Verlages
Satz: Paul Richardson
Umschlaggestaltung: WSP Design, Heidelberg
Unter Verwendung des Bildes „Worldcarrier" von Marleen van Engelen, 1997
Printed in the Netherlands
Druck und Bindung: Koninklijke Wöhrmann B. V., Zutphen

Zweite Auflage, 2003
ISBN 3-89670-213-0

Bibliografische Information Der Deutschen Bibliothek
Die Deutsche Bibliothek verzeichnet diese Publikation in der Deutschen Nationalbibliografie;
detaillierte bibliografische Daten sind im Internet über http://dnb.ddb.de abrufbar.

Inhalt

Vorwort von Bert Hellinger

Als Daan begann, mir Briefe zu schreiben über seine Beobachtungen, wie das Familien-Stellen viele Elemente schamanischer Erfahrungen widerspiegelt, war ich auf der einen Seite überrascht und auf der anderen Seite fasziniert. Die Grundhaltung der Ehrfurcht vor Kräften, die wir nicht durchschauen, die Unterscheidung von Kraft und Schwäche auf der energetischen Ebene, die es ermöglicht wahrzunehmen, was hilft oder schadet, ferner die Bedeutung des Raumes gegenüber der Zeit in dem Sinne, dass im Raum das Wesentliche sichtbar wird, in ihm zeitlos bleibt und nur dann seine heilende Wirkung entfaltet, wenn es nicht getrübt wird durch Fragen nach dem Vorher oder Nachher: das sind einige Beispiele, wie sich die Erfahrungen aus dem Schamanismus mit denen aus dem Familien-Stellen treffen. Nur war es hier so, dass ich erst durch Daans Hinweise einige der grundlegenden Erfahrungen aus dem Familien-Stellen besser begreifen konnte. Dadurch wurde das Familien-Stellen für mich in vielen Bereichen durchsichtiger und ich konnte noch konsequenter als vorher störende Einflüsse erkennen und ausschalten, zum Beispiel Fragen, welche die Energie vom Geschehen und vom Klienten abziehen und eher der theoretischen Neugier als der Lösung für die Betroffenen dienen.

Daans Briefe an mich, aus denen dieses Buch entstand, brachten mich in Berührung mit einer Weltsicht, die in vieler Hinsicht unserer gewohnten zu widersprechen scheint. Doch nur auf den ersten Blick. Denn sie zwingt uns, Beobachtungen genauer anzuschauen, die meist nur von Mund zu Mund weitergegeben werden, die wir aber dann, weil sie den gängigen Denkmustern widersprechen, bald wieder verdrängen. Dazu gehören Berichte, wie das Hereinwirken der Toten unmittelbar erfahren wurde, zum Beispiel dass sie sich zum Zeitpunkt ihres Todes bei Lebenden, mit denen sie besonders

7

verbunden waren, melden. Oft haben die Lebenden dann den Eindruck, dass sie für die Toten noch etwas tun müssten, damit diese ihren Frieden finden. Das Gleiche gilt von vielen Berichten über Geistererscheinungen, bei denen es sich oft um Tote handelt, die entweder Verbrechen begangen haben oder die Opfer eines Verbrechens wurden. Also, die Vorstellung, dass ein jenseitiges Reich existiert, das ins Reich der Lebenden hereinwirkt, und dass umgekehrt auch die Lebenden auf die Toten Einfluss nehmen können und vielleicht sogar müssen, ist uns durchaus vertraut.

Dennoch können wir die Vorstellungen der Schamanen über die guten Geister, die den Lebenden Hinweise geben, was hilft oder schadet, und über böse Geister, die es zu besänftigen oder abzuwehren gilt, nicht ohne weiteres übernehmen. Denn es scheint – und hier wage ich mich ziemlich weit vor –, dass viele Möglichkeiten, mit besonderen Kräften in Verbindung zu treten, gebunden sind an einen bestimmten Ort, eine bestimmte Zeit, eine bestimmte Landschaft, eine bestimmte Tradition. Das heißt, dass sie nicht allen Menschen gleichermaßen zugänglich sind und dass jemand vor allem mit den Kräften Verbindung aufnehmen kann und darf, die sich in seinem Bereich, innerhalb der ihm gesetzten Grenzen, zeigen und öffnen. Das heißt nicht, dass es zwischen den verschiedenen Zugangsweisen keine Verbindungen gibt oder dass eine gegenseitige Bereicherung ausgeschlossen wäre. Im Gegenteil, erst wenn das Besondere, das jeder Tradition und jeder Gruppe eigen ist, anerkannt wird, können die verschiedenen Gruppen von ihrem Ort aus aufeinander zugehen, sich austauschen und dann bereichert an ihren Ort zurückkehren.

Noch etwas ist hier, so meine ich, zu beachten. Die verschiedenen Traditionen und die Erfahrungen, die ihnen zugrunde liegen, gehören einer gemeinsamen großen Seele an, die sie hervorbringt und die sie steuert. Die Anpassung eines Lebewesens an seine Umgebung setzt voraus, dass ihm von ihr aus etwas entgegenkommt, das ihm die Anpassung ermöglicht. Das, was ihm entgegenkommt, fordert zwar manchmal das Äußerste, ermöglicht aber erst dadurch die besondere Entwicklung. Beide, das Lebewesen und seine Umgebung, sind also aufeinander bezogen. Eine ihnen beiden überlegene Kraft führt sie zusammen und ermöglicht ihnen eine ihnen eigene Form des Beisammenseins und des Austauschs. Diese sie gemeinsam steuernde Kraft nenne ich große Seele. Nicht dass ich sie begreife, aber die wissende, auf ein besonderes Ziel hin ausgerichtete gemeinsame Bewegung wird für mich am ehesten mit diesem Bild beschrieben. Entwicklungen werden möglich, wo sie von der Bewegung einer überlegenen Kraft her gewollt und daher notwendig werden. Daher wird das, was zu einer anderen Zeit richtig und notwendig war, später durch andere Umstände und Einsichten verändert. Das sagt nicht, dass die neuen Einsichten gültiger wären als die früheren, aber sie machen Entwicklungen möglich, die vorher undenkbar waren. Ich denke hier an Descartes, der in einer Vision die Welt als eine große Maschine sah. Er war von dieser Einsicht so ergriffen, dass er sie als eine göttliche Offenbarung empfand. Heute wissen wir, dass diese Vision nicht mehr ausreicht, um die Welt zu verstehen. Aber was hat sie in der Folge nicht alles bewirkt, Großartiges und Zerstörerisches, sowohl als auch. Obwohl diese Einsicht unzureichend war, hat sie die Entwicklung der Welt vorangetrieben. Es steht uns nicht zu – so meine ich – zu beurteilen, was besser oder schlechter an einer Entwicklung ist, denn auf der einen Seite ist sie unausweichlich und auf der anderen Seite wird sie durch Leid und neue Einsicht in Grenzen gehalten. Das Familien-Stellen hat durch die überraschende Erfahrung, dass die Stellvertreter für die einzelnen Familienmitglieder so fühlen wie die Personen, die sie vertreten, ohne dass sie etwas von ihnen wissen, einen Zugang zu Schichten der Seele eröffnet, die in unserer Kultur vielen bisher verborgen waren. Darüber hinaus treibt die Stellvertreter, wenn sie wirklich gesammelt bleiben, unwiderstehlich eine Kraft, die sie in eine Bewegung zwingt, durch die bisher Verheimlichtes oder Vergessenes ans Licht kommt. Durch diese Bewegung, wenn sich die Stellvertreter ihr ganz überlassen, werden für den Einzelnen und für seine Familie und Sippe Lösungen gefunden, durch die das Getrennte sich wieder verbindet, das Sich-Entgegenstehende sich versöhnt und altes Unrecht ausgeglichen wird. Was also im Schamanismus guten helfenden Geistern zugeschrieben wird, kann hier als von einer allen gemeinsamen großen Seele bewirkt erfahren werden.

Überraschend dabei ist, dass diese Wirkungen nicht nur von den Lebenden ausgehen, sondern vor allem von Toten, die vielleicht schon lange vergessen waren. Sie melden sich während einer Familienaufstellung eindrucksvoll zurück, sowohl in dem Sinne, dass sie zeigen, was noch in Ordnung gebracht werden muss, damit die Lebenden von den Folgen vergangenen Unrechts und den Nachwirkungen vergangener fremder Schicksale erlöst werden können, als auch in dem Sinne, dass die Lebenden, indem sie der Toten ehrend gedenken, ihnen ermöglichen, sich zurückzuziehen und endlich Frieden zu finden.

Es lässt sich also beim Familien-Stellen auf eine anschauliche und für jeden erfahrbare Weise nacherleben, was im Schamanismus über andere Bilder und Rituale in ähnlicher Weise erfahren und vermittelt wurde. Allerdings gilt auch für das Familien-Stellen, dass es Erfahrung und Wissen braucht, um es hilfreich anzuwenden.

Das Familien-Stellen und die schamanischen Rituale begegnen sich also an entscheidenden Punkten. Beide können sich gegenseitig mit ihren Einsichten und Erfahrungen ergänzen und bereichern, und dennoch ihre besondere Eigenart bewahren.

Bert Hellinger

Vorwort des Autors

Ich lernte das Familien-Stellen 1998 als Teilnehmer eines Seminars unter Leitung von Gabrielle Borkan kennen und war zutiefst von dessen Heilkraft beeindruckt. Fasziniert und berührt durch die systemische Arbeit nahm ich danach regelmäßig an Seminaren von ihr und anderen Trainern teil. Es dauerte jedoch nicht lange, bis mir auffiel, dass die meisten Begleiter einen bestimmten kleinen Satz bei ihrer Einführung über diese Arbeit verwendeten. Im Laufe ihrer Erklärungen über das System hörte ich an irgendeinem Punkt immer etwas im Sinne von: *„Durch einen Prozess, den wir nicht verstehen,* erfahren die Stellvertreter, die die Familienmitglieder des Klienten repräsentieren, die Gefühle der wirklichen Person, die sie vertreten."* Ich fand es merkwürdig, dass alle Begleiter ungefähr das Gleiche sagten. Warum waren die Begleiter kollektiv nicht in der Lage, diesen essenziellen Aspekt im Prozess der Aufstellung zu erklären?

Da ich selbst seit vielen Jahren schamanische Arbeit praktizierte, erschienen mir die Familienaufstellungen gar nicht so mysteriös. Darum begann ich als Experiment für mich selbst, die Dynamiken der Prozesse bei den Aufstellungen so genau wie möglich zu beobachten, und ich versuchte, sie als schamanische Phänomene zu beschreiben. Ich dachte, dass ich auf diese Weise möglicherweise ab einem gewissen Punkt hilfreiche Erklärungen finden und Antworten auf die noch offenen Fragen geben könnte, sodass die Prozesse dieser Form der systemischen Arbeit besser zu verstehen sind.

Einige Zeit später hatte ich folgenden Traum: Ich befand mich alleine in einer natürlichen Landschaft mit Bergen, Felsen und Bäumen. Ich lief durch diese Landschaft, die nicht aus wirklicher physischer Materie bestand. Ich begriff, dass es eher ein spezielles Gebiet in der Welt der Energie war, dessen Form sich aus den theoretischen Strukturen menschlichen Denkens entwickelt hat. Ich war auf der

Suche nach der theoretischen Grundlage der energetischen und spirituellen Aspekte der systemischen Arbeit von Bert Hellinger. Ich wusste, dass diese Theorie hier irgendwo in dieser Landschaft eingraviert war, oder besser gesagt, dass die Theorie in der Form einer natürlichen Struktur Teil der Landschaft sein würde.

Nach einer Weile kam ich zu einer schönen und geräumigen Höhle. Das Sonnenlicht schien durch Risse und Löcher in der Decke, und auf dem großen, ebenen Boden sah ich viele flache Felsbrocken liegen. Die meisten waren zwischen fünfzehn und dreißig Zentimeter breit und lang, und alle waren unregelmäßig geformt. Ich erkannte verschiedene Größen, unterschiedliche Farben und diverse Arten Steine. Ich wusste, dass diese Ansammlung an Material die Theorie der systemisch-phänomenologischen Arbeit zu diesem bestimmten Zeitpunkt, als ich den Traum hatte, repräsentierte. Ich sah, dass die Steine auf dem Boden Bruchstücke anderer, noch größerer Steine waren. Als ich versuchte, über sie hinwegzulaufen, war ich mir meiner Schritte nicht sehr sicher, da die Steine nicht sorgfältig nebeneinander lagen. Sie fügten sich nicht gut zusammen, und als ich sie betreten wollte, rutschten einige zur Seite, andere wackelten oder schlugen aneinander.

In dem Traum begriff ich, dass dieser Platz, den ich entdeckt hatte, einige Verbesserungen vertragen könnte. Wenn Menschen in ihren Träumen oder in ihren Gedanken an diesen Platz kämen, um ihn zu ergründen, würden sie keine einheitliche Struktur finden. Es war deutlich, dass die Theorie der systemisch-phänomenologischen Arbeit einige Verbesserungen benötigte. Eine Verbesserung der Theorie hätte direkt zur Folge, dass sich auch die Steinstruktur auf dem Boden der Höhle in dieser anderen Welt verbessern würde. Meines Erachtens war der wichtigste Punkt der neuen Struktur, dass sie aus einem einzelnen spezifischen Material bestehen sollte und nicht aus verschiedenen Fragmenten. Ich sah vor meinem geistigen Auge eine große, glatte und ebene Felsplatte, zwar mit verschiedenen Farbkombinationen und Strukturen, aber dennoch ganz.

Dann wachte ich auf.

Zum Zeitpunkt dieses Traumes hatte ich schon einen regen Briefwechsel mit Bert Hellinger, dem Begründer des Familien-Stellens. Nachdem ich an mehreren Seminaren unter seiner Leitung teilgenommen hatte, empfahl er mir in einem Seminar bestimmte Übungen. Einige Monate später hatte ich eine transformierende, spirituelle Erfahrung, die in direktem Zusammenhang mit den Anweisungen von Bert Hellinger stand, und mein Gefühl sagte mir, dass ich ihm darüber schreiben sollte. Ich habe diese Erfahrung in Kapitel 6 „Die Erfahrung der Zeitlosigkeit" beschrieben. Nach dem ersten Brief folgten mehrere andere. Ich begann, einige meiner Gedanken über die Prozesse der Aufstellungen aufzuschreiben, die auf bestimmten spirituellen Prinzipien basieren und auch die Grundlagen der schamanischen Arbeit formen. Im Rückblick kann ich jetzt erkennen, dass der Traum der Moment war, in dem mir deutlich wurde, dass unsere Korrespondenz dazu führen würde, dass ich das vorliegende Buch über dieses Thema schreiben sollte.

Viele Aspekte des Familien-Stellens wurden schon ausgiebig von verschiedenen Autoren in der „Sprache" der Psychotherapie, der Psychologie oder der Genealogie beschrieben. Jede dieser wissenschaftlichen Sprachen hat dabei bestimmte Ausgangspunkte und Annahmen über die Wirklichkeit und richtet ihren Schwerpunkt und die Aufmerksamkeit dann auch auf bestimmte Aspekte, während andere Aspekte nicht genannt werden. Jede Sprache hat ihre blinden Flecke. Die Tatsache, dass bisher wichtige Teile der Aufstellungsarbeit für viele Menschen ein Mysterium geblieben ist, bedeutet noch nicht, dass es sich hier wirklich um unbeschreibbare Phänomene handelt. Es kann viel eher daran liegen, dass die Sprachen, die auf der einen Seite gut geeignet sind, die versteckten Dynamiken in Familien akkurat zu beschreiben, die durch die Aufstellungen an die Oberfläche kommen, jedoch auf der anderen Seite einfach nicht dafür geeignet sind, die energetischen Prinzipien zu erklären, die es ermöglichen, dass eine Person eine andere repräsentieren kann.

Mein Traum inspirierte mich dazu, eine zusammenhängende Theorie der energetischen Dynamiken einer Aufstellung in der Sprache des Schamanismus zu präsentieren, ein Ausgangspunkt, der bisher noch nicht verwendet wurde, um die systemisch-phänomenologische Arbeit zu erklären. Natürlich hat auch diese Sprache, wie jede andere auch, ihre blinden Flecke. Doch kann sie trotzdem sehr hilfreich sein, bestimmte Erklärungen zu geben, besonders in Bezug auf die Natur der Seele und ihre Bewegungen, ein Bereich, der von anderen Sprachen bisher nur unzureichend oder gar nicht erklärt werden konnte.

Westliche wissenschaftliche Sprachen geben analytische Erklärungen. Die schamanische Sprache dagegen erklärt normalerweise nicht, sondern sie beschreibt einfach nur, was etwas grundlegend anderes ist. Mit der schamanischen Sprache können nicht nur die Erfahrungen der Sinnesorgane des physischen Körpers beschrieben werden, sondern auch die der Seele.

Im traditionellen Schamanismus wird eine genaue Beschreibung einer spirituellen Erfahrung als gültige Erklärung in sich selbst gesehen. Ein Schamane oder Medizinmann wird verschiedenste Arten spiritueller und praktischer Erfahrungen beschreiben und es dann dem Zuhörer überlassen, die Verbindungen und Strukturen zwischen diesen zu sehen. Wer dem traditionellen Schamanen zuhört, ohne zu diskutieren, Fragen zu stellen oder zu analysieren, der wird mit der Zeit bestimmte Muster erkennen. Tiefere Strukturen der Wirklichkeit können gefühlt werden. Das Lernen bei Schamanen oder Medizinmännern unterscheidet sich sehr vom Lernen neuer Formeln oder gewisser Techniken in der Schule. Der Lehrling eines Schamanen erhält die Gelegenheit, detaillierte Beschreibungen über die Wirklichkeit zu hören, und muss danach seine eigenen Schlüsse ziehen.

Meinen ersten Kontakt mit dem Schamanismus hatte ich 1979, als ich einem indianischen Heiler in einem Traum begegnete. Er entsprach nicht im geringsten der allgemein bekannten, romantischen Vorstellung eines Indianers. Er hatte nämlich kurze graue Haare und trug Jeans und eine Regenjacke. Er benutzte keine Trommel, schmückte sich nicht mit Federn oder anderen Attributen. Ich begegnete ihm an einem dunklen Platz mit spärlichem Licht. Er setzte sich einfach neben mich auf den Boden und begann, einige Heilungslieder zu singen. Nach einiger Zeit lud er mich ein, mit ihm zusammen zu singen. Ich war aber zu schüchtern und zu berührt durch seine Lieder, um in seinen Gesang einzustimmen. Als er das bemerkte, legte er einfach seine Hände für eine Weile auf meinen Rücken. Einige Momente später teilte er mir mit, dass es Zeit für ihn wäre zu gehen. Wir verabschiedeten uns voneinander, und ich wachte auf.

Ich hatte diesen Traum, als ich sechzehn Jahre alt war, in einer intensiven Periode in meinem Leben mit ernsthaften Schwierigkeiten und vielen Unklarheiten. Ich wusste, dass dieser Traum ein Geschenk einer unbekannten Realität war, und sprach mit niemandem über diese Erfahrung. Die Begegnung gab mir das Vertrauen und die Kraft, die ich in dieser Zeit brauchte, den Herausforderungen gewachsen zu sein. Auch heute noch kann ich die Wärme der Berührung dieses Medizinmannes auf meinem Rücken spüren, und noch immer schöpfe ich Kraft aus diesem Bild.

Zwei Jahre nach dem Traum erkrankte ich an akuter Malaria, was ich nur um Haaresbreite überlebte. Kurz nach meiner Genesung hatte ich wieder eine Begegnung mit einem Schamanen. Während ich schlief, erwachte ich in meinem Traum. Neben meinem Bett stand ein Schamane der Arktis, der in einen braunen Lederparka gekleidet war. Er stellte sich mir, ganz zu meiner Überraschung, als mein Lehrer vor. Er forderte mich auf, aus meinem Körper und meinem Bett zu steigen, was mir sogar irgendwie gelang. Dann wurde ich einigen Prüfungen ausgesetzt, da dieser Lehrer herausfinden wollte, wie stark ich war. Ich denke nicht, dass ich ihn sehr beeindrucken konnte. Aber immerhin, nach diesem Traum hatte ich stets neue Träume, in denen Lehrer und Hilfsgeister erschienen, um mich etwas zu lehren. Auf diese Weise fand Schamanismus auf ganz natürliche Art und Schritt für Schritt Eingang in mein Leben.

Nachdem ich einige Jahre lang in meinen Träumen durch die Hilfsgeister unterrichtet worden war, traf ich rein zufällig einen traditionellen Indianer, der einen reichen Wissensschatz über die Natur der menschlichen Seele besaß und über die Art, wie die Seele geheilt werden kann, wenn sie krank ist. Ich wurde von ihm eingeladen, mit ihm zu reisen. Wieder einige Jahre später hatte ich die Ehre, in die Häuser traditioneller Schamanen eingeladen zu werden. So konnte ich dabei sein, wenn sie Zeremonien leiteten und Heilungen vornahmen. Einige der Schamanen ermutigten mich, ebenfalls diese Art der Arbeit auszuführen, mit den Hilfsgeistern zu sprechen und ihre Nachrichten für Menschen in Not zu interpretieren, was ich denn auch seit 1992 hauptberuflich tue.

Ich sehe mich jedoch nicht als Schamane oder Medizinmann. Ich würde mich eher als jemanden beschreiben, der sich innerlich dem Studium des Schamanismus verpflichtet hat. Obwohl ich mich seit zwanzig Jahren damit verbunden fühle, weiß ich, dass mein Verständnis schamanischer Praktiken nie vollkommen sein wird. Es gibt immer wieder viele Dinge im Schamanismus, die ich noch zu lernen und neu zu begreifen habe.

In diesem Buch möchte ich auf einige der Fragen eingehen, die sich im Laufe der Zeit in der Entwicklung der systemischen Arbeit von Bert Hellinger herauskristallisiert haben und die noch nicht hinreichend beantwortet wurden: Wie ist es möglich, dass ein Stellvertreter, der so gut wie gar nichts über eine bestimmte Familie weiß, in einer Aufstellung in der Lage ist, die Essenz der Beziehungen zwischen den Familienmitgliedern zu fühlen und auszudrücken? Was genau passiert in so einem Moment?

Diese Fragen beziehen sich alle auf den „Prozess, den wir nicht verstehen", wie es von den meisten Begleitern, die eine Aufstellung leiten, angeführt wird. Aber daneben gibt es auch andere Fragen, die einer Klärung bedürfen. Beim Familien-Stellen werden nicht nur lebende Familienmitglieder aufgestellt, sondern auch die verstorbenen. Inzwischen ist allgemein anerkannt, dass eine Aufstellung eine heilende Wirkung hat, sowohl für den Klienten als auch für seine lebenden Familienmitglieder, die aufgestellt wurden. Aber können Aufstellungen auch die Toten heilen? Solche und andere Fragen verdienen sorgfältig formulierte Antworten.

Als Leser sollte man wissen, dass mein Gebrauch der schamanischen Sprache immer etwas sehr Persönliches ist. Sie hat sich aus meinen eigenen, persönlichen Erfahrungen und meinem Verständnis entwickelt. Ich repräsentiere damit auch keinen speziellen schamanischen Lehrer, keine Tradition oder Kultur. Außerdem wird es wahrscheinlich auch einige Leser erstaunen, die mit dem heutigen modernen westlichen Schamanismus vertraut sind, dass viele meiner Beschreibungen der schamanischen Praktiken und des Aufstellungsprozesses im Wesentlichen sehr technisch sind. Das liegt daran, dass ich von traditionellen schamanischen Lehrern beeinflusst wurde, und alle Schamanen, die ich getroffen habe, erwiesen sich als reinste Techniker. Vom traditionellen Standpunkt aus gesehen ist Schamanismus eine Wissenschaft. Allerdings ist es eine Wissenschaft, die die Gesetze der Natur untersucht, die in den Augen der westlichen Wissenschaft als nicht messbar gelten, da sie die physische Materie übersteigen.

Bert Hellingers beständige Suche nach Möglichkeiten zur Weiterentwicklung des Aufstellungsverfahrens hat Anfang des Jahres 2000 zu einigen Veränderungen bezüglich der Rolle sowohl des Aufstellers als auch der Stellvertreter geführt. Die so genannten Bewegungen der Seele entwickeln sich inzwischen neben dem

Familien-Stellen zu einer eigenständigen Richtung der systemisch-phänomenologischen Arbeit. Aus der schamanistischen Perspektive bestehen einige grundlegende Unterschiede zwischen diesen beiden Verfahren. Das vorliegende Buch wurde ausschließlich im Hinblick auf das Familien-Stellen geschrieben, denn zur Zeit ist die Erforschung der Bewegungen der Seele so stark im Fluss, dass es nach meiner Auffassung zu früh wäre, schlüssige Beobachtungen dazu in dieses Buch aufzunehmen.

In diesem Buch richte ich mich vor allem auf das Verstehen der Aktivität der Seele in dem Prozess einer Aufstellung. Die Beschreibung der Dynamiken und Verstrickungen in Familien selbst überlasse ich lieber Bert Hellinger und anderen Autoren, wie Gunthard Weber oder Hunter Beaumont. Diejenigen Leser, die mehr über die Verstrickungen von Familienmitgliedern lernen möchten, sollten besser ihre Bücher lesen. Ich beschreibe den Bereich der Verstrickungen nur hin und wieder, wenn meine eigene Erfahrung und die schamanische Sprache es zulassen.

Ich habe dieses Buch nicht in der Absicht geschrieben, dem Leser eine vollständige Beschreibung des Aufstellungsprozesses oder der schamanischen Praxis zu liefern. Mein Ziel ist es vielmehr, mein Verständnis vom Schamanismus einzusetzen, um einige der energetischen und spirituellen Aspekte des Familien-Stellens zu ergründen und zu verdeutlichen, die bisher noch nicht hinreichend erklärt wurden.

Ich wünsche mir, dass meine Arbeit Menschen hilft, die Dynamiken, die durch eine Aufstellung ermöglicht werden, besser zu verstehen, und dass die Bilder, die ich verwende, um die Seele zu beschreiben, den Leser auf solche Weise berühren, dass seine eigene Seele den Wert davon für sich selbst erkennt.

Schließlich möchte ich den Menschen danken, die einen direkten Einfluss auf dieses Buch hatten. Zuallererst möchte ich mich bei Bert Hellinger bedanken, dessen Antworten auf meine Briefe mich angespornt haben, noch tiefer die Verbindung zwischen schamanischer Arbeit und Familien-Stellen zu ergründen, bis ich schließlich dieses Buch geschrieben habe.

An zweiter Stelle bedanke ich mich bei meinen Lehrern des Schamanismus, sowohl in der physischen als auch in der nicht-physischen Welt, die es mir ermöglichten zu lernen und meinem Geist und meiner Seele sich auszubreiten.

Weiter danke ich allen Begleitern der Seminare über Familien-Stellen, an denen ich teilgenommen habe. Vor allem danke ich Gabrielle Borkan. Außerdem möchte ich Jan Jacob Stamm, Peter van Zuilekom und Otteline Lamet danken, an deren Seminaren ich in den verschiedenen Phasen meiner Forschungsarbeit teilnehmen konnte.

Zu guter Letzt einen ganz besonderen Dank an Oscar David, der mich nicht nur ständig ermutigt hat weiterzuschreiben, sondern mich tatsächlich an die Arbeit gesetzt hat. Aus vielen Gründen hätte ich dieses Buch ohne ihn nicht geschrieben.

Daan van Kampenhout
Juli 2001

1. Beschreibung der schamanischen und der systemischen Arbeit

Schamanische Praktiken und systemische Arbeit sind zwei komplexe Phänomene, über die viele Bücher geschrieben werden könnten und auch geschrieben wurden. In diesem Buch wird die Beziehung der verschiedenen Aspekte sowohl schamanischer Rituale als auch des Familien-Stellens beschrieben. Dadurch wird für den Leser das Verständnis dieser beiden Disziplinen zunehmend anschaulich und klar. Bevor ich allerdings zu dem Vergleich der beiden Richtungen komme, möchte ich als Erstes mit zwei kurzen Beschreibungen des Schamanismus bzw. des Familien-Stellens beginnen. Hierdurch möchte ich dem Leser, der nicht mit beiden Richtungen bekannt ist, einen Ausgangspunkt vermitteln.

„Schamanismus" ist ein Begriff, der in der Anthropologie verwendet wird. Ursprünglich beschrieb man damit die spirituellen Traditionen und Praktiken der verschiedenen ethnischen Gruppen aus Sibirien, der Mongolei, Lappland, Teilen Alaskas und Kanadas. Da sich die traditionellen spirituellen Praktiken der nomadischen Gruppen in der arktischen bzw. subarktischen Zone der nördlichen Hemisphäre von Stamm zu Stamm sehr stark unterscheiden, kann ich hier nur eine vereinfachte und zusammengefasste Übersicht geben.

Ein wesentliches Konzept im Schamanismus ist es, dass die Welt, in der wir leben, nur eine von mehreren Welten ist. Die verschiedenen Welten werden als Teile eines vertikal geschichteten Universums gesehen. Sie sind über eine Achse miteinander verbunden, die durch sie hindurchläuft. Diese Achse wird oft der „Weltenbaum" genannt. Über uns sind die oberen Welten, wir befinden uns in der mittleren Welt, und unter uns sind die unteren Welten. Diese anderen Welten werden von verschiedenen Arten von Geistern bewohnt. Sie sind die großen Kräfte der Natur, wie die vier Geister der vier Himmelsrichtungen oder auch die Berge, die Meere, der Donner. Es gibt Tiergeister, Pflanzengeister und die Seelen oder Geister der Menschen, die gestorben sind. Auch gibt es kleinere Naturgeister, zu denen auch Wesenheiten gehören, die in Westeuropa unter anderem Elfen oder Gnome genannt werden. Nach der schamanischen Tradition handeln einige der Geister als Lehrer und Helfer, während andere nicht an Menschen interessiert sind. Einige sind uns gegenüber sogar gewalttätig oder bösartig gesinnt.

Die schamanischen Unter- und Oberwelten sind nicht zu vergleichen mit dem Konzept des christlichen Himmels und der Hölle. In den oberen Welten kann man sowohl Orte der Weisheit finden als auch Orte, an denen Geister versuchen, Menschen zu verführen. In den unteren Welten gibt es viele Plätze der Lebenskraft und Stärke, aber auch Regionen, in denen man krank wird, sich verirrt oder stecken bleiben kann. Die verschiedenen Welten befinden sich in ständiger Interaktion miteinander. Sie überlappen sich und verschmelzen in verschiedener Hinsicht, symbolisch vereint durch den Weltenbaum. Man kann sich die drei Welten vorstellen wie eine Vielzahl von Dias, die gleichzeitig übereinander auf eine Leinwand projiziert werden.

Da die Unter-, Mittel- und Oberwelten miteinander verwoben sind, ist es möglich, sich von der einen in die andere Welt zu bewegen. Der Schamane macht davon Gebrauch, um so Menschen zu helfen, die in Problemen stecken oder an Krankheiten leiden. Er versucht, in den anderen Welten Informationen oder Heilkräfte zu finden. Wenn Hilfe nötig ist, können die Hilfsgeister häufig für wertvolle Unterstützung sorgen. Viele Hilfsgeister sehen, was sich in unserer Welt abspielt, und können darum aus ihrer Perspektive Ratschläge geben. Traditionell ist es die Rolle des Schamanen, Kontakt mit den Geistern aufzunehmen und mit ihnen zu sprechen. Er ist dazu in der Lage, nachdem er sich in einen Trancezustand versetzt hat. Dann kann er entweder eine Reise in die anderen Welten unternehmen, um mit den Geistern zu sprechen, oder die Geister zu sich rufen und auf diese Art mit ihnen kommunizieren.

Der ursprüngliche Schamanismus unterscheidet sich durch mehrere Merkmale von anderen Traditionen, die ebenfalls mit Geistern Kontakt aufnehmen, um Informationen oder Hilfe zu bekommen. Wenn ein Schamane zu den Hilfsgeistern spricht, weil ihn eine leidende Person um Hilfe gebeten hat, kleidet er sich ursprünglicherweise in ein Schamanenkostüm. Die traditionellen sibirischen Schamanenkostüme sehen sehr beeindruckend aus: Sie sind aus Leder, Stoff und Eisen gefertigt und mit Abbildungen von Hilfsgeistern und Tieren übersät. Mit seinen schweren Fransen aus Lederriemen und Stricken aus Stoff („Schlangen" genannt) kann ein Schamanenkleid bis zu zwanzig oder dreißig Kilogramm wiegen. In seinem Kostüm tanzend ist der Schamane schnell erschöpft und fällt in Trance. Während sich der Trancezustand vertieft, singt der Schamane improvisierte Lieder, die aus Worten und aus Klängen der Tierwelt bestehen. Dabei spielt er monotone Rhythmen auf einer großen, flachen Trommel. Wenn der Trancezustand tief genug ist, kann der Schamane mit den Hilfsgeistern kommunizieren.

In Sibirien hat der Schamanismus nur mit Mühe das sowjetische Zeitalter überlebt. Die kommunistische Partei organisierte in den 30er Jahren Kampagnen gegen Schamanen, die man als Staatsfeinde bezeichnete. Die Jahre unter Stalin waren fatal: Die meisten Schamanen wurden ermordet, viele davon in Gefangenenlagern. Nur in sehr abgelegenen Gebieten überlebten Menschen, die die schamanischen Praktiken fortführten. Heutzutage, nach dem Fall der Sowjetunion, kann man in vielen Gebieten Sibiriens eine Wiedergeburt des Schamanismus beobachten, vor allem in der südlichen sibirischen Region. Doch die direkte Verbindung mit der alten Tradition ist gebrochen, und was heute als Schamanismus bezeichnet wird, ist nur eine Rekonstruktion aus Bruchstücken dessen, was es einmal war.

Die Spiritualität der ursprünglichen Stämme in Nordamerika ist ebenfalls eng mit dem traditionellen Schamanismus verwandt. Aber es gibt einige gravierende Unterschiede zwischen ihnen und den Praktiken der Völker aus nördlicheren Gebieten. Die Trancezustände der sibirischen Schamanen sind spektakulärer und dynamischer im Vergleich zu denen der indianischen Medizinmänner. Ihre Lieder sind improvisiert, anders als die Heilgesänge der indianischen Traditionen, die festgelegte Wörter und Melodien verwenden. Außerdem tragen die nordamerikanischen Medizinmänner nur selten oder gar keine Schamanenkostüme. Trotzdem wird auch die spirituelle Tradition der Indianer als Schamanismus bezeichnet. Ihre Sicht der Geister und deren Welten wie auch die Art, mit den Geistern zu kommunizieren, ist im Wesentlichen die gleiche wie die der Völker Sibiriens.

21

Heutzutage verwenden die meisten westlichen Menschen das Wort Schamanismus nicht, um eine Form zu beschreiben, sondern einen *Inhalt*. Man verwendet es, um anzugeben, dass man eine bewusste Beziehung zu Hilfsgeistern hat. Durch diese neue Definition werden auch die australischen Ureinwohner, die afrikanischen Wahrsager, balinesische Trancemedien und viele andere Menschen zu einer Art Schamanen. Heute wird beinahe jegliche fremdländische Heilmethode, die in engem Kontakt mit der Erde steht (oder stand), von vielen Westlern als Schamanismus bezeichnet. Ursprünglich bezeichnet der Ausdruck Schamanismus eine bestimmte *Form* der Kommunikation mit den Geistern. Diese beinhaltet – wie geschildert – das Schamanenkostüm, improvisierte Lieder und der Gebrauch der großen flachen Trommeln. Wenn ich also über „traditionelle Schamanen" spreche, meine ich sibirische und mongolische Schamanen und zusätzlich nordamerikanische Medizinmänner. Somit halte ich mich eher an die ältere anthropologische Definition, die sich nur auf die spirituellen Praktiken der Völker des nördlichen Polarkreises und der Subarktik bezieht.

Wie in jeder spirituellen Tradition hängt die Qualität der Arbeit von demjenigen ab, der sie praktiziert. Ebenso wie es bei christlichen Priestern, jüdischen Rabbis oder islamischen Imams hohe Seelen gibt, sind andere dagegen in ihrem Verständnis der spirituellen Prinzipien ihrer Religion eher beschränkt. Genauso praktizieren wahrhaft große Schamanen neben anderen Schamanen, die eher inkompetent und nicht wirklich weise zu nennen sind. Das Bild des Schamanismus hat sich im Westen inzwischen allerdings eher zu einem mystischen Ideal entwickelt.

Meiner Meinung nach sieht die Wirklichkeit aber anders aus als dieses optimistische Wunschbild. Schamanismus wird häufig als Synonym für Begriffe wie Weisheit, Wahrheit, Reinheit, Gewaltlosigkeit, Ökologie und spirituelle Harmonie gebraucht. Ich wünschte mir, dass es das wäre, aber meine Erfahrungen haben mich gelehrt, dass es nicht so einfach ist. Es gibt sicherlich einzelne Schamanen, die einige dieser Qualitäten verkörpern. Doch das heißt noch lange nicht, dass die schamanische Kultur als Ganzes so gesehen werden kann. Für mich ist Schamanismus nicht ein Traum aus der guten alten Zeit, sondern eine spirituelle Sprache. Menschen mit Veranlagung können diese Sprache schneller als andere lernen und besser beherrschen. Aber sich in einem bestimmten Maß damit auszudrücken, kann jedermann lernen.

Kommen wir zum Familien-Stellen. Das Familien-Stellen wurde von Bert Hellinger als Teil seiner Arbeit mit systemischen Lösungen entwickelt. Eine Aufstellung ist eine Methode, mit hindernden Ereignissen in der Familiengeschichte umzugehen. Es ist keine direkte Form der Psychotherapie. In der Psychotherapie wird nach den Wurzeln von Problemen, wie zum Beispiel ein negatives Selbstbild, gesucht. Schwierige Erfahrungen in der Kindheit oder andere traumatische Erlebnisse werden in einem anderen Licht gesehen. Dies wird möglich, da die Psychotherapie mit bewussten oder unbewussten Botschaften arbeitet, die man beim Aufwachsen erhalten hat. Wer zum Beispiel von seiner Mutter immer zu hören bekam, dass er dumm sei, ist mit der Botschaft aufgewachsen, keinen oder nur wenig Wert zu haben. Wenn dieses Gefühl noch durch weitere negative Erlebnisse verstärkt wird, resultiert es in einem negativen Selbstbild. In solch einem Fall kann die Psychotherapie helfen.

Das Familien-Stellen beschäftigt sich dagegen nicht mit solchen Prozessen. Diese Form der systemischen Arbeit bezieht sich auf Familiengeschichten und Ereignisse, die oft nicht durch die Persönlichkeit wahrgenommen werden. Ereignisse und verschwiegene Geheimnisse, die weitreichend unsere Lebensqualität und die Entscheidungen der Seele beeinflussen. Man stelle sich eine Frau vor, die nach der Geburt des ersten Kindes zwei oder drei Kinder verloren hat. Jahre später kann ihre Enkeltochter keine Kinder bekommen. Ein Psychotherapeut würde zwischen beiden Faktoren keinen Zusammenhang sehen. Aber in einem Seminar zum Familien-Stellen würde der Begleiter seine Aufmerksamkeit unmittelbar auf eine mögliche Verstrickung zwischen der Großmutter und ihrer Enkelin richten.

Das Wissen, das einem durch das Studieren von Tausenden Aufstellungen zuwächst, sagt, dass Ereignisse, wie der frühe Tod der Kinder der Großmutter, als Ursache der Unfruchtbarkeit der Enkelin eine wichtige Rolle spielen könnten. Unbewusst, auf dem Niveau der Seele, hat die Enkeltochter das Los der Großmutter auf sich genommen.

Eine solche Annahme wird nicht nur von Bert Hellinger oder anderen Menschen, die mit dem Familien-Stellen arbeiten, vertreten. Auch verschiedene andere therapeutische und psychoanalytische Schulen kamen durch ihre Forschung zu ähnlichen Resultaten. Man hat viel darüber gelernt, wie wichtige Ereignisse negative Effekte bei Familienmitgliedern verursachen können, die zwei, drei oder noch mehr Generationen nach dem Ereignis geboren wurden. Das Besondere bei der Arbeit von Bert Hellinger sind seine Methode, die Familien aufzustellen, und die Schlüsse, die er daraus zieht.

Das Familien-Stellen wird unter der Anleitung eines Begleiters in Gruppen durchgeführt. Nach einem kurzen Gespräch mit dem Klienten entscheidet der Begleiter, welche Familienmitglieder für die Aufstellung wichtig sind. Der Klient wählt anschließend die Stellvertreter der Familienmitglieder aus den anderen Teilnehmern des Seminars aus. Er bittet die Teilnehmer, zum Beispiel seinen Vater, seine Mutter, die Schwester oder seine beiden Brüder zu repräsentieren. Außerdem wählt er auch einen Stellvertreter für sich selbst aus. Die Personen, die als Stellvertreter ausgewählt wurden, können diese Aufgabe ablehnen, doch in den meisten Fällen sind sie bereit zu helfen.

Der Klient beginnt dann mit der Aufstellung. Ohne zu sprechen, stellt er die verschiedenen Stellvertreter, einen nach dem anderen, im Gruppenraum auf. Sobald die Repräsentanten auf ihrem Platz stehen, spüren sie spezielle und deutliche Wahrnehmungen. Der jüngere Bruder fühlt sich beispielsweise dem Vater nahe, aber empfindet Hass dem älteren Bruder gegenüber. Die Schwester fühlt sich abseits, als sei sie kein Teil der Familie. Die Mutter fühlt sich möglicherweise so müde, dass sie tatsächlich nicht mehr stehen kann und nach zwei Minuten auf den Boden sinkt. Der Klient, dessen Familie hier aufgestellt wurde, ist erstaunt über die Reaktionen der Stellvertreter. Seine Schwester war in Wirklichkeit nämlich auch auf sich selbst gestellt und nicht an der Familie interessiert. Die Mutter klagte ständig und war übermüdet. Die Brüder hassten einander, der jüngere mochte jedoch seinen Vater sehr.

Das Erstaunliche ist, dass diese Gefühle der verschiedenen Familienmitglieder im Erstgespräch mit dem Klienten nicht angesprochen werden. Im Gegenteil, der Begleiter unterbricht jegliche Geschichte, wer was über wen denkt, fühlt oder urteilt. Als wichtig werden nur die tatsächlichen Ereignisse betrachtet, nicht die Geschichten oder Familienmythen drum herum. Wer starb? Und wie? Wer hatte eine entscheidende Beziehung oder war verheiratet mit wem? Wer hatte einen Unfall, wurde von der Familie ausgeschlossen oder hatte ein anderes schwerwiegendes Schicksal? Während der Aufstellung beobachtet der Begleiter die Körpersprache und Reaktionen der Stellvertreter, um so die bestehenden Dynamiken der Familie zu verstehen.

Wenn die Struktur deutlich geworden ist, sucht der Begleiter nach ausgleichenden oder heilenden Bewegungen, um so eine Alternative zu den sichtbar gewordenen Verstrickungen zu bieten. Er wird möglicherweise einige der Stellvertreter auf einen anderen Platz stellen und dann die verschiedenen Reaktionen, die eine solche Intervention mit sich bringt, beobachten. Vielleicht wird er auch einen Repräsentanten bitten, bestimmte Schlüsselsätze auszusprechen, die ausdrücken, was sich abspielt oder was gesagt werden muss. Solche Sätze sind kurz und besitzen oft eine archaische Qualität: „Jetzt sehe ich dich als meinen Vater", „Ich nehme dich als meine Frau", „Ich lasse die Schuld bei dir", „Ich stimme zu".

Manchmal werden im Laufe des Prozesses weitere Stellvertreter der Familienmitglieder aufgestellt, um eine Lösung zu finden, manchmal aber auch nicht. Der gesamte Prozess, eine Lösung zu finden, dauert manchmal nur zehn Minuten, andere Male länger als eine Stunde. Meistens wird eine Lösung gefunden, aber nicht in allen Fällen. Kommt es zu keiner Lösung, fehlen oft entscheidende Informationen über ein Schlüsselfigur der Familie. Manchmal fühlt der Begleiter, dass keine Erlaubnis für ein Eingreifen vorliegt. In solchen Fällen scheint es, als ob ein bestimmtes Bewusstsein die Familie begleitet und verhindert, dass die Aufstellung sich weiter entwickelt.

Am Ende einer Aufstellung wird der Klient gebeten, sich auf seinen Platz zu stellen, und wechselt somit seinen Stellvertreter ab. Dieser Schritt ist aber nicht immer notwendig. Oft reicht es für den Klienten schon aus, Zeuge der Aufstellung zu sein und zu sehen, wie aus alten Verstrickungen und Verwirrungen eine neue Ordnung und Harmonie entsteht. Eine Familienaufstellung ist ein einmaliges Ereignis. Man stellt nicht über eine bestimmte Zeitperiode jede Woche seine Familie auf, als ob es eine Art Therapiesitzung wäre.

Es kann ein Jahr oder länger dauern, bis man die Folgen der Aufstellung wahrnehmen kann. Viele Menschen berichten von entscheidenden Heilungsschüben, nachdem sie ihre Familie gestellt haben, die sie in direktem Zusammenhang mit den Aufstellungen sehen, nicht nur bei sich selbst, sondern auch bei den anderen Familienmitgliedern.

2. Grundlegende Prinzipien bei Heilungen

Schamanische Rituale zur Heilung und Problemlösung basieren auf bestimmten Grundlagen und spirituellen Gesetzen, die wiederum zum Großteil auch die Grundlagen für das Familien-Stellen bilden. Aber bevor wir die Gemeinsamkeiten des Familien-Stellens und des Schamanismus untersuchen, möchte ich noch die grundlegenden Prinzipien der schamanischen Praxis herausarbeiten. Eine Möglichkeit, die Basisgrundlagen des Schamanismus zu ergründen, besteht im Vergleich des Schamanismus mit der Psychotherapie. Sowohl der Schamanismus als auch die Psychotherapie behaupten, Psyche und Seele heilen zu können. Allerdings sind ihre Ausgangspunkte, wie man diese Heilung begleiten soll, oft genau gegensätzlich. Gerade weil sie sich in so verschiedener Hinsicht voneinander unterscheiden, beleuchten sich der Schamanismus und die Psychotherapie gegenseitig.

Um den Schamanismus mit der Psychotherapie vergleichen zu können, muss ich beide Richtungen vereinfachen und polarisieren. Dadurch wird der Unterschied zwischen beiden Praktiken deutlicher. Wenn ich bei diesem Vergleich dann vom Schamanismus spreche, beziehe ich mich dabei auf die ältere anthropologische Definition. Schamanismus bezeichnet also die spirituellen Praktiken der sibirischen, mongolischen und nordamerikanischen Nomadenstämme. Den Begriff Psychotherapie verwende ich dagegen, um die Therapie zu beschreiben, die von einem ausgebildeten Psychotherapeuten bei Menschen angewendet wird, die unter psychologischen Störungen leiden, wie zum Beispiel an Paranoia, Neurosen oder Phobien. Meine Verwendung des Begriffs Psychotherapie beinhaltet nicht die große Vielzahl an Therapien, die für relativ gesunde Menschen zur Unterstützung der persönlichen Entwicklung oder zum spirituellen Wachstum entwickelt wurden.

Bevor ich mit meinem Vergleich beginne, möchte ich noch betonen, dass der traditionelle Schamanismus nicht nur zur Heilung von pathologischen psychologischen Zuständen verwendet wird, sondern auch zur Diagnose und Behandlung von physischen Krankheiten. Psychotherapie wird in den meisten Fällen nur zur Behandlung von psychischen Problemen und Blockaden angewendet. Somit überschneiden sich die Gebiete des Schamanismus und der Psychotherapie nur teilweise. Im Zuge der New-Age-Bewegung und der wachsenden alternativen Gesundheitsfürsorge gibt es heutzutage ein großes Angebot an verschiedenen Therapien und Formen der schamanischen Arbeit, ebenso wie diverse Kombinationen von beiden. Dabei ist bemerkenswert, dass in der alternativen Szene der traditionelle Schamanismus und die Psychotherapie in ihrer reinen Form nur selten angewendet werden.

Während der traditionelle Schamanismus kaum noch praktiziert wird und man nur mit Mühe Zugang dazu finden kann, ist die Psychotherapie veraltet, ihr fehlt die spirituelle Dimension des Lebens. Trotz alledem bleiben die beiden Praktiken die Bausteine, auf denen die meisten anderen neu entwickelten therapeutischen Schulen und schamanischen Ausbildungen basieren. Somit liefert der Vergleich der Psychotherapie mit dem Schamanismus in ihren ursprünglichen Formen nicht nur Einblicke in die Grundlagen der Heilung, aus denen heraus sie sich entwickelt haben, sondern auch in neuere therapeutische Ansätze und schamanische Arbeitsweisen.

Im Folgenden wird die Person, die um Hilfe bittet, für alle Disziplinen als der Klient bezeichnet. Außerdem wird der Einfachheit halber im ganzen Buch die männliche Ausdrucksform verwendet, dabei kann es sich aber bei allen Personen sowohl um Personen des weiblichen als auch des männlichen Geschlechts handeln.

Den ersten Unterschied zwischen dem Schamanismus und der Psychotherapie erkennt man, wenn man sich klar macht, was jeweils für eine Heilung als wichtig betrachtet wird. Dieser Unterschied lässt sich wie folgt zusammenfassen: Der therapeutische Prozess entwickelt sich über eine Zeitlinie, während der Schamanismus eine Struktur im Raum errichtet. Betrachten wir zuerst die psychotherapeutische Herangehensweise.

Geht man zu einem Therapeuten in Behandlung, wird dieser anfangs eine Zeitperiode für die Dauer des Heilungsprozesses vorschlagen. Leidet der Klient zum Beispiel an einer Phobie und beginnt die Therapie im März, wird ihm der Psychotherapeut die Struktur der Behandlung über einen bestimmten Zeitraum aufzeigen. Nach den einführenden Untersuchungen sollte er im April oder Mai in der Lage sein, die Wurzeln seiner Ängste aufzuspüren und zu ergründen. Im Juni wird er langsam fähig sein, bestimmte Schritte zur Verarbeitung seiner Angst zu unternehmen. Im August werden dann deutliche Verbesserungen zu erkennen sein. Und schließlich sollte der Klient im November wieder so gut funktionieren, dass die Therapie abgeschlossen werden kann.

Obwohl der Heilungsprozess auch länger oder kürzer als vorgesehen dauern kann und unterschiedliche Therapeuten grundlegend verschiedene Ansichten über die Dauer einer Behandlung haben, wird der therapeutische Prozess jedoch immer als eine graduelle Entwicklung über einen bestimmten Zeitraum gesehen und beschrieben.

Schamanische Heilungen werden aus einem ganz anderen Kontext heraus betrachtet. Obwohl die Dauer der Vorbereitung eines schamanischen Rituals oder das Ritual selbst auch in Stunden, Tagen oder sogar Wochen ausgedrückt werden kann, entwickelt sich der schamanische Heilungsprozess nicht graduell in einer bestimmten Zeit. Schamanische Heilung findet in einem zeitlosen Raum statt, in einer mystischen Zeit, in der alles, was jemals war oder sein wird, anwesend ist. Während eines schamanischen Rituals ist alles darauf ausgerichtet, die Teilnehmer von einem linearen Zeitempfinden zu lösen. Darauf wird in Kapitel 6 „Die Erfahrung der Zeitlosigkeit" noch näher eingegangen.

Der Schamane richtet seine Aufmerksamkeit auf die Erfahrung des Raums, nicht der Zeit: die vier Himmelsrichtungen, der Himmel und die Oberwelt über uns, die Erde und die Unterwelt unter uns. Das sind die grundlegenden Ankerpunkte für eine Heilung, nicht Monate wie April, August und November. Eine Heilung findet in einem heiligen Raum statt, dessen Struktur durch Altäre oder Bilder sichtbar wird. Alle Menschen, die dem Ritual beiwohnen, sind Zeuge eines zeitlosen Schauspiels, bei dem die Heilkraft, besser gesagt alles, was existiert, anwesend ist.

Der Schamane lädt durch Gebete und Opfergaben wie Nahrungsmittel, Getränke und Räucherwerk, die während des Rituals auf dem Altar dargeboten werden, bestimmte Kräfte ein, die zur Heilung beitragen können. Ein Altar wird als Anker gesehen, der die beiden Welten, die sichtbare und die unsichtbare, miteinander verbinden kann. Es handelt sich dabei nicht um ein „Symbol". Es gibt keine Trennung zwischen dem Objekt und dem Subjekt. Im Laufe des Rituals verwandelt sich ein Altar, der einem bestimmten Hilfsgeist geweiht ist, in eben diesen Hilfsgeist. Der Schamane, der Klient und die Beobachter sind von den Hilfsgeistern umgeben.

Allen Kräften wird der ihnen eigene Platz in dieser rituellen Rekonstruktion des spirituellen Universums gegeben. Analog zu den kosmischen Kräften haben nach der schamanischen Tradition auch alle Kräfte und Energien im Körper und in der Psyche des Klienten ihren eigenen Platz. Wenn sich eine Kraft oder Energie an ihrem Platz befindet, hat dies eine positive Auswirkung. Ist dies nicht der Fall, kann eine Störung entstehen.

Betritt der Schamane den mystischen, zeitlosen Raum eines schamanischen Rituals, kann er beispielsweise verloren gegangene Teile der Seele zurückholen. Er kann ebenfalls fremde Energien aus dem Körper des Klienten extrahieren und diese an ihren Ursprungsort zurückführen. Befinden sich alle Energien an dem Platz, wo sie hingehören, kann sich Gesundheit wieder einstellen, und das Leben organisiert sich in besserer Weise.

Das Entwickeln des Heilungsprozesses über eine Zeitlinie oder durch Errichten einer Struktur im Raum ist der erste und vielleicht wichtigste Unterschied zwischen dem therapeutischen Prozess und der schamanischen Heilung. Dies hat weitreichende Konsequenzen. Schamanische Heilung geschieht durch eine Erfahrung des Raums, das hat zur Folge, dass der Heilungsprozess in einem sehr kurzen Zeitraum stattfinden kann. Bei der schamanischen Heilung spielt die Zeit keine relevante Rolle. Ein Klient kann zu Beginn des Rituals schwer krank oder mental verwirrt sein, aber am Ende, einige Stunden später, sich in einem guten Gesundheitszustand befinden.

Ein Beispiel dafür ist eine mir bekannte Frau, die direkt nach Ablauf einer Heilungszeremonie, die die ganze Nacht gedauert hat, einen Tumor so groß wie ein Ei erbrochen hat. Ihre geplante Operation im Krankenhaus konnte so abgesagt werden. Dieses Beispiel ist kein Einzelfall. Ich habe ähnliche Fälle selbst beobachten können. Vom schamanischen Gesichtspunkt aus betrachtet sind dies logische Vorkommnisse und keine Wunder.

Während einer Heilungszeremonie wird der physische Raum, in dem die Heilung stattfindet, durch Gebete und das Aufbauen von

30

Altären transformiert. Der Raum wird zum Minikosmos, in dem alle benötigten spirituellen Kräfte potenziell anwesend sind und angerufen werden können. Der Schamane entscheidet, welche Geister für die Arbeit mit dem Klienten angerufen werden. Der Klient wird dann aufgefordert, sich von einem Altar zum anderen zu bewegen, um ihn so den Hilfsgeistern vorstellen zu können.

Doch meistens kann der Klient sich an einen bestimmten Platz setzen und bleibt dort während des gesamten Ablaufs der Zeremonie. Was der Klient auch unternimmt, der Schamane organisiert das Ritual so, dass mit den Kräften im Raum gearbeitet werden kann. Der Schamane wird sich im Laufe des Rituals zum Beispiel von Altar zu Altar oder von einer Fahne zur nächsten bewegen, die die verschiedenen Hilfsgeister repräsentieren. Dabei bittet er beispielsweise die Kräfte der vier Himmelsrichtungen, in den Raum zu kommen und zur Heilung beizutragen.

Nachdem das Ritual beendet ist, werden die Altäre abgebaut, und die Erfahrung der linearen Zeit kehrt zurück. Der Klient taucht aus dem Ritual auf, ist aber nicht mehr die gleiche Person wie zuvor. Er wurde durch die Hilfsgeister berührt und ist durch diese Berührung verändert. Die Kräfte der Schöpfung haben sein Leben wortwörtlich neu geschaffen. Manchmal kann es dann noch Stunden, Tage oder Wochen dauern, bis die Heilung sich vollständig in allen Aspekten seines Lebens gefestigt hat. Aber nachdem die Zeremonie abgeschlossen wurde, ist eine Heilung geschehen. Wenn sie erfolgreich war, ist das Problem gelöst. War sie nicht erfolgreich, wird die Zeremonie trotzdem nicht wiederholt, da die Hilfsgeister schon alles, wozu sie befähigt sind, getan haben. Es gibt, anders als bei einem therapeutischen Prozess, keine graduelle Entwicklung des Heilungsprozesses. Im Schamanismus besteht Heilung aus einem einzelnen Ereignis, plötzlich und direkt.

Ein zweiter Unterschied zwischen dem Schamanismus und der Psychotherapie zeigt sich, wenn man die Rollen des Schamanen und des Therapeuten näher betrachtet. Der Schamane ist ein Experte, der sich in der Heilungsordnung des Universums auskennt. Er ist in der Lage, die Kräfte, die in bestimmten Situationen benötigt werden, zu aktivieren. Nachdem er diese Aufgabe erfüllt hat, ist seine Arbeit erledigt. Er kann sich dann zurückziehen. Die Verantwortung für das Ritual liegt in den Händen des Schamanen, die Verantwortung für die Heilung dagegen in den Händen der Hilfsgeister.

Die Handlungen des Schamanen während des Rituals dienen dazu, dass die Struktur des mystischen Raums instand gehalten wird. Seine Gesänge dienen den Hilfsgeistern, damit sie ihre Heilungsarbeit verrichten können. Der Schamane selbst kann zwar auch heilen, er folgt dann den Anweisungen oder Ratschlägen der Hilfsgeister. Ein Psychotherapeut ist viel stärker auf den eigentlichen Heilungsprozess bezogen, er leitet ihn. Therapeuten geben Ratschläge, stellen Lösungen vor oder geben dem Klienten Hausaufgaben auf. Der Therapeut konfrontiert den Klienten mit Unstimmigkeiten in dessen Lebensgeschichte. Er beurteilt das Realitätsempfinden des Klienten und richtet die Aufmerksamkeit auf die Themen, die der Klient lieber vermeiden möchte. Ein Psychotherapeut steuert den Prozess aktiv und fällt Entscheidungen über den weiteren Verlauf der Therapie.

Bis hierhin haben wir festgestellt, dass der Klient des Psychotherapeuten sich für eine bestimmte Anzahl Sitzungen über einen Zeitraum von mehreren Monaten verpflichtet. In dieser Zeit wird er von dem Therapeuten angeleitet. Der Klient eines Schamanen betritt einen zeitlosen Raum, in dem der Schamane die Struktur des spirituellen Universums sichtbar macht. Die Hilfsgeister werden gerufen und übernehmen danach die Kontrolle über die eigentliche Heilung, während der Schamane die Kontrolle über die Heilungszeremonie behält.

Ein Schamane mobilisiert Kräfte und Mächte aus dem Außen: Heilungsgeister und Naturkräfte. Ein Therapeut dagegen versucht, die Qualitäten, die im Klienten verborgen sind, zu aktivieren. Dies ist ein weiterer entscheidender Unterschied zwischen den zwei Praktiken. Die psychotherapeutischen Schulen gehen davon aus, dass in jedem Klienten ein Potenzial vorhanden ist, das zur Heilung beitragen kann. Darum hilft der Therapeut dem Klienten, neue psychologische und soziale Fähigkeiten zu entwickeln. In einem therapeutischen Prozess lernt der Klient, sich selbst und seine Geschichte in einem anderen Licht zu sehen, und er beginnt, neue Verhaltensweisen zu entwickeln. Diese Fähigkeiten waren möglicherweise schon in einigen Aspekten seines Lebens wirksam oder sind grundlegend neu gewonnene Werkzeuge.

Es macht einen großen Unterschied, ob man den Klienten als eine Person sieht, die ihre Persönlichkeit aus dem vorhandenen Potenzial von innen heraus entwickeln kann, oder ob er im Rahmen der Heilung als statisches Feld gesehen wird, das sich nur verändert, wenn der Klient Energien und Kräfte von außerhalb absorbiert und integriert. Ein Therapeut verlässt sich auf die Stärke und das Potenzial des Klienten, auch wenn die benötigten Eigenschaften zu Beginn der Therapie vollkommen verschüttet und praktisch unsichtbar sind. Ein Schamane vertraut auf die Stärke von außerhalb, auf die Geister – auf eine externe, nicht interne Intelligenz.

Der nächste wichtige Unterschied zwischen der schamanischen Heilung und der Psychotherapie besteht darin, dass es bei der Heilung im Schamanismus nicht ausschließlich darum geht, einer einzelnen Person zu helfen. Ganz im Gegenteil: Wenn eine schamanische Heilung durchgeführt wird, ist jeder willkommen. Je mehr Menschen anwesend sind, umso besser. Familie, Freunde, Nachbarn – die Türen stehen für jedermann offen. Auch der Schamane kommt nicht alleine. Er bringt einen oder mehrere Assistenten, einige Sänger, Trommler, seinen Partner, Kinder und andere Verwandte mit.

Im therapeutischen Gespräch gibt es nur den Therapeuten und den Klienten, sonst niemanden. Auch wenn der Psychotherapeut erkennt, dass die Ursache der Störung ursprünglich auf Stress oder Krankheit innerhalb der Familie zurückzuführen ist, bleibt das Hauptziel der Psychotherapie, einer einzelnen Person zu helfen. Im schamanischen Kontext wird dagegen bei einer Krankheit der Person das gesamte Familiensystem bzw. die Gemeinschaft als heilungsbedürftig gesehen. Es würde nichts bringen, nur den Klienten zur Heilungszeremonie einzuladen. Die ganze Gemeinschaft muss anwesend sein, sodass jedes Mitglied geheilt werden kann. Darum sind alle eingeladen zu kommen und teilzunehmen. Während des Heilungsrituals betet jede Person für den Klienten, aber auch um Hilfe für seinen eigenen Schmerz und seine eigenen Schwierigkeiten. Dabei passiert es regelmäßig, dass mehrere Menschen von den Hilfsgeistern berührt werden und eine Heilung auf die eine oder andere Art erfahren.

Einen letzten wichtigen Unterschied zwischen schamanischer Heilung und Psychotherapie findet man, wenn man die Verfügbarkeit beider Praktiken betrachtet. In der westlichen Welt ist es heutzutage verhältnismäßig einfach, einen Therapeuten zu finden. Wenn man sich heute entscheidet, eine Therapie zu machen, kann man – selbst mit Warteliste – relativ schnell beginnen. Auch wenn man nicht genug Geld hat, um einen Therapeuten zu bezahlen, kann man verschiedene Therapien in Anspruch nehmen, die von den Krankenkassen übernommen werden.

Schamanische Heilung ist viel schwieriger zu planen. Nicht nur für Menschen, die in der heutigen westlichen Welt leben, sondern auch für Menschen in traditionellen schamanischen Kulturen. Als Erstes muss man einen Medizinmann oder Schamanen finden, der befähigt ist, die spezielle Krankheit oder das Problem zu behandeln. Danach muss man Kontakt mit dem Schamanen aufnehmen, was häufig bedeutet, dass man ihm bestimmte traditionelle Geschenke bringt, wenn man um eine Heilungszeremonie bittet. Der Schamane wird einem nicht direkt antworten, sondern sich einige Tage Zeit nehmen, um in sich „hineinzuschauen". Er wartet auf einen Traum oder eine Reaktion der Hilfsgeister. Er kann entweder seine Zustimmung für ein Heilungsritual geben oder es ablehnen, und nur wenn die Antwort „ja" lautet, wird ein Datum dafür ausgewählt.

Dann folgen verschiedene Vorbereitungen, und die Altäre werden nach den detaillierten Anweisungen des Medizinmannes oder des Schamanen aufgebaut. Das Auswählen der Materialien und das Erstellen der Altäre erfordert oft viel Einsatz, Zeit und auch Geld. Auch muss der Raum, in dem das Heilungsritual stattfinden soll, vorbereitet werden. Zusätzlich wird ein Fest nach Ablauf des Heilungsrituals für alle Teilnehmer vorbereitet. Das bedeutet, dass man viel Essen besorgen muss und Leute braucht, die es zubereiten. Man muss Geschenke für alle, die geholfen haben, kaufen oder anfertigen. Ein schamanisches Heilungsritual ist also nur möglich, wenn viele Menschen auf allen Ebenen ihre Zeit, Energie und ihr Geld dazu beitragen.

Alle diese Vorbereitungen haben einen praktischen Grund. Nur wenn man wirklich bereit ist, durch den ganzen Vorbereitungsprozess zu gehen, ist man willens, eine schamanische Heilung zu erfahren. Das bedeutet, dass der Schamane in dem Moment, in dem das Ritual endlich geschieht, einen Klienten vorfindet, der fest entschlossen und innerlich wirklich bereit dazu ist. Dabei gibt es einen Widerspruch: Obwohl das schamanische Ritual an sich viel Geld kostet, wird der Schamane selbst nicht bezahlt. Stattdessen wird erwartet, dass der Schamane ein Geschenk vom Förderer des Rituals, dem Klienten oder einem Familienmitglied, erhält. Das ist alles.

In der traditionellen schamanischen Gesellschaft sind die Geschenke für den Schamanen praktisch und wertvoll. Dieses Prinzip des Nichtbezahlens ist somit nicht damit zu verwechseln, dass man etwas von geringem oder keinem Wert gibt. In kleinen oder geschlossenen Gesellschaften kennen die Menschen ihre gegenseitigen Bedürfnisse sehr genau, und so würde beispielsweise der Schamane, dessen Fischernetz alt und zerrissen wäre, von einem dankbaren Klienten ein neues Netz bekommen. Wenn die Decke des Medizinmanns dünn und zerschlissen wäre, würde er eine neue Decke erhalten. Bei der Psychotherapie funktioniert es genau umgekehrt. Man braucht niemanden bei der Vorbereitung, der Zugang zur Therapie ist einfach, und das Geld für die Kosten geht direkt zum Therapeuten.

Es gibt natürlich noch viele weitere Unterschiede zwischen der schamanischen Heilung und der Psychotherapie. Sehen wir uns zum Beispiel die unterschiedliche Ausbildung der Therapeuten und Schamanen an. Ein Therapeut entscheidet aus freiem Willen, Therapeut zu werden. Ein traditioneller Schamane hat dagegen keine Wahl. Er wird von den Geistern für diese Arbeit ausgewählt. In schamanischen Kulturen beginnen Menschen nur mit der Ausbildung zum Schamanen, weil die Hilfsgeister es so wollen. Und wenn man einmal ausgewählt ist, so besagt es die Tradition, ist der Preis sehr hoch, sollte man seine Berufung als Schamane ablehnen. Die Folgen könnten dann schwere physische Krankheiten, Geisteskrankheiten oder auch Selbstmord sein.

Aber so interessant es wäre, noch weitere Unterschiede zwischen Schamanismus und Psychotherapie herauszuarbeiten, war es hier nur meine Absicht, den Schamanismus so weit zu definieren, wie es hilfreich für die Untersuchung im Bezug zum Familien-Stellen ist. Da dieser Punkt nun erreicht ist, können wir mit dem nächsten Kapitel über „Familien-Stellen und schamanische Rituale" fortfahren.

3. Familien-Stellen und schamanische Rituale

Bert Hellingers systemische Arbeit besteht sowohl aus schamanischen als auch aus psychotherapeutischen Elementen. Wenn der Begleiter das einleitende Gespräch mit dem Klienten führt und ihn während oder nach der Aufstellung zu einem neuen Verständnis bringt, könnten diese Interventionen direkt aus einem Handbuch für Psychotherapie stammen. Es kommt sogar regelmäßig vor, dass der Begleiter während des Gesprächs nur einige therapeutische Interventionen durchführt, aber es nicht zu einer Aufstellung kommt. Manchmal ist die Psychotherapie ein effektiveres Werkzeug zur Heilung oder Einsicht als das Familien-Stellen.

Die Dynamiken des Familien-Stellens sind dagegen dem Schamanismus sehr ähnlich, da schamanische Heilungsrituale und Aufstellungen teilweise auf denselben energetischen und spirituellen Prinzipien basieren. Um ein klares Bild der gemeinsamen Grundlage des Familien-Stellens und des Schamanismus zu erhalten, wiederhole ich noch einmal Punkt für Punkt die verschiedenen Unterschiede zwischen Psychotherapie und Schamanismus, die im letzten Kapitel beschrieben wurden:

Psychotherapie	*Schamanismus*
1. Heilung über eine Zeitspanne	Heilung durch Erfahrung des Raums
2. graduelle Entwicklung	plötzliche Veränderungen
3. Therapeut steuert den eigentlichen Heilungsprozess	Hilfsgeister übernehmen die Heilung
4. Heilkraft von innen heraus	Heilkraft von außerhalb
5. Heilung des Individuums	Heilung der Gemeinschaft
6. einfacher Zugang	erfordert viele Vorbereitungen

36

| 7. der Therapeut wird mit | der Schamane erhält |
| Geld bezahlt | ein Geschenk |

Betrachtet man den ersten Unterschied zwischen Zeit und Raum, wird deutlich, dass das Familien-Stellen auf einer Erfahrung des Raums basiert. Während einer Aufstellung lösen sich, genau wie beim schamanischen Ritual, die Grenzen zwischen der Gegenwart, der Vergangenheit und der Zukunft auf. Die Toten werden neben den Lebenden aufgestellt, und auf diese Weise sind sie lebendig und können sich mitteilen. Ehemalige Partner sind anwesend, verlorene Kinder werden gefunden und gehalten. Die Aufstellungen sind nur möglich, wenn man die lineare Zeit hinter sich lässt.

Beim Familien-Stellen wird der Heilungsprozess durch Veränderungen bzw. Bewegungen der Stellvertreter im realen Raum der Aufstellung ermöglicht. Die Stellvertreter werden von einem Platz zum anderen bewegt, bis sich alle an einem Ort befinden, wo sie sich stark und im Gleichgewicht fühlen. In den Aufstellungen kann man beobachten, dass sich die Gefühle jedes beliebigen Stellvertreters deutlich verändern, sobald einer oder zwei der anderen Repräsentanten vom Begleiter auf einen anderen Platz gestellt werden. Sobald ein oder zwei Stellvertreter ihren Platz verändern, verändert sich das gesamte Feld, und aus einer bestimmten Perspektive heraus kann man sagen, dass alle Stellvertreter sich dann in einer neuen Position befinden. Die sorgsamen Veränderungen der Stellvertreter im Raum werden von einer Heilung für alle begleitet. In Bezug auf den Unterschied zwischen Zeit und Raum befindet sich das Familien-Stellen eindeutig auf der Seite des schamanischen Rituals.

Der nächste Unterschied ist die graduelle Entwicklung über Monate in der Psychotherapie gegenüber der plötzlichen Veränderung bei einer einzigen schamanischen Heilung. Genau wie bei einem schamanischen Ritual ist jede Aufstellung ein für sich alleine stehendes Ereignis. Es gibt keine Serie von Aufstellungen, wobei man in einer Therapie hingegen wöchentliche Sitzungen abhält. Obwohl einige Klienten mehrere Aufstellungen in größeren zeitlichen Abständen durchführen, bleibt jede Aufstellung doch ein einmaliges Ereignis. Nach einer Aufstellung folgt weder eine Auswertung noch ein Folgegespräch.

Man kann auch nicht von einem graduellen Heilungsprozess sprechen, da die Aufstellung von einer heilenden Bewegung begleitet wird, die plötzlich und konkret ist. Auf dem spirituellen Niveau tritt eine plötzliche Veränderung der Energie der Seele ein, auf der Ebene der Persönlichkeit bleiben Bilder, die Bilder der verschiedenen Phasen der Aufstellung, und vor allem, wie es kurz vor Ende der Aufstellung aussah. Diese Bilder bleiben im Gedächtnis und können etwas im Klienten verändern. In der Zeit nach der Aufstellung wird die Wirkung dieser Veränderung langsam sichtbar.

Genau diese Charakteristika stimmen mit denen der schamanischen Heilung überein. Ein Klient verlässt ein Heilungsritual mit dem deutlichen Gefühl, dass sich etwas grundlegend verändert hat. Und dann tritt ohne jegliche Anstrengung von seiner Seite – mit Ausnahme des Erinnerns an die Gefühle am Ende des Rituals – die Wirkung der Veränderung in der Periode nach dem Ritual in Erscheinung.

Geht man vom dritten Unterschied aus, dass der Therapeut den Heilungsprozess aktiv steuert im Gegensatz zu der passiven Unterstützung des Schamanen, so erkennt man, dass der Begleiter beim Familien-Stellen beide Rollen, die des Schamanen und die des Therapeuten, vertritt und miteinander vermischt. In jedem Moment der Aufstellung reagiert der Begleiter auf die Körpersprache der Stellvertreter und die Informationen, die sie ihm geben. In bestimmten Situationen wird der Begleiter aktiv und steuert die Aufstellung. Er behält die Kontrolle über den Prozess. In anderen Momenten zieht er sich zurück und überlässt die Aufstellung ihrer eigenen Dynamik und greift nur ein, wenn die Heilungsbewegungen stagnieren. Somit wird die aktive und passive Annäherungsweise kombiniert eingesetzt.

In Bezug auf den vierten Unterschied, Heilkraft von innen heraus oder von außerhalb, ist es eindeutig, dass bei den Familienaufstellungen aus der Sicht des Klienten die eigentliche Heilkraft von außerhalb kommt. In der Aufstellung wird die Energie von den Stellvertretern getragen. Der Klient sitzt an der Seite des Therapeuten und schaut der Entwicklung der Aufstellung zu. Nur am Ende stellt sich der Klient manchmal an den Platz seines Stellvertreters in der Aufstellung, um die sich entwickelte Kraft zu spüren und die neue Struktur der Familienordnung aufzunehmen.

Die Kraft von außerhalb wird wortwörtlich hineingebracht, wenn ein Stellvertreter sich schwach fühlt und keinen Zugang zu seiner Stärke hat. In einem solchen Fall wird der Begleiter noch zusätzliche Stellvertreter hinzufügen, wie zum Beispiel Eltern, Großeltern oder andere Vorfahren, die Stärke mit sich tragen.

Angesichts des fünften Gegensatzes, Heilung des Individuums bzw. Heilung der Gemeinschaft, nähert sich das Familien-Stellen mehr dem Schamanismus als der Psychotherapie. In einer Aufstellung wird eine Lösung gesucht, die nicht nur den Klienten, sondern auch sein Familiensystem und die Gemeinschaft berührt. Es wäre sogar unmöglich, nur dem Klienten zu helfen, da der Ursprung des in der Aufstellung behandelten Problems in der Gesamtheit des repräsentierten Systems liegt. Dennoch liegt während einer Aufstellung der Fokus auf dem einzelnen Klienten, dies ist ebenso bei einem schamanischen Heilungsritual der Fall. Das Bedürfnis eines Klienten nach Heilung ist erforderlich, um die Entwicklung einer Aufstellung zu steuern und alle Bewegungen zentral zu verankern.

Betrachtet man die letzten beiden Unterschiede, kann man die systemische Arbeit auf die Seite der Psychotherapie stellen. Der Zugang zu einer Familienaufstellung ist relativ einfach. Wenn jemand eine Aufstellung machen möchte, kann er sich einfach informieren, welche Seminare angeboten werden, das Seminar aussuchen, an dem er teilnehmen möchte, und schließlich einen bestimmten Geldbetrag bezahlen, wenn er sich anmeldet. Keine weiteren Vorbereitungen sind dafür nötig.

Neben den oben aufgezählten gibt es noch weitere Merkmale von Aufstellungen, die im Vergleich des Schamanismus mit der Psychotherapie noch nicht genannt wurden, die als schamanisch bezeichnet werden könnten. Beispielsweise ähneln sich schamanische Rituale und das Familien-Stellen auch in Bezug auf die Hilfsgeister. Nach meiner eigenen Erfahrung sind Hilfsgeister, vor allem Seelen von verstorbenen Menschen, manchmal bei den Aufstellungen anwesend. Damit meine ich nicht die Situationen, in denen verstorbene Familienmitglieder durch die Stellvertreter repräsentiert werden. In meiner Wahrnehmung habe ich häufiger die nichtverkörperte Seele einer verstorbenen Person in dem Raum gesehen, wo die Aufstellung abgehalten wurde. Manchmal stehen diese Toten mitten in der Aufstellung, manchmal nur am Rande.

Die Toten sind in der Psychotherapie wahrscheinlich seltener anwesend, da bei dieser Art der Therapie nicht direkt mit ihnen gearbeitet wird und sie sich darum nicht so angezogen fühlen. In der herkömmlichen Psychotherapie kann der Klient Themen rund um die Verstorbenen ansprechen. Er kann dann mit seinen inneren Bildern von den Toten arbeiten und seine Trauer und Wut verarbeiten. Doch man geht dabei nicht davon aus, dass die Toten selbst in der einen oder anderen Form anwesend sind.

In den Familienaufstellungen dagegen, in denen regelmäßig mit den Toten gearbeitet wird, tauchen diese manchmal spontan auf. Dieses Phänomen möchte ich hier nur kurz ansprechen, ich werde jedoch in verschiedenen anderen Kapiteln noch auf die Anwesenheit der Toten bei den Aufstellungen zurückkommen.

Es gibt auch noch andere Geister als die Seelen der Verstorbenen, die in Ritualen oder Aufstellungen eingeladen werden können. In der systemischen Arbeit verkörpern die Stellvertreter manchmal abstrakte Kräfte. Diese Abstraktionen sind noch innerhalb vertrauter menschlicher Dimensionen vorstellbar, wenn man an „zukünftige Liebhaber" oder das „unbekannte Opfer" denkt. Aber wie sieht es dann mit Stellvertretern aus, die beispielsweise den Tod, Krebs, Armut, Frankreich, die Zukunft oder das Judentum repräsentieren? Auch diese Aspekte, um nur einige zu nennen, können in den Aufstellungen vertreten werden.

Nach der schamanischen Tradition existiert alles, was wir Menschen kennen, sowohl in der physischen als auch in der Welt der Geister. So haben alle Pflanzen, Tiere, Steine und Flüsse ebenfalls Seelen oder werden von Geistern begleitet, genau wie viele andere abstrakte Kräfte und Begriffe auch. Wenn solch ein Begriff oder Konzept in der Aufstellung repräsentiert wird, kann diese Kraft nicht länger als eine Abstraktion gesehen werden. Dann hat sie ein Gesicht, einen Namen, einen warmen Körper und Augen, in die man schauen kann. Der Stellvertreter erfährt die Essenz dieser Abstraktion in seinen Gedanken, Gefühlen und körperlichen Wahrnehmungen. Sie ist kein Symbol mehr. Das Abstrakte ist zu einer konkreten Erfahrung geworden.

Ich habe in mehreren systemischen Aufstellungen den Tod repräsentieren dürfen, und diese Erfahrung war manchmal ganz physisch und sehr intensiv. Einmal umarmte ich als Stellvertreter des Tods in einer Aufstellung einen Mann, der im letzten Stadium krank war und sich auf seinen Tod vorbereitete. Er reagierte auf die Einladung meiner offenen Arme und bewegte sich langsam in meine Richtung, um sich letztendlich von mir umarmen zu lassen. Wir beide bewegten uns wie im Zeitlupentempo. In dem Moment, in dem er meine unausgesprochene Einladung annahm und sich hingab, empfand ich eine außergewöhnliche Intimität. Eine überwältigende, doch gleichzeitig sehr subtile Energiewelle wogte von ihm zu mir über, und wir wurden eins. Ich konnte buchstäblich keine Grenzen mehr zwischen uns wahrnehmen. Durch die Darstellung des Tods empfand ich mich selbst als grenzenlose Energie und fühlte mich überraschenderweise körperlicher und lebendiger denn je. Ich habe niemals – weder vor noch nach der Aufstellung – diese bestimmte Wahrnehmung wieder erfahren dürfen. Scheinbar war das nur als Stellvertreter des Tods möglich.

Auch andere Stellvertreter, die archaische Kräfte in den Aufstellungen repräsentiert haben, berichten von ähnlichen starken und sehr detaillierten Erfahrungen. Die Aufstellungen bestätigen damit, was in der schamanischen Tradition behauptet wird: Abstraktionen können sich als lebende Wesenheiten manifestieren. Im Rahmen des Familien-Stellens sind die Stellvertreter dann ihre Gastgeber, und Körper und Geist des Stellvertreters dienen ihnen als temporärer Körper und Geist.

Die Verwendung der Sprache in den Aufstellungen hat analog zum Gebrauch der Sprache im schamanischen Kontext eine archaische Qualität. Anstelle einer gewöhnlichen Unterhaltung gibt es während der schamanischen Ausübung Gebete und Anrufungen. Manchmal macht der Schamane einige Scherze, um die aufgebaute Spannung, verursacht durch die lang anhaltende Konzentration, mit dem Lachen der Anwesenden zu durchbrechen. Danach werden die Gebete wieder fortgesetzt. Einige schamanische Traditionen verwenden sogar eine spezielle Sprache während der Zeremonien, die „Schamanen-Sprache" genannt wird.

Bei den Aufstellungen gebrauchen die Stellvertreter die Sprache ebenfalls nicht auf die übliche, tagtägliche Weise. Die heilenden Bewegungen, die durch den Begleiter angegeben werden, werden durch bestimmte Sätze verstärkt, die der Begleiter vorschlägt. Diese Sätze sind nicht von der Art, wie man sie zum Geschichtenerzählen gebraucht. Sie drücken ganz im Gegenteil eine zeitlose und archaische Qualität aus.

Dazu ein paar Beispiele: Ein Vater, der nicht in der Lage war, sein Kind zu akzeptieren, öffnet seine Augen und wiederholt den Satz, den der Begleiter angegeben hat: „Jetzt sehe ich dich als mein Kind." Ein Mann, der einem seiner Geschwister etwas angetan hat und plötzlich deutlich die Folgen seiner Handlung sieht, spricht: „Jetzt sehe ich deinen Schmerz." Eine sterbende Frau ist endlich in der Lage, ihren inneren Kampf aufzugeben und ihr Los anzunehmen. Sie sagt dem Tod: „Ich stimme zu."

Wenn solche Sätze in einer Aufstellung ausgesprochen werden, können sie eine außergewöhnliche emotionale und spirituelle Wirkung haben und alle Anwesenden zutiefst berühren. Auf die gleiche Art scheinen einfache Gebete während eines schamanischen Rituals manchmal eine elektrische Spannung in der Luft zu erzeugen und können die Herzen aller Anwesenden berühren. Sowohl im Schamanismus als auch beim Familien-Stellen wird die Sprache nicht verwendet, um Dinge zu erklären, sondern um zu heilen.

Die Anwesenheit der Seelen der Verstorbenen, die Repräsentation der abstrakten Kräfte und die archaische Verwendung der Sprache sind Eigenschaften, die schamanische Rituale mit den Aufstellungen gemeinsam haben. Aber neben diesen gemeinsamen Merkmalen kann man auch einige grundlegende Unterschiede zwischen traditionellem Schamanismus und dem Familien-Stellen erkennen.

Ein deutlicher Unterschied zwischen beiden Praktiken besteht darin, dass sich in den schamanischen Traditionen Menschen vor und nach dem Kontakt mit den Hilfsgeistern reinigen müssen, insbesondere wenn es sich um Seelen der Verstorbenen handelt. Alle Anwesenden werden während eines Rituals mit dem Rauch einer brennenden Kräutermischung mit reinigender Wirkung berührt, mit Wasser besprenkelt, mit Federn befächert oder auf andere Art spirituell gereinigt. Diese Art der Reinigung ist eine Standardprozedur. Als Erstes ist die Reinigung erforderlich, um den Geist und die Energie von den täglichen Sorgen zu befreien. Nach der Reinigung ist die Kommunikation mit den Hilfsgeistern einfacher, und die Möglichkeit, ihre Botschaften falsch zu interpretieren, ist weniger gegeben.

Neben diesem praktischen Nutzen sollte man auch bedenken, dass die Hilfsgeister aus einer anderen Welt stammen. Wenn sie in ein Ritual oder in eine Aufstellung kommen, können Menschen unbewusst etwas von dem aufnehmen, was sie mitbringen. Ebenso wie ein Besucher beim Eintreten ins Haus unseren Teppich verschmutzen kann, da seine Schuhe dreckig sind, genauso können Geister ungewollt etwas mitbringen, was nicht erwünscht ist. Insofern ist die spirituelle Reinigung eine gesunde Schutzmaßnahme und Hygiene, wenn man die Hilfsgeister ruft.

Spirituelle Reinigung hat auch eine psychologische Funktion. Es ist empfehlenswert, sich wieder bewusst von den Hilfsgeistern zu lösen, nachdem man mit ihnen in Verbindung getreten ist. Falls Menschen ihre Aufmerksamkeit nach der Zeremonie nicht wieder vollständig auf die physische Welt richten, können die Hilfsgeister eventuell noch nachhaltig auf sie einwirken.

In der systemischen Arbeit werden keinerlei Reinigungstechniken weder vor noch nach der Aufstellung verwendet. Im Allgemeinen wird dem Prozess der Trennung des Stellvertreters von der Person oder Energie, die er repräsentierte, nur wenig Aufmerksamkeit geschenkt. Normalerweise fordert der Begleiter am Ende der Aufstellung die Stellvertreter auf, aus den Rollen zu treten – das ist alles.

Ein weiterer fundamentaler Unterschied zwischen schamanischen Ritualen und Familienaufstellungen bezieht sich auf die praktische Anordnung des Raums. Schamanische Rituale basieren auf einem bekannten und statischen Plan, der durch das Aufstellen verschiedener Altäre in den Raum projiziert wird.

Dagegen ist während einer Aufstellung die Organisation im Raum nicht statisch, sondern dynamisch. Die Stellvertreter werden vom Klienten so aufgestellt, wie es sich für ihn richtig anfühlt. Solange er beim Aufstellen der Stellvertreter konzentriert und gesammelt ist, sind alle Positionen, die er für sie wählt, gut. Der Begleiter betrachtet dann das Feld mit der Absicht, es zu harmonisieren. Hierfür richtet er sich möglicherweise nach einigen bekannten Prinzipien, die im Laufe der Entwicklung der Aufstellungsarbeit aufgestellt wurden.

So kann er sich beispielsweise daran erinnern, dass sich die Stellvertreter einer Geschwistergruppe normalerweise am besten fühlen, wenn sie in der Ordnung der Geburtenfolge aufgestellt werden: das älteste Kind zuerst, das zweite als nächstes an der linken Seite des ältesten, das dritte an der linken Seite des zweiten und das jüngste schließlich an der linken Seite des dritten. Obwohl einige der Ordnungen, wie die Personen in ihrer Beziehung zueinander aufgestellt werden, bekannt sind, ist die Aufstellung als Ganzes dennoch immer ein dynamisches Feld, das sich in Bewegung befindet. Diese Freiheit besteht dagegen nicht in einem schamanischen Ritual, da es auf einer festgelegten Struktur basiert. Die vier Himmelsrichtungen zum Beispiel sind vier Anker, die mit bestimmten Kräften verbunden sind. Diese befinden sich immer an der gleichen Stelle und können sich nicht in der Beziehung zueinander verändern. Der Osten bleibt immer im Osten, niemals im Norden, Süden oder Westen. Die Oberwelt ist oben und die Unterwelt unterhalb. Sie können sich nicht bewegen. Schamanische Rituale werden mithilfe eines alten Plans erstellt, der nicht verändert werden kann.

Zwei weitere relevante Themen sollten in diesem Vergleich zwischen dem Schamanismus und der systemischen Arbeit auch noch genannt werden. Da sie aber eine umfassendere Beschreibung verdienen, werden beide in einem eigenen Kapitel behandelt. Im anschließenden Kapitel 4 werde ich die Methode erforschen, das Leiden eines anderen auf sich zu nehmen, um ihm zu helfen, was sowohl in schamanischen Ritualen als auch beim Familien-Stellen praktiziert wird. Kapitel 5 handelt dann von der Kraft der Vorfahren.

44

4. Das Leiden anderer auf sich nehmen

Wenn jemand krank ist oder große Probleme hat, überprüft der Schamane, ob spirituelle Hilfe angeboten werden kann. Ist das der Fall, wird eine Zeremonie abgehalten. Häufig wird er die eigentliche Heilung den Hilfsgeistern überlassen, aber es ist auch möglich, dass der Schamane selbst die Heilung mithilfe der spirituellen Technologie oder Wissenschaft seiner Tradition vornimmt. Es gibt verschiedene Heilungsmethoden, die je nach Situation eingesetzt werden können. Mithilfe bestimmter Heiltechniken kann ein Schamane spezifische Krankheiten entfernen. Andere Techniken werden angewendet, um die Energien zu harmonisieren, die durch den Körper des Klienten strömen. Wieder andere Techniken befähigen den Schamanen, Stärke herbeizuführen, was einen positiven Effekt auf Körper und Geist des Klienten hat.

Nach der schamanischen Tradition kann nicht nur ausschließlich der Schamane jemandem helfen, der in Not ist. Auch andere Menschen können auf verschiedene Weise spirituelle Unterstützung liefern. Hierzu gehört eine spezielle Art der spirituellen Hilfe, die jeder geben kann, nämlich das Teilnehmen an Ritualen, in denen es möglich ist, physisches Leiden anderer auf sich zu nehmen. Leiden bewusst auf sich zu nehmen und es danach der Gesundheit eines anderen zu widmen, kann einen starken Impuls zur Heilung verursachen. Diese Art der Rituale, in denen Menschen das Leiden anderer auf sich nehmen, wurden in allen unterschiedlichen schamanischen Traditionen entwickelt und verfeinert. Am bekanntesten und sehr ausführlich beschrieben sind die Rituale der indianischen Kulturen, wie zum Beispiel Peyote-Rituale, der Sonnentanz und die Schwitzhütte.

Ein Peyote-Ritual wird dann organisiert, wenn ein Individuum eine Heilung von den Kräften der Geisterwelt benötigt. Derjenige, der die Hilfe braucht, muss für die Kosten des Treffens aufkommen. Das heißt konkret, dass er sich mithilfe seiner Familie und naher Freunde um die vielen praktischen Vorbereitungen kümmert, um die Zeremonie zu ermöglichen. Einige Zeit vor der Zeremonie wird die Nachricht verbreitet, dass eine Zusammenkunft abgehalten wird, und die Menschen werden zur Teilnahme eingeladen. Der Schamane, der die Zeremonie leitet, singt und betet mit den Menschen vom Sonnenuntergang bis zur Morgendämmerung. Im Winter kann das bis zu vierzehn oder fünfzehn Stunden lang dauern.

Man beginnt, wenn die Dunkelheit einsetzt. Das wird als Ausdruck der Bereitschaft der Teilnehmer gesehen, in die Dunkelheit zu treten, die das Resultat des Leidens desjenigen ist, der Hilfe benötigt. Während der Zeremonie sitzen die Teilnehmer die ganze Nacht lang an einer Stelle, singen, beten und bewegen sich symbolisch vom Einfall der Dunkelheit, die das Einsetzen des Problems bedeutet, bis zum Hellerwerden, dem Moment, in dem eine Linderung eintritt und eine Heilung stattfindet. Nachdem die Teilnehmer den Tippi, in dem die Zeremonie stattfindet, betreten haben, verlassen sie ihren Platz nicht mehr, bis die Zeremonie abgeschlossen ist. Jeder Teilnehmer ist Zeuge des Leidens der Person, die um die Zeremonie gebeten hat, und leidet symbolisch mit ihm, während die Gebete um Heilung und zur Lösung des Problems ununterbrochen gesprochen werden. Die Lieder und Gebete werden vereint, indem jeder Teilnehmer eine kleine Menge pulverisierten Peyote kaut.

Peyote ist ein Kaktus, der für seine bewusstseinserweiternde Wirkung bekannt ist. Die Substanz wird nicht genommen, um „high" zu werden, sondern um den Teilnehmern zu einem Zustand der geistigen Einheit zu verhelfen, ihre Absicht zu bündeln und so mehr Stärke zu entwickeln. Peyote ist als sehr starker Heilungsgeist bekannt, und durch diesen Geist werden die individuellen Gebete der Teilnehmer vereint. Die eigentliche Heilung wird dem Geist des Peyote überlassen, während die Teilnehmer dasitzen und singen. Wenn die Wahrnehmung der linearen Zeit langsam verschwindet, wird die Nacht, die normalerweise als eine bestimmte Zeitperiode erfahren wird, nun zu einem Weg aus der Dunkelheit zum Licht, vom Leiden zur Gesundheit. Durch die Gebete und Gesänge wird der Weg deutlicher und spirituell gereinigt. Bei einem solchem Peyote-Ritual hat das Leiden für andere einen subtilen und sogar symbolischen Charakter.

Was das Ausmaß von freiwilligem körperlichen Leiden betrifft, übertrifft der Sonnentanz wahrscheinlich bei weitem alle anderen Rituale, bei denen Menschen das Leiden anderer auf sich nehmen. Für vier Tage tanzen die Sonnentänzer gemeinsam um einen Pfahl, der den Lebensbaum repräsentiert, und beten ununterbrochen um Gesundheit und Heilung für ihre Gemeinschaft. Keiner der Tänzer nimmt in diesen vier Tagen und Nächten Nahrung zu sich, und die meisten trinken sogar nichts. Unter normalen Umständen könnte das ernsthafte Schäden für die Nieren oder andere innere Organe zur Folge haben. Aber nicht nur, dass die Sonnentänzer in dieser Zeit keine Flüssigkeit zu sich nehmen, sie verlieren auch noch besonders viel Feuchtigkeit durch die Teilnahme an Schwitzhütten-Zeremonien ein- bis zweimal am Tag. Trotzdem sind sie am Ende der Tänze in einem guten Gesundheitszustand.

Am vierten Tag wird die Haut an der Brust der Tänzer mit zwei Haken durchbohrt, die am anderen Ende mit Lederriemen am Lebensbaum festgebunden sind. Während des Tanzens lösen sich die Tänzer vom Lebensbaum los, wobei sich die Haken durch ihre Haut reißen. Nach Ablauf der Tänze kommen viele Menschen zum Ort des Rituals, die sich dann in Reihen aufstellen und sich von den Tänzern berühren lassen. Die Tänzer, die sich zu diesem Zeitpunkt in einem völlig anderen Bewusstseinszustand befinden, übermitteln eine starke Heilkraft für ihre Gemeinschaft. Die Gemeinschaft als Ganzes erfährt eine Heilung durch das freiwillige extreme Leiden der Tänzer.

In den meisten, wenn nicht sogar in allen, spirituellen Praktiken sind Methoden wie das Fasten oder andere Arten der Enthaltsamkeit ein Teil der Disziplin. Diese können an Intensität, von milden und symbolischen Handlungen bis hin zu extremen oder gar lebensbedrohlichen Praktiken variieren. In einem spirituellen oder religiösen Kontext wird physisches Leiden als Reinigung und Läuterung erfahren. Hierfür gibt es möglicherweise eine sehr einfache Erklärung, die nicht von spiritueller, sondern eher von psychologischer Art ist: Wenn ein Mensch aufwächst, muss er den Unterschied zwischen „gut" und „schlecht" lernen. Wenn ein Kind sich schlecht verhält, bricht es die Regeln, ist schuldig und wird dann bestraft. Nach der Bestrafung ist das Gleichgewicht wieder hergestellt, und das Kind kann sich wieder frei fühlen.

Zusammenfassend kann man sagen, dass eine Bestrafung gleichgesetzt ist mit der Erlösung von Schuld. Und Erlösung von Schuld ist nur durch Bestrafung möglich. Dieses tiefgründige psychologische Muster ist Teil der Psyche von jedem Menschen. Wahrscheinlich ist dies der wichtigste Grund, warum Leiden und Selbstkasteiung als reinigende Handlungen erfahren werden und speziell für die Menschen befriedigend sind, die ein chronisch schlechtes Selbstbild haben, da sie ihre eigenen „niederen" Impulse als schlecht beurteilen. Diese Mechanismen, die in früher Kindheit entstehen, haben wahrscheinlich auch schamanische Rituale auf eine bestimmte Art beeinflusst.

Aber in Bezug auf die oben beschriebenen Rituale muss mehr dahinter stecken als nur dieser Mechanismus. Es ist ein großer Unterschied, ob man Leiden auf sich nimmt, um sich von einem persönlichen Schuldgefühl zu befreien, oder ob man leidet, um einem anderen zu helfen, so wie es in schamanischen Ritualen getan wird. Der Teilnehmer eines schamanischen Rituals hat keine Motivation, sich selbst zu erlösen. Er leidet nur, weil ein anderer Heilung benötigt. Die Menschen aus der Gemeinschaft nehmen freiwillig am Ritual teil, um so das Schicksal eines Individuums gemeinsam zu tragen und auf diese Weise Kraft zu geben.

Die Schwitzhütten-Zeremonie ist eines der bekanntesten Rituale, die einfach zugänglich sind und in denen Menschen das Leiden anderer, die Hilfe brauchen, auf sich nehmen können. Die Schwitzhütte ist eine kleine runde Kuppel, die wie eine Halbkugel aussieht, die mit der flachen Seite auf die Erde gesetzt wurde. Die Hütte ist normalerweise zweieinhalb bis drei Meter im Durchmesser und ungefähr anderthalb Meter hoch. Das Gerüst wird aus Weidenzweigen gebaut, die aneinander gebogen und gebunden werden, so hält es einige Jahre. Bei einer Zeremonie wird dieses Weidengestell mit mehreren Schichten von Decken dick bedeckt, sodass es von innen stockfinster wird. Die Teilnehmer betreten die Schwitzhütte entweder nackt oder nur mit kurzen dünnen Baumwollhosen oder Kleidern bedeckt.

Bevor auch der Eingang zu Beginn der eigentlichen Zeremonie mit Decken geschlossen wird, werden rot glühende heiße Steine hereingetragen und in eine Vertiefung in der Mitte gelegt. Während der Zeremonie, die ohne weiteres zwei Stunden oder länger dauern kann, wird die Tür gewöhnlicherweise dreimal geöffnet, was jeweils das Ende eines Teils der Zeremonie kennzeichnet. Jeder Teil der Zeremonie ist einem bestimmten Hilfsgeist gewidmet oder einem Aspekt des Reinigungs- und Heilungsprozesses. Jedes Mal, wenn die Tür geöffnet wird, werden noch weitere heiße Steine hereingetragen. Die Teilnehmer sitzen für ungefähr zwei Stunden in der Dunkelheit, in unerträglicher Hitze und Dampf, und beten gemeinsam für das Wohl aller. Während die Zeremonie sich weiterentwickelt, wird es stets heißer, und die Menschen beten lauter und intensiver.

Eine Schwitzhütten-Zeremonie, die speziell zur Heilung einer Person gehalten wird, ist meistens besonders heiß. Dann beten alle Teilnehmer gemeinsam und bitten unter der Leitung des Medizinmannes oder Schamanen um Hilfe für diese Person. Oft sind bei einer solchen Heilungszeremonie viele Teilnehmer am Ende des Rituals so erschöpft, dass sie nicht mehr aufrecht sitzen können. Sie müssen sich für den letzten Teil der Zeremonie hinlegen. Aber trotzdem werden die Gebete so lange fortgesetzt, bis der Medizinmann, Schamane oder Leiter der rituellen Zeremonie ein Zeichen gibt, dass die Arbeit getan ist.

Im ersten Stadium des ritualisierten, selbst auferlegten Leidens verstärken sich Schmerzen und unangenehme Gefühle stetig, wodurch der Verstand geweckt wird. Das Denken wird scharf und ausgerichtet, alle Aufmerksamkeit wird ins Hier und Jetzt gebracht. Nach einer Zeit, wenn das Leiden wirklich intensiv wird, erreicht man eine Hürde, wo man sich für eine von zwei Möglichkeiten entscheiden muss. Man kann sich entweder mit den akuten unangenehmen Gefühlen identifizieren oder aber seine Aufmerksamkeit nach innen, auf die Seele richten.

Im ersten Fall wird das Ritual zu einer Qual, die Gedanken werden wirr, und man beginnt zu assoziieren, da der Schmerz und Stress den Verstand leiten. Wenn man sich jedoch für die zweite Möglichkeit entscheidet, behält der Geist weiterhin seine Klarheit und wird sogar noch verfeinert. Die Seele übernimmt die Kontrolle über die Situation. Dieser Zustand ist nicht mit einer Dissoziation zu verwechseln, da das Bewusstsein des Körpers stets noch vorhanden ist. Auch das Leiden bleibt weiterhin schmerzhaft real. Der Verstand ist jedoch auf die Gebete konzentriert, die im Laufe der Zeremonie an Kraft gewinnen. Während der meisten Rituale wird das Singen und Trommeln ohne Unterbrechung fortgesetzt, wodurch ein bestimmter Trancezustand erreicht wird, der es den Teilnehmern relativ einfach macht, die Aufmerksamkeit ausgerichtet zu halten.

Die Ergebnisse der Rituale, in denen man das Leiden anderer auf sich nehmen kann, sind sehr unterschiedlich. Manchmal kommt es zu spektakulären Effekten, manchmal passiert gar nichts. Vor einiger Zeit leitete ich mehrere Reinigungszeremonien für eine Gruppe. Am zweiten Tag hielten wir eine Schwitzhütten-Zeremonie, die der Heilung gewidmet wurde. Alle Teilnehmer beteten für eine andere Person, die Heilung benötigte, wie beispielsweise für Familienmitglieder oder gute Freunde. Die Gastgeberin der Zeremonie, die die Schwitzhütte gebaut hatte, nahm an der Zeremonie stellvertretend für ihre Tochter und ihren ehemaligen Mann teil, die seit einigen Jahren keinen Kontakt mehr miteinander hatten. In ihren Gebeten war sie sehr darauf bedacht, nicht die Partei für eine Seite zu ergreifen. Sie betete um eine Öffnung, sodass beide wieder miteinander reden und sich die Schwierigkeiten der Vergangenheit lösen könnten. Nach der Zeremonie nahmen wir alle gemeinsam im Garten eine Mahlzeit ein, als plötzlich das Telefon klingelte. Es war die Tochter der Gastgeberin. Sie rief ihre Mutter an, um ihr mitzuteilen, dass sie gerade eine Verabredung mit ihrem Vater ausgemacht habe. Sie wusste nichts von der Zeremonie oder den Gebeten der Mutter. Aber genau in dem Moment, als wir aus der Schwitzhütte kamen, fühlte sie einen inneren Entschluss und die Kraft, die sie in die Lage versetzte, ihren Vater nach langer Zeit wieder anzurufen.

Einige der Faktoren, die die Resultate einer Heilung bestimmen, bleiben für den bewussten Verstand unzugänglich. Krankheiten und Leiden können einem versteckten Zweck dienen und sind oft das Resultat eines langen und komplexen Prozesses. Wir Menschen können zwar mithilfe eines Gebetes einen Wunsch nach Heilung äußern, aber befehlen können wir es nicht. Gebete sind einfach wie das Klopfen an der Tür. Wir bitten um Aufmerksamkeit der spirituellen Kräfte, die uns vielleicht helfen könnten. Es ist kein Gebettel, sondern wir wenden uns mit unserer Vorstellung eines gesunden Zustands an die Hilfsgeister. Wir bitten sie um Unterstützung, sodass dieser Zustand Wirklichkeit werden kann.

Nach einer schamanischen Heilungszeremonie sollte man dann auch besser keine weiteren Fragen stellen, sondern die Sache auf sich beruhen lassen. Die Sorgen des Klienten liegen jetzt in den Händen einer größeren Macht. Die Menschen haben getan, was ihnen möglich war – mehr können sie nicht tun. Nach Ablauf der Zeremonie sollten alle, auch der Klient, loslassen und sich entspannen.

Wenn Heilung eintritt, ist das sehr gut. Wenn nicht, wird das auch akzeptiert.

Daneben gibt es aber auch einige Faktoren, die wir nennen und verstehen können, die einen deutlichen Einfluss auf das Ergebnis von Leidensritualen haben. Es ist zum Beispiel wichtig, dass der Klient geheilt werden will. Eine Person, die sich bewusst oder unbewusst nicht verändern will, wird auch alles tun, so zu bleiben, unabhängig davon, wieviel Hilfe ihr angeboten wird.

In Bezug auf die Freiwilligen, die das Leiden auf sich nehmen, gibt es zwei Aspekte, die einen direkten Einfluss auf das Ergebnis haben. Das sind erstens die Gründe, die jemanden motivieren, das Leiden anderer zu tragen. Zweitens ist es die Fähigkeit, sich darüber bewusst zu sein, dass die Person, die Hilfe braucht, und man selbst zwei unterschiedliche Individuen sind, von denen jedes ein eigenständiges Leben führt. Manchmal scheint es schwer, diese zwei Aspekte auseinander zu halten, doch wenn man sie genauer betrachtet, erkennt man eindeutig den Unterschied.

Menschen nehmen aus unterschiedlichen Gründen das Leiden anderer auf sich. Wenn sich jemand wirklich um eine Person sorgt und ihr das Beste wünscht, kann ein Ritual mit einem Leidensaspekt als sehr kraftvolle Unterstützung eingesetzt werden, solange beide bewusst erkennen, dass sie weiterhin ihr eigenes Leben zu leben haben. Unter solchen Umständen wird der Schritt, das Leiden anderer auf sich zu nehmen, in vollem Bewusstsein und mit ganzer Kraft vollzogen, ohne jeglichen Anspruch. Es kann aber auch vorkommen, dass ein Mensch an einer Zeremonie teilnehmen möchte, da er es nicht aushält, jemanden leiden zu sehen, den er liebt. Die eigene Gesundheit oder das persönliche Glück empfindet er als Last, und es wäre eine Erleichterung, das Leiden des anderen tragen zu dürfen. Auf diese Art motiviertes Leiden hat allerdings wenig zu geben. Es ist wie eine Flucht und verleiht dem Ritual keine wahre Stärke. Leiden kann nur Kraft für eine Heilung beitragen, wenn aus einer Position der Stärke heraus gehandelt wird, nicht aus der einer Schwäche.

Im ersten Fall sieht sich der Freiwillige bewusst als eigenständige Person, er steht neben der hilfsbedürftigen Person. Er versucht nicht, den Platz des anderen einzunehmen, sondern wünscht sich, ihm nahe sein zu können, um ihn so zu unterstützen. Er will dem anderen helfen, seine Last zu tragen. Aber nachdem das Ritual abgeschlossen ist, wendet er sich wieder seinem eigenen Leben und dessen Verantwortlichkeiten zu. Dagegen identifiziert sich im zweiten Fall die Person, die das Leiden anderer auf sich nimmt, mit der Position dessen, der Hilfe benötigt. Auf bemerkenswerte Weise macht er sich das Leiden des anderen zu eigen. Betrachtet man dies aus einer anderen Perspektive, kann man sagen, dass er die hilfsbedürftige Person von ihrem berechtigten Platz verstößt. Dem Kranken wird sein eigenes Schicksal verwehrt, unabhängig davon, wie hart sein Schicksal sein möge. Beide Individuen, die hierbei beteiligt sind, verlieren auf diese Art ihre individuelle Kraft, und durch dieses Verschmelzen wird die Situation undeutlich. Kommt man von einem Platz der Stärke, kann durch freiwilliges Leiden die Stärke auf den Klienten übertragen werden. Kommt man allerdings aus der Verstrikkung und Flucht, nimmt ihm das freiwillige Leiden die Stärke.

In der westlichen Zivilisation gibt es wenige oder gar keine gezielten Rituale, in denen Menschen für andere leiden, und doch tun es viele unbewusst. In vielen Fällen ist das Resultat dann auch mehr Chaos und Krankheit als Heilung. Vor kurzem arbeitete ich mit einer Mutter, deren Tochter als Prostituierte ihr Geld verdiente. Die Mutter war selbst auch vor längerer Zeit Prostituierte gewesen und wollte jetzt der Tochter helfen, diesem harten Leben zu entkommen, das sie selbst gerade hinter sich gelassen hatte. Sie litt besonders an der Tatsache, dass sie ihre Tochter nicht erreichen konnte. Sie versuchte alles, um der Tochter näher zu kommen, doch je mehr sie es versuchte, um so mehr wies ihre Tochter sie ab.

Es war ein klassisches Beispiel dafür, wie Menschen unbewusst Leiden auf sich nehmen, um einem anderen zu helfen: Zuerst stand die Mutter in der Position als Prostituierte und hasste es. Sie wollte nicht, dass ihre Tochter von all den Schwierigkeiten erfuhr, mit denen sie sich auseinander setzen musste. Die Tochter, die der Mutter nahe sein und helfen wollte, fühlte, dass die Mutter eine bestimmte Distanz hielt, was die Tochter wiederum als Abweisung erfuhr. Daraufhin nahm die Tochter unbewusst die Rolle der Prostituierten auf sich, da das die einzige Möglichkeit für sie war, sich der Mutter nahe fühlen zu können. Zu der Zeit, als die Tochter als Prostituierte zu arbeiten begann, hatte die Mutter gerade ihrem Leben eine neue Richtung gegeben und musste nun zu ihrem Schrecken mit ansehen, was aus ihrer Tochter geworden war. Die Rollen waren vertauscht. Jetzt wollte die Mutter der Tochter helfen.

Da sie aber bei ihren Annäherungsversuchen von ihrer Tochter nur abgewiesen wurde, war die Mutter unbewusst kurz davor, aus lauter Verzweiflung wieder in die Prostitution zurückzugehen – zurück zu dem Ausgangspunkt, an dem sie vor nicht allzu langer Zeit noch gestanden hatte –, nur weil sie ihrer Tochter nahe sein wollte und hoffte, dieser so helfen zu können. Da die Mutter als Konsequenz, der Tochter näher zu kommen, nun in Gefahr war, wieder in die Prostitution zurückzugehen, von der sie sich abgewendet hatte, stößt folglich die Tochter aus Schutz ihre Mutter mit Gewalt weg.

Die Grenzen zwischen den Leben der beiden verwischten immer mehr, und die Dynamiken, das Leiden der anderen auf sich zu nehmen, waren vollkommen unbewusst. Ich schlug der Mutter vor, ein einfaches Ritual durchzuführen. Sie sollte sich vorstellen, wie die Tochter vor ihr steht und sie zu ihrer Seele spricht. Ich forderte sie auf, aus ihrer eigenen Seele heraus zu sagen: „Ich habe aufgehört, ich habe diesen Platz verlassen. Du kannst auch gehen. Du bist jetzt frei, du brauchst das nicht für mich zu tun."

Nach einiger Zeit berichtete mir die Mutter, dass ihre Tochter drei Tage nach diesem einfachen Ritual den Entschluss gefasst hatte, mit der Prostitution aufzuhören und ihrem Leben eine andere Richtung zu geben. In diesem Fall reichte ein tiefer grundlegender Eingriff aus, das Muster eines unbewussten und geteilten Leidens zu durchbrechen.

Das Leiden anderer auf sich zu nehmen ist ungesund, wenn es aus unbewussten Motiven geschieht. Wenn es dagegen in vollem Bewusstsein und in einem eindeutigen Rahmen stattfindet, kann es von großer Hilfe sein. Dann wird das Leiden wie eine Rettung eines Menschen, der ertrinkt. Oder man kann es sich vorstellen wie das Freimachen eines Wegs für eine Person, die stecken geblieben ist. Wenn jemand ertrinkt, springt man spontan ins Wasser und zieht ihn heraus. Man muss also selbst ins Wasser springen und nass werden, sonst kann man ihn nicht retten. Erst später, wenn sich die ganze Situation beruhigt hat, kann man der Person das Schwimmen beibringen. Es hat offensichtlich keinen Sinn, einer ertrinkenden Person das Schwimmen beizubringen, wenn sie in Panik ist oder kaum noch atmen kann.

Genauso ist es bei einer Person, die in intensiven Problemen steckt: Es ist schwer, sie zu erreichen, da sie sich mit den Sorgen und

Schmerzen identifiziert. Um jemanden zu erreichen, der leidet, kann man selbst Leiden auf sich nehmen. Auf diese Weise steht man dann neben der anderen Person. Man behält bei einem Ritual einen klaren Geist, zum Beispiel durch konstante Gebete, sodass man sich selbst nicht mit der sinnlichen Erfahrung des Leidens identifiziert. Diese Geistesklarheit wird eine Wirkung auf den anderen haben, wodurch seine Identifikation mit dem Leiden etwas abgeschwächt wird. Am Ende des Rituals verlässt man dann wieder den Platz des Leidens, und der andere kann sich durch die hergestellte Verbindung ebenfalls dort herausziehen.

Wie ich in den vorigen Kapiteln beschrieben habe, werden viele Arten schamanischer Heilungen durch Veränderungen der Positionen der Menschen und Kräfte in einem spirituellen Raum ermöglicht. Im gerade genannten Fallbeispiel kann man das auch sehen: Jemand leidet, ein anderer steht symbolisch neben ihm – sie sind miteinander verbunden und vereinigt im Leiden. Wenn der Freiwillige geht, hat derjenige, der ursprünglich litt, auch eine Chance, den Platz des Leidens zu verlassen.

Für eine andere Person leiden kann bei ähnlicher Dynamik auch mit der Metapher, einen Weg für jemanden frei machen, verglichen werden. Manchmal kann ein Mensch ein Hindernis auf seinem Weg nicht überschreiten, weil ihm dazu einfach die Kraft fehlt. Solange er dann vor seinen Schwierigkeiten steht, kann er sich nicht mehr bewegen oder weiterentwickeln. Und vor allem kann er, solange er dort steht, auch keine neue Kraft aufbauen. In dem Moment, in dem eine andere Person sich seinen hoffnungslosen Bemühungen anschließt, das Hindernis aus dem Weg zu räumen, vereinen sie ihre Kräfte und können dadurch eventuell gemeinsam das Hindernis beseitigen und den Weg frei legen. Dann kann der, der stecken geblieben ist, sich wieder vorwärts bewegen, mit etwas Glück neue Kräfte aufbauen und neue Möglichkeiten finden.

Die zuvor beschriebene Situation, in der die Tochter nach Monaten die Kraft fand, ihren Vater anzurufen, nachdem die Mutter für beide in der Schwitzhütte gelitten hatte, ist ein gutes Beispiel, wie jemand ein Hindernis für eine andere Person aus dem Weg räumen kann, die von sich aus zu schwach dafür ist. Die Mutter verband sich mit dem Leiden der Tochter und fügte durch die Gebete zusätzliche Kraft hinzu. Die Tochter war in der Lage, die Kraft, die ihr angeboten wurde, anzunehmen, und konnte dadurch die Hürde überwinden. Das Beispiel zeigt auch, dass diese Art Hilfe nur eine Möglichkeit zur Heilung oder Problemlösung aufzeigt. Selbst wenn der Weg frei geräumt wurde, liegt es an der Tochter, ob sie weise handelt und die Wiederholung alter Fehler vermeidet oder nicht. Daneben gibt es auch Rituale, die zu einer Heilung führen, in denen Menschen für andere leiden, ohne dass man von einer der beiden Metaphern – jemanden aus den Problemen herausziehen oder Hindernisse aus dem Weg räumen – sprechen kann. Heilung ist dann das Ergebnis direkter Intervention der Hilfsgeister. In solch einem Fall ist es normalerweise nicht möglich zu sagen, welche Dynamik zum Heilungsprozess beigetragen hat.

Kürzlich leitete ich eine Heilungszeremonie, an der eine Frau für ihren Bruder teilnahm, der seit vielen Jahren an sehr schmerzhaften Ekzemen an seinen Händen litt. Einige Tage nach der Zeremonie waren die Hände des Bruders völlig beschwerdefrei. Was genau die Ursache für diese Heilung war, bleibt ein Geheimnis.

Vom schamanischen Gesichtspunkt aus gesehen, könnte man sagen, dass die Hilfsgeister die Symptome und vielleicht sogar die Krankheit selbst weggenommen haben. Manchmal teilen die Hilfsgeister dem Schamanen mit, wie sie solche Tricks machen, woraus dieser viel lernen kann. Tatsächlich stammen die meisten Heilungstechniken der Schamanen ursprünglich direkt von den Hilfsgeistern, die ihr Wissen weitergegeben haben.

Beim Familien-Stellen nehmen die Stellvertreter oft das Leiden anderer in sehr direkter Weise auf sich. Wenn zum Beispiel jemand nie in der Lage war, seinen Kummer zu äußern, kann der Stellvertreter an seiner Stelle stehen, bitterlich weinen und den Schmerz des Kummers für ihn erleiden. Jede innerliche Veränderung, die der Stellvertreter erfährt, ist ein Schritt, den er für den anderen macht. Da der Repräsentant normalerweise die andere Person, die er vertritt, nicht kennt, besteht keine große Gefahr, dass er das Leiden aus einer Verstrickung heraus auf sich nimmt.

Außerdem werden die Stellvertreter von einer anderen Person ausgewählt. Sie beschließen nicht selbst, eine bestimmte Person zu repräsentieren. Ein Stellvertreter nimmt während der Aufstellung Leiden auf sich und tritt danach wieder aus der Rolle in sein eigenes Leben, er gibt somit die Verantwortung an die Person zurück, die er repräsentierte. Obwohl die Form des Familien-Stellens sich offensichtlich von der der schamanischen Heilung unterscheidet, kann man abschließend feststellen, dass – was das Leiden für andere zwecks Heilung angeht – sowohl dem Familien-Stellen als auch den alten schamanischen Ritualen die gleichen spirituellen Prinzipien zugrunde liegen.

5. Die Kraft der Vorfahren

In der systemischen Arbeit ist die Kraft, die die Vorfahren an nachfolgende Generationen weitergeben können, von großer Bedeutung. Die Kraft der Vorfahren verleiht Richtung und Ziel für das Leben und ermöglicht es den Nachfolgenden, schwierige Situationen im Leben zu akzeptieren und zu ertragen. Viele spirituelle Traditionen lehren, dass die Lebenden die Kraft der Vorfahren empfangen können, indem sie den Ahnen einen festen Platz in ihrem Haus oder im Herzen einräumen. In vielen Kulturen findet man dann auch in den Häusern einen kleinen Altar, in oder auf dem einige Objekte die frühere Generation repräsentieren. Räucherwerk, Nahrungsmittel oder Getränke werden als Opfergaben für die Geister der Ahnen zu bestimmten Zeiten auf diesen Altären dargeboten.

Bei einigen sibirischen Stämmen teilten sich die Mitglieder eines Haushalts eine Dose oder ein kleines Kästchen mit den Ahnen in Form winziger Puppen. Kam ein Gast bei ihnen zu Besuch, war dessen erste Frage: „Sind die alten Leute zu Hause?" Die Vorfahren wurden dann aus dem Kästchen geholt und begrüßt, indem auf jede Puppe ein Tropfen Wodka geträufelt wurde. Erst danach begannen die Familie und die Gäste selbst zu essen und zu trinken. In den meisten schamanischen Traditionen wurde allerdings nicht nur die frühere Generation der Familie als Vorfahren gesehen. Bevor ich jedoch das schamanische Konzept der Vorfahren darstelle, möchte ich zunächst das Element Feuer näher erläutern.

Im schamanischen Weltbild wird das Feuer oft als erste und ursprüngliche, Leben schenkende Kraft gesehen. Jedes Feuer, auch das innerliche Feuer, das unseren Körper warm hält, ist Teil des Feuers der Schöpfung, der ursprünglichen Kraft, aus der alles, was existiert, entsteht. Solange man lebt, wird der physische Körper durch das innere Feuer gewärmt. Stirbt man, so hört nicht nur die Atmung auf, sondern auch die Temperatur sinkt langsam und der Körper wird kalt. Das innerliche Feuer ist erloschen, oder besser gesagt: Es ist mit der Seele gegangen, als sie sich aus dem Körper zurückzog.

In vielen schamanischen und auch in buddhistischen Kulturen wird eine Person, die aufgehört hat zu atmen, für eine bestimmte Zeit – oft Stunden – ungestört gelassen und nicht berührt, bis sie vollständig erkaltet ist. Erst dann ist der physische Sterbeprozess vollzogen. Auch die medizinische Wissenschaft hat inzwischen bestätigt, dass, nachdem die Atmung aufhört, kein direkter Tod erfolgt, da elektromagnetische Gehirnströme noch bis zu einigen Stunden danach gemessen werden können. Was diese Beobachtung genau bedeutet, ist unklar, jedoch kann man sicher sagen, dass das menschliche Gehirn noch einige Stunden aktiv bleibt, nachdem der letzte Atem ausgehaucht wurde.

Die wichtigste Lehre des Feuers besteht aus zwei zugrunde liegenden unterschiedlichen Aspekten. Ein Aspekt ist die Flamme, der andere die Wärme. Die Flamme ist der Teil des Feuers, der Dinge transformiert, etwas aus etwas anderem entstehen lässt. Der Flammenaspekt des Feuers besitzt eine bestimmte Kraft, die es den Medizinmännern oder Schamanen ermöglicht, gewisse Arten von Heilungen zu vollbringen. Mithilfe der Flammen können einige traditionelle schamanischen Heiler beispielsweise gebrochene Knochen innerhalb einiger Tage, anstelle einiger Wochen, zusammenwachsen lassen. Wenn man weiß, wie man Flammen anwenden muss, kann die physikalische Substanz des Körpers in nur kurzer Zeit verändert und transformiert werden.

Der zweite Aspekt des Feuers, die Wärme, hat eine andere Qualität. Man kann Wärme als reine Kraft sehen, die in jegliche Form strömt, die dafür empfänglich ist. In den schamanischen Heilungspraktiken wird die Wärme nicht verwendet, um etwas zu transformieren, sondern um zum Beispiel das Immunsystem und andere selbst-regulierende Eigenschaften des Körpers und der Psyche zu stärken.

Im traditionellen Schamanismus gehört die Anwendung der Flamme zur Transformation in den Verantwortungsbereich ausgebildeter Medizinmänner oder Schamanen. Die Anwendung durch Laien wird als gefährlich bezeichnet. Die Natur der Flamme ist es, alle Unreinheiten zu verbrennen, wenn man von ihr berührt wird. Aber wer kann wirklich die nackte Wahrheit ertragen? Dazu braucht man Mut. Wenn man der Wahrheit unvorbereitet begegnet, kann es einen wortwörtlich verrückt machen. Wird man von der Flamme berührt, kommen alle Unreinheiten an die Oberfläche, und man muss auf die eine oder andere Art damit umgehen.

Die Wärme als zweiter Aspekt des Feuers kann dagegen von jedem eingesetzt werden, da sie fühlbar, einfacher zu verstehen und zu lenken ist. Wärme, gleichbedeutend mit Kraft, wird von jedem erwünscht und absorbiert. Allerdings kann es auch gefährlich sein, wenn ihr jemand zu lange ausgesetzt ist. Bei zuviel Wärme leiden Körper und Geist. Sich auf Wärme einzustimmen und die Kraft aufzunehmen, die sie mit sich bringt, wird über das gemeinsame Beten in Reinigungszeremonien erfahren, wie in der Schwitzhütte, die ich bereits in Kapitel 4 beschrieben habe.

Während einer Schwitzhütten-Zeremonie kann die Wärme zu Hitze werden und sehr stark sein. Ein offensichtliches, erkennbares Resultat ist die starke körperliche Entgiftung durch das Schwitzen. Doch das Hauptziel der Zeremonie ist, durch die Aufnahme der Wärme, der Lebenskraft, die durch die glühend heißen Steine ausgestrahlt wird, stark zu werden. Sogar Babys und sehr alte Menschen können, wenn auch nur für einige Minuten, an der Zeremonie teilnehmen. Falls jemand krank ist oder Kraft braucht, wird eine Schwitzhütten-Zeremonie für ihn organisiert.

In den Reservaten der Indianer in den USA werden spezielle Schwitzhütten-Zeremonien für Alkohol- und Drogenabhängige abgehalten. Viele Alkoholiker oder Junkies würden aufrichtig gerne ihre Sucht beenden, aber ihnen fehlt die Kraft zum entscheidenden Schritt. Im schamanischen Denken wird Versagen im Leben eher als ein Mangel an Kraft betrachtet, als ein Mangel an materiellen oder psychologischen Mitteln. Medizinmänner oder Schamanen lassen Abhängige gemeinsam in der Schwitzhütte beten. Den Gebeten wird durch das Feuer und die Wärme, die die erhitzten Steine ausstrahlen, Kraft zugefügt.

Hier stoßen wir auf ein wichtiges schamanisches Prinzip: Menschen können am besten beten, wenn sie der Kraft begegnen. Andernfalls fließt die freigesetzte Kraft in die gewohnten Denkmuster ein, wodurch jemand, der schon in Schwierigkeiten steckt, noch tiefer darin verstrickt werden kann. Man kann der Kraft nicht begegnen und so tun, als sei nichts Besonderes passiert. Sonst könnten Krankheiten oder Schwäche die Folgen sein. Es klingt paradox, aber

Schwäche kann auch sehr stark werden. Spirituelle Kraft in sich selbst ist blind. Sie ist nur Energie und kann beides verstärken, sowohl Gesundheit als auch Krankheit. Darum sollte sie vorsichtig gelenkt werden. Und Gebete haben sich zu diesem Zweck als sehr geeignet erwiesen.

Ich könnte noch lange fortfahren, den schamanischen Gebrauch und die Bedeutung des Feuers zu erläutern, aber dieses Kapitel handelt von der Kraft der Vorfahren. Darum reicht es, hier zu sagen, dass eine der Grundlagen des traditionellen Schamanismus die Kunst ist, das Feuer in allen seinen Manifestationen zu meistern.

Die grundlegende Unterteilung des Feuers in zwei getrennte Qualitäten ist so einfach und offensichtlich, dass viele Menschen dies übersehen. Trotzdem ist es sehr entscheidend, wenn man bedenkt, dass nach der schamanischen Tradition Feuer die eigentliche Kraft des Lebens, die Substanz der Schöpfung selbst ist und sie somit direkt mit unseren Vorfahren verbunden ist. Unsere Vorfahren sind Teil der kreativen Lebenskraft, da sie uns geschaffen haben. Sie haben uns das Leben im wortwörtlichen Sinne geschenkt. Da unsere Ahnen im Wesentlichen unsere Schöpfer sind, sind auch sie Teil der ursprünglichen Lebenskraft, Teil des Feuers des Lebens. Wie das Feuer in zwei Aspekte unterteilt werden kann, so können wir auch unsere Vorfahren in zwei Gruppen aufteilen.

Der Flammenaspekt des Lebens schafft und formt uns, und der Wärmeaspekt stärkt uns. Genauso schaffen und stärken uns also auch unsere Vorfahren. Diejenigen, die uns formen, sind unsere Eltern und Großeltern oder andere, die uns in unserer Kindheit erzogen haben. Sie verkörpern den Flammenaspekt des kreativen Feuers. Sie schaffen unseren physischen Körper und lenken die Entwicklung unserer Persönlichkeit. Sie lehren uns unsere Sprache und übermitteln uns bewusst und unbewusst emotionelle und ethische Strukturen.

Unsere anderen Vorfahren, die wir nie selbst persönlich kennen gelernt haben, mit denen wir aber trotzdem unbewusst verbunden sind, bilden auch einen Teil der Flamme. Auch sie beeinflussen unsere Gefühle, unsere inneren Motivationen und Vorlieben anderen gegenüber. Die Persönlichkeit und der physische Körper, die durch die Flamme geschaffen wurden, bilden einen Träger für Kraft.

Die Kraft selbst, der Wärmeaspekt des ursprünglichen Feuers, wird dagegen durch die Vorfahren übermittelt, die uns nicht direkt geformt haben. Dies sind häufig die Ahnen, die wenigstens drei oder mehr Generationen vor uns lebten. Reine Kraft wird meistens von den Vorfahren gegeben, die keinen direkten Einfluss auf unser Leben hatten. Deswegen kann man sagen, dass die eigentliche Form der Persönlichkeit und die Kraft, welche die Persönlichkeit tragen kann, zwei verschiedene Dinge sind. Die zwei Gruppen der Vorfahren sind voneinander getrennte Kräfte, die entweder harmonisch miteinander arbeiten oder auch nicht. Was uns formt, muss uns nicht notwendigerweise auch mit Kraft versorgen, und was uns stärkt, braucht uns nur begrenzt zu formen.

Im traditionellen Schamanismus ist Kraft von großer Bedeutung für die Menschen. Kraft wird als Medizin für beinahe jede Art Beschwerde, Krankheit oder Schwierigkeit gesehen. So wie in der systemischen Arbeit unbewusste Verstrickungen als Wurzel für viele Probleme gesehen werden und Menschen versuchen, sich von diesen Verstrickungen zu befreien, um gesund zu werden, so wird in der schamanischen Herangehensweise nach Kraft gesucht, wenn ein Mensch sich schlecht fühlt. Menschen in Schwierigkeiten versuchen, neue Quellen der Kraft zu finden, damit sie wieder stark werden. Wenn sie stark sind, fühlen sie sich gut.

Diese Ausrichtung auf Kraft ist einer der Gründe, warum es im traditionellen Schamanismus nur wenige Rituale und Strukturen für Lösungen von Problemen gibt, die das Ergebnis systemischer Verstrickungen sind. Verstrickungen werden oft auf der Suche nach Kraft übergangen. Diese Strategie kann in allen schamanischen Kulturen festgestellt werden. Das ist verständlich, wenn man an den ursprünglichen nomadischen Lebensstil der schamanischen Völker denkt. Alle Mitglieder einer Nomadenfamilie waren vollkommen abhängig voneinander. Nur durch gute Zusammenarbeit als funktionierendes Ganzes konnten die individuellen Mitglieder überleben. In solch einem kleinen und geschlossenen System würde eine direkte Konfrontation einfach eine zu große Gefahr für das Überleben der größeren Einheit bedeuten und wurde darum auf jeden Fall vermieden. Das gilt besonders für die Wintermonate, wenn alle für viele Tage, Wochen oder gar Monate in den Zelten zusammenblieben.

In den nomadischen Schamanenkulturen existierten viele Arten sozialer Regeln, die zum Ziel hatten, Konfrontationen zu vermeiden, die in unseren Augen – unter den extremen Umständen, dass

Menschen so dicht aufeinander leben – unvermeidbar wären. Beispielsweise schreibt die Tradition vor, welches Familienmitglied niemals ein anderes direkt ansprechen darf. Um nur ein Beispiel zu nennen: Eine Frau, die frisch in eine Familie geheiratet hat, zieht in das Zelt des Ehegatten. Aber in vielen Kulturen darf sie niemals dem Schwiegervater direkt in die Augen schauen oder zu ihm sprechen. Wenn Schwierigkeiten oder Spannungen auftauchen würden, käme es zwischen traditionellen Menschen nicht so schnell zu Auseinandersetzungen. Stattdessen würden sie versuchen, Kraft zu finden, um mit dieser Situation umgehen und diese tragen zu können, sodass sie weiterhin als eine Einheit funktionieren und die Familie nicht auseinander bricht.

Die Vorfahren sind eine wichtige Quelle der Kraft im traditionellen schamanischen Leben. Eine der Methoden, um Verstrickungen sicher zu übergehen und jedem einen ausreichenden Vorrat an Kraft der Vorfahren zu geben, ist, dass Kindern beigebracht wird, alle Menschen als Verwandte zu sehen. Einer meiner eigenen traditionellen Lehrer, selbst inzwischen ein alter Mann, erzählte mir, wie sein Urgroßvater ihn unterwies, andere Menschen nie als etwas anderes als die eigenen Verwandten zu sehen: „Selbst wenn du jemanden rufst, den du nicht kennst, sage niemals nur ‚Hallo‘, sondern immer ‚Hallo Bruder‘ oder ‚Hallo Schwester‘."

Auch als ich einmal einen indianischen Freund besuchte, wurde ich seinen Bekannten nicht als ein Fremder vorgestellt, sondern als „mein niederländischer Verwandter". Das Gefühl der Zugehörigkeit wächst immens, wenn man alle Menschen mit grauen Haaren als Großmutter oder Großvater bezeichnet, alle Menschen im mittleren Alter als Tante und Onkel, alle Gleichaltrigen als Bruder und Schwester und die, die jünger sind als man selbst, als kleine Schwester, kleiner Bruder, Nichte oder Neffe. Hierdurch kann mehr Kraft und Unterstützung erfahren werden als nur durch die ursprüngliche Familie. Obwohl diese zusätzliche Kraft vielleicht nicht als ganz so kraftvoll oder einflussreich wie die der direkten Vorfahren gesehen werden kann, so ist sie trotzdem verfügbar, mit dem zusätzlichen Vorteil, dass relativ wenige Verstrickungen bei der erweiterten Familie möglich sind.

Es gibt eine andere, ziemlich geschickte, schamanische Strategie, um die Wirkung von Verstrickungen und daraus folgenden Blockaden für den Strom der Kraft der Vorfahren zu vermeiden. Und zwar werden nicht nur Menschen als Vorfahren gesehen. In vielen schamanischen Kulturen lernen die Menschen, dass ihre Familie ursprünglich von einer Tierart abstammt. So entstehen einige Familien beispielsweise aus Raben, Bären oder Fischottern usw. Auch in Schottland gab es Sippen, die behaupteten, von Tieren abzustammen, wie zum Beispiel von der wilden Katze.

Diese Bilder sind sehr kraftvoll, da eine Tierart an sich meistens aus gesunden Erwachsenen und ihren Jungen besteht und nicht aus Kranken und Sterbenden. Wenn ein Tier krank ist, wird es oft innerhalb kurzer Zeit getötet und von einer anderen Tierart gefressen. Hierdurch entsteht der Eindruck, dass Tiere ewig jung und gesund sind.

Wenn jemand beispielsweise den Bär als seinen ursprünglichen Vorfahren sieht, kann er eine Bärenklaue an einer Kette um den Hals als etwas sehr Kraftvolles erfahren. Sie ist ein Teil des Körpers seines eigenen Blutes, seiner eigenen Ahnen. Wenn ein Bär im Traum erscheint, wird das als Geschenk der Ahnen oder Älteren gesehen, worüber man aber nicht spricht, sondern es in der Seele bewahrt. Dies kann demjenigen über Jahre hinweg oder gar ein ganzes Leben lang Kraft spenden.

Die Tiere als Vorfahren zu sehen, kann als symbolischer Schritt betrachtet werden, sich in eine Periode der Geschichte zurückzuversetzen, als unsere Vorfahren noch keine Menschen im engeren Sinne waren. Diese Vorfahren hatten keine persönliche Individualität und waren einfach Teil der Natur, genau wie wilde Tiere es heutzutage noch sind. In diesem Sinne sind sie die idealen Träger des Wärmeaspekts des Feuers, der die kreative Kraft ist, bzw. der Wärme, die Kraft mit sich bringt.

Obwohl die zwei Aspekte des kreativen Feuers verschiedener Natur sind und unabhängig voneinander gesehen und erfahren werden können, bleibt das Feuer doch ein Element. Flamme und Wärme, Form und Kraft vermengen sich. Aus einer bestimmten Sichtweise kann man sie nicht voneinander trennen. Bei sehr starker Wärme entstehen spontan Flammen, und Flammen wiederum schaffen Wärme. Die beiden sind immer miteinander verwoben. Die Lebenskraft ist nicht voll da, wenn nur ein Teil vorhanden ist. So können sich die zwei Gruppen von Vorfahren überlappen, sie gleichen sich aus und sind beide nötig.

Wenn sich alles gut entwickelt und die Eltern schrittweise aufhören, das Leben des reifer werdenden Kindes zu lenken, so können sie, aus der Sicht des Kindes, langsam zu der Gruppe der älteren Vorfahren gezählt werden. Sind die Eltern in der Lage, das Kind zu unterstützen, wirklich auf seinen eigenen Beinen zu stehen, so beginnen sie, langsam Wärme anstelle der Flamme zu entwickeln. Dann werden sie nicht mehr formen, sondern ein starkes Verbindungsglied zwischen dem Kind und den alten Vorfahren sein.

Vor einiger Zeit war ich in einem Indianerreservat in den USA und wurde dort zur Teilnahme an einer Heilungszeremonie eingeladen, die für ein junges Mädchen abgehalten wurde und die ganze Nacht dauerte. Die Großmutter und Urgroßmutter des Mädchens hatten die Zeremonie angeregt, aber die Mutter glaubte nicht an die traditionellen Heilungsmethoden und wollte darum nicht teilnehmen. Trotzdem kam sie früh am Morgen, nachdem der eigentliche Heilungsteil der Zeremonie schon abgeschlossen war, in Stille dazu und setzte sich für eine halbe Stunde neben ihre Tochter. Es war offensichtlich, dass durch ihre Gegenwart dem Mädchen geholfen wurde, die guten Dinge, die über ihre Groß- und Urgroßmutter zu ihr gekommen waren, wirklich aufzunehmen und zu integrieren.

Das Bild der Generationen, die in einer Reihe stehen und sich gegenseitig unterstützen, besitzt eine große Kraft, die auch in der systemischen Arbeit eingesetzt wird. In einer Familienaufstellung kann es dazu kommen, dass der Klient keine Kraft hat, seinen Platz einzunehmen, und sich somit nicht den Herausforderungen seines Lebens und Schicksals stellen kann. Bei einer anderen Aufstellung können die heilenden Bewegungen durch eine Schwäche einer Schlüsselfigur unterbrochen werden. Eine der möglichen Lösungen, die ein Begleiter in einer solchen Situation anbieten kann, ist das Hereinbringen der Vorfahren, indem er weitere Stellvertreter der Aufstellung hinzufügt. Wenn beispielsweise ein Mann Kraft benötigt, werden männliche Stellvertreter hinzugefügt. Handelt es sich um eine Frau, so werden weibliche Stellvertreter ausgewählt.

Drei bis vier Menschen desselben Geschlechts stehen dann in einer Reihe hinter der Person, die sich schwach fühlt. Sie repräsentieren den Vater, Großvater und Urgroßvater oder die Mutter, die Großmutter und die Urgroßmutter. Die Person wird dann ermutigt, die Kraft, die durch ihre Vorfahren zu ihr kommt, zu fühlen und zu absorbieren. Auf diese Weise fühlt sie sich meistens schnell gestärkt. Dann kann die Aufstellung fortgesetzt werden; die heilenden Bewegungen, die unterbrochen wurden, können vollzogen werden.

Selbst wenn in einer Aufstellung die ältere Generation nur aufgefordert wird, die Nachkommen zu unterstützen und zu segnen, beginnt unmittelbar die Heilkraft zu fließen, die allen Repräsentanten hilft.

6. Die Erfahrung der Zeitlosigkeit

Während einer schamanischen Heilungszeremonie wird die gewohnte Wahrnehmung der Zeit auf sehr geschickte Weise unterbrochen. Die Qualität der Zeitlosigkeit wird von allen Beteiligten – dem Klienten, dem Schamanen und den Zuschauern – erfahren. Der Wechsel vom linearen Zeitkonzept zum Gefühl der Zeitlosigkeit kann mit dem Eintauchen in ein heißes Bad verglichen werden. In dem Moment, in dem man in das heiße Wasser taucht, erfährt man das wohlige bekannte Gefühl der Entspannung. Spannungen lösen sich auf, und man genießt das Gefühl des warmen Wassers auf der Haut. Dabei ist es gleichgültig, ob man jeden Tag oder nur einmal im Monat ein Bad nimmt oder ob man in der gleichen Badewanne liegt wie am Vortag. Wenn man in dem Moment, wo das Wasser die richtige Temperatur hat, hineintaucht und die Augen schließt, fühlt es sich wie jedes Bad an, das man bisher genommen hat. Man kann jederzeit in diesen Moment zurückkehren.

Auf gleiche Weise taucht man in die Zeitlosigkeit eines schamanischen Rituals. Man gleitet in eine bekannte Erfahrung, die scheinbar auf einen gewartet hat. Im schamanischen Kontext tragen verschiedene Faktoren zu diesem Wechsel der Wahrnehmung bei. Das Singen ist einer der wichtigsten davon. Zu den verschiedenen Arten der schamanischen Heilungs- und Reinigungsrituale gehören spezielle Reihenfolgen der Gesänge. Bei den längeren Zeremonien werden solche Liederfolgen immer wieder wiederholt, begleitet von dem gleichbleibenden, monotonen Klang der Trommel.

Viele der intensiveren Heilungsrituale werden, zumindest teilweise, im Dunkeln ausgeführt. In Dunkelheit gehüllt, singt und hört man die alten vertrauten Gebete und Lieder und fühlt den lauten Klang der Trommel auf der Haut. Die Erfahrung der Zeit vermischt sich mit der Erfahrung des Raums. Da man in der Dunkelheit die

Grenzen des Raums nicht mehr wahrnehmen kann, wird der Raum zwar gefühlt, aber er wird unklar. Genauso ist man umgeben von Zeitlosigkeit: Die Zeit besteht noch, aber man verliert das Gefühl dafür. Die Wahrnehmung der äußeren Dunkelheit wird zur Wahrnehmung eines inneren Raums. Die Erfahrung der Zeitlosigkeit wird mit jedem neuen Ritual vertieft und verstärkt, da in jedem Ritual gleiche kontinuierliche und kraftvolle Gefühlseindrücke geweckt und benutzt werden. Die innere Erfahrung der Zeitlosigkeit kann stets aufs Neue erlebt werden.

Das Zeitgefühl zu verlieren, ist eines der Merkmale der Trance, sowohl vom leichten als auch vom tiefen Trancezustand. Menschen geraten leicht in einen Trancezustand. Meistens reicht ein längerer, rhythmischer Stimulus schon aus, ihn zu verursachen. Menschen können in Trance geraten, wenn sie mit geschlossenen Augen im Zug sitzen und dem Klang der Räder auf den Schienen lauschen. Andere erfahren Trance beim Tanzen auf einer Party mit einem durchgehenden Beat und pulsierenden Lichtern oder zum Beispiel bei einer guten Massage. Sobald sich jemand entspannt und den rhythmischen Stimuli für einige Minuten ausgesetzt ist, kann er in einen leichten Trancezustand geraten. Im Trancezustand wird die Fähigkeit, Zeit zu messen, schnell und einfach unterbrochen, was im normalen Leben noch relativ präzise möglich ist. Nachdem sie aus einem Trancezustand kommen, sind die meisten Menschen, unabhängig von der Tiefe der Trance, erstaunt darüber, wie wenig oder wie viel Zeit verstrichen ist.

Bei der Erfahrung der Zeitlosigkeit, wie es in schamanischen Praktiken kultiviert wird, geht es nicht nur um das Unvermögen, Zeit richtig wahrzunehmen. Man kann es vergleichen mit dem Unterschied zwischen Kraft und Gesundheit. Für einige Menschen ist „Gesundheit" einfach die Abwesenheit von Krankheiten oder Leiden. Gesundheit wird dann negativ definiert. Andere erfahren Gesundheit als eine Energie, eine Anwesenheit von Vitalität und Kraft.

Genauso kann man Trance erfahren als das Unvermögen, lineare Zeit zu messen, was auch der natürliche Effekt einer Trance ist. Man kann aber auch lernen, seine Aufmerksamkeit tiefer und tiefer zu richten. Dann wird Zeitlosigkeit nicht nur die Abwesenheit der linearen Zeit, sondern eine deutliche Anwesenheit von etwas anderem. Etwas, was sich gut, voll und reich anfühlt.

Die Erfahrung der Zeitlosigkeit ist von besonderer Bedeutung für schamanische Praktiken. In dem Moment, in dem die lineare Erfahrung der Zeit unterbrochen ist, wird auch der konstante Strom unserer Gedanken, der endlose Strom von Geschichten, die wir uns in unserem Verstand erzählen, gestört. Geschichten über die Vergangenheit, das, was jetzt passiert oder statt dessen passieren sollte, was gestern geschah oder in der Zukunft geschehen sollte. Auf diese Weise zu denken, ist nur möglich, solange die Aufmerksamkeit fest im linearen Zeitkonzept verankert ist. In der Zeitlosigkeit des schamanischen Rituals verlieren diese Geschichten schnell ihren Anker. Sie verlieren ihren Zusammenhang, zerstückeln sich, und in bestimmten Momenten entsteht möglicherweise völlige Stille. Sobald der zwanghafte innere Monolog geschwächt wird, kann das Bewusstsein sich für neue Erfahrungen öffnen. Wenn die inneren Geschichten über uns und andere ihren Einfluss auf unsere Aufmerksamkeit verloren haben, beginnen wir, die Energie, die mit diesen Geschichten verbunden ist, wahrzunehmen.

Diese Energie führt zum eigentlichen Kern der Geschichten. Man erkennt plötzlich eine andere Wahrheit, beispielsweise dass einen ein stilles Leiden das Herz verschlossen hat, anstelle der endlosen bekannten Klagen darüber, dass der Partner einem nie sagt, dass er einen liebt. Oder statt sich selbst immer wieder zu beschweren, dass die Mutter einen nie richtig gesehen hat, und man dadurch verärgert ist, taucht jetzt ein Gefühl der gedankenlosen Angst eines sehr jungen Kindes auf, das manchmal mehr brauchte, als seine Eltern ihm geben konnten.

Durch gewohnte Gedankenmuster bleibt die „Wirklichkeit" in einer Form fixiert, wodurch man sich auf eine bestimmte Art mit der Persönlichkeit identifiziert. Ist man in Zeitlosigkeit verankert, beginnt das Bewusstsein, andere Schichten der Wahrheit zu erkennen, nämlich die der eigentlichen Energie des Körpers und der tieferen Ebenen der Seele.

Zeitlosigkeit zu erfahren und sich auf diese Weise für wesentliche Schichten des Erlebens zu öffnen, ist der Schlüssel zur Heilung, sowohl für den Schamanen als auch für den Klienten. Ein Schamane oder Medizinmann kann nicht ununterbrochen Heilungsarbeit leisten, ohne dass es ungesund für ihn werden würde. Wenn der Schamane nicht in der Lage wäre, sich nach dem Treffen mit den Hilfsgeistern wieder gründlich in der gewohnten, physischen Wirklichkeit zu verankern, könnte er krank werden oder psychotisch. Im täglichen Leben ist seine Aufmerksamkeit auf die Welt der Materie gerichtet, aber wenn der Schamane dann wieder eine Zeremonie leitet, muss er in der Lage sein, seine Aufmerksamkeit vollständig auf die Welt der Hilfsgeister zu richten, damit seine Arbeit erfolgreich ist. Der Schamane löst sich vom täglichen Leben, indem er seinem Bewusstsein erlaubt, tiefer und tiefer in die Zeitlosigkeit zu versinken. Ist die Zeremonie vorbei, kehrt er zur linearen Zeitwahrnehmung zurück.

Für den Klienten ist es ebenfalls wichtig, einen Zustand der Zeitlosigkeit zu erreichen. An einem bestimmten Punkt während des schamanischen Heilungsrituals, wenn das Trommeln und Singen schon für eine gewisse Zeit anhält, fordert der Schamane oder Medizinmann den Klienten auf, laut zu beten und die Hilfsgeister um Hilfe zu bitten. Schamanische Gebete werden improvisiert, und so beginnt der Klient, in einer leichten Trance zu beten. Er beginnt mit seinen gewohnten Gedanken, doch je weiter das Gebet voranschreitet, desto mehr lösen sich diese Gedanken auf und tiefere, mehr wesentliche Gefühle kommen an die Oberfläche.

Dabei ist es wichtig, dass diese grundlegenden Wahrheiten und Erfahrungen mit deutlicher, klarer Stimme ausgesprochen werden. Die Identifikation des Klienten mit seiner Krankheit kann sich nur verändern, wenn er den zugrunde liegenden Strukturen seiner Gedanken und Gefühle buchstäblich Ausdruck verleiht. Ab einem bestimmten Moment erreicht der Klient während des Gebets einen Punkt, an dem er sein Problem auf total andere Weise beschreibt, als er das normalerweise tun würde. Er bittet die Hilfsgeister weiter um Hilfe, und sein Geist und seine Sinne sind offen und empfänglich. Er beendet seine Gebete, wenn er sich leer zu fühlen beginnt. Nun hat er einen geläuterten Zustand erreicht und er ist befreit von seinen Geschichten und in Kontakt mit seiner Seele. Jetzt erst kann die eigentliche Heilungsarbeit beginnen.

In der Zeitlosigkeit werden die Hilfsgeister sichtbar. Wenn der Verstand aufhört, sich in gewohnter Art selbst zu unterhalten, können sich die Sinne mehr öffnen, erst für die physische Umwelt und dann auch für die spirituellen Ebenen. Um sicher zu gehen, dass der Schamane die Geisterwelt sehen kann, werden viele schamanische Zeremonien teilweise im Dunkeln ausgeführt, nachdem der Trancezustand erreicht ist. In der Dunkelheit werden die Augen des

Schamanen nicht durch die physische Welt abgelenkt. Wenn während der Zeremonie trotzdem Licht benötigt wird, zum Beispiel wenn der Assistent es zur Erfüllung seiner Aufgaben braucht, kann der Schamane nach eigenem Belieben eine Augenklappe tragen, sodass seine Augen vor dem Licht geschützt werden.

Gleichzeitig sorgen das konstante Trommeln und Singen für einen Überfluss an auditivem Sinneserleben, wodurch der Trancezustand des Schamanen noch mehr vertieft wird. In der Dunkelheit tauchen dann nach einiger Zeit Bilder auf. Der Verstand kann die Reize auf die Gehörorgane nicht mehr verarbeiten, wenn er eine gewisse Weile lang dem lauten, monotonen Klang der Trommeln ausgesetzt ist. Plötzlich kann alles ungewohnt still werden, oder der Schamane hört Stimmen oder Klänge, die nicht von den rituellen Gesängen stammen. Manchmal hört er andere wunderschöne Lieder. Viele der Schamanenlieder haben genau dort ihren Ursprung, wenn der Schamane sich in tiefer Trance befindet und den Klängen der Trommeln lauscht.

Diese spontanen visuellen und auditiven Halluzinationen sind ein Zeichen dafür, dass sich ein gewisser Wandel des Bewusstseins vollzieht. Der Schamane lernt, diesen Zustand in erstaunlichem Ausmaß zu vertiefen und zu kontrollieren. In diesem Zustand kann er lange und intensive Gespräche mit den Hilfsgeistern führen.

Sibirische Schamanen verwenden auch ihr Schamanenkostüm, um in einen Trancezustand zu kommen. Wenn der Schamane in seinem Kostüm tanzt, klingen die Eisenglöckchen und die angenähten Anhänger daran so laut, dass wieder ein Übermaß an auditivem Sinneserleben entsteht. Außerdem wiegt ein Schamanenkostüm zwanzig bis dreißig Kilogramm, mit solch einem Gewicht zu tanzen, ist sehr ermüdend. Schon nach einigen Minuten ist der Schamane erschöpft, was eine gute Voraussetzung dafür ist, das gewöhnliche Muster des Gedankenstroms zu durchbrechen.

Je mehr man lernt, seine Aufmerksamkeit zu lenken und exakt auszurichten, um so mehr erfährt man Zeitlosigkeit, als ob man mit der Gegenwart und zugleich einem Aspekt eines inneren Bewusstseins verbunden ist, das zu jeder Zeit existiert. Es ist so, als ob ein Teil von uns andauernd in Zeitlosigkeit verweilt, und unsere Aufmerksamkeit kann mit diesem Aspekt von uns selbst verbunden werden. Während des Prozesses des Eintretens in die Zeitlosigkeit machen die vertrauten Denkweisen Platz frei für die Wahrnehmung der tiefen Schichten der Wahrheit unterhalb dieser gewohnten Denkmuster. Stets können tiefere Schichten erkundet werden, bis man schließlich einen Punkt erreicht, an dem einfach nur Stille ist.

In der Stille der Zeitlosigkeit existiert unsere Seele, und in der Zeitlosigkeit können wir uns darüber zu einem gewissen Grad bewusst werden. Solange wir in dem zeitlosen Teil von uns verwurzelt sind, kann unsere Persönlichkeit nur mit Mühe unsere Gedanken und Gefühle beeinflussen. Auch ist unsere Persönlichkeit im zeitlosen Zustand nicht in der Lage, den inneren Raum unseres Seins zu betreten, in dem unsere Seele gefunden werden kann. Die Persönlichkeit kann nur an der Schwelle zu diesem Raum stehen bleiben, durch die Tür hereinschauen und auf diese Weise möglicherweise einen Eindruck von den inneren Vorgängen gewinnen. Doch wird es ihr nie möglich sein, den Raum zu betreten.

Zeitlosigkeit ist nicht allein ein Zustand des Bewusstseins, sondern gleichzeitig auch die Erfahrung des inneren Raums, in dem unsere Seele gefunden und erfahren werden kann. Was immer wir im Trancezustand erleben, in dieser Zeitlosigkeit, kann auf eine bestimmte Art an diesem speziellen Ort – in unserer Seele – bewahrt werden. Eine der wichtigen Prinzipien im Verständnis und bei der Anwendung der schamanischen Heilungen ist, dass die Heilungsbilder, die während des Rituals entstehen, nicht in der Persönlichkeit, sondern in der Seele bewahrt werden sollten. Auf diese Weise sind sie außerhalb der Reichweite der gewohnten Denkmuster.

Diese Vorstellung, dass Erinnerungen entweder in der Persönlichkeit bewahrt werden, wo sie der normalen Denkweise ausgesetzt sind, oder in einem zeitlosen Raum, der Teil der Seele ist, in dem sie ungestört bleiben, ist anhand des folgenden Beispiels einfach zu verstehen: Nach einem phantastischen Urlaub kommt man wieder nach Hause zurück und zeigt Freunden und Verwandten die Urlaubsfotos von allen besonderen Ereignissen. Je häufiger man die Fotos zeigt und über diese Erlebnisse berichtet, kann man bemerken, dass die eigentlichen Erinnerungen langsam verblassen und durch eine Geschichte ersetzt werden. Je öfter man von den Urlaubserfahrungen erzählt, umso schwieriger wird es, wirklich noch zu spüren, wie es tatsächlich war. Je mehr man die Fotos betrachtet, umso weniger bleiben andere visuelle Erinnerungen. Am Ende sind die Geschichten und Fotos alles, was bleibt – die ursprünglich gefühlten Erinnerungen sind verschwunden.

Aber man stelle sich vor, jemand hat sich in einem Urlaub in eine wundervolle Person verliebt. Sie haben sich am Strand kennen gelernt und Tag und Nacht miteinander verbracht. Nach einem herrlichen Essen bei Kerzenlicht am Strand haben sie im Mondlicht im warmen Sand herrlichen Sex miteinander gehabt. Die Erinnerungen daran sind für beide etwas so Besonderes, dass sie anderen nichts davon erzählen, einige vertraute Freunde ausgenommen, aber auch nicht so häufig. In manchen Momenten, wenn sie daran zurückdenken, können sie wieder den warmen Wind auf ihrer Haut spüren, als sie zusammen nackt im Sand lagen, und das Gefühl der Hände, die zärtlich über ihre Rücken streichelten.

Die Erinnerungen an dieses kostbare Abenteuer lösen sich nicht so schnell auf. Selbst lange nachdem alle anderen Erinnerungen der Reise durch die Geschichten, die an die Fotos gekoppelt sind, ersetzt wurden, behält diese einzelne Erinnerung ihre Frische. Das liegt daran, dass dieses Erlebnis nicht etliche Male anderen Menschen erzählt wurde, sondern gut behütet an einem speziellen Platz bewahrt wird. Diese Erinnerung behält ihre Lebendigkeit, da sie nicht durch andere Geschichten ersetzt wurde. Sie ist außerhalb des linearen Verstands und in der Zeitlosigkeit bewahrt. An diesem Ort kann sie eine Quelle der Kraft für viele kommende Jahre sein.

Wenn die ursprünglichen Erinnerungen einer heilenden Erfahrung durch die Geschichten, die die Persönlichkeit daraus macht, ersetzt werden, vergisst man langsam das, was wirklich passiert ist. Werden die eigentlichen Erfahrungen durch neue Bilder ersetzt, verliert man auch den Zugang zu einer Energiequelle. Aber wenn man es schafft, die Bilder einer kraftvollen und heilenden Erfahrung in Zeitlosigkeit zu bewahren, wird diese von der Seele umarmt. Die Bilder werden dann zu einem Träger für die Heilkraft der Seele. Wenn aber die Persönlichkeit der Wächter einer Erinnerung ist, verliert diese schon bald an Kraft. Wird die Erinnerung dagegen in der Seele bewahrt, wird die Erfahrung stärker, da ihr die Seele Kraft hinzufügt.

Ein wesentlicher Teil des Trainings für denjenigen, der schamanischen Praktiken ausübt, ist es zu lernen, über persönliche Erfahrungen mit den Hilfsgeistern zu schweigen. Die Geschenke, die er von den Hilfsgeistern bekommt, können am besten in der Seele als heilende Bilder bewahrt werden. Dieses Prinzip kann ebenso für die Erinnerungen an eine Familienaufstellung angewendet werden.

Wenn die Erinnerungen an eine Aufstellung, die zu einer Lösung hingeführt hat, langsam durch Geschichten ersetzt werden, die der Verstand über diese Erfahrung entwickelt, so werden sich die Erinnerungen daran verändern. Sie haben in zunehmendem Maße immer weniger zu tun mit der eigentlichen Erfahrung. Und je mehr die Erfahrung und die Geschichten sich voneinander entfernen, desto weniger Kraft kann daraus hervorströmen. Der Verstand wird die Erfahrung sorgfältig verändern, sodass sie nur noch der Fortsetzung seiner festen Denkmuster dient.

Wird hingegen die Erinnerung an eine Aufstellung in Zeitlosigkeit bewahrt, so wird sie geschützt vor der Analyse des Verstands, die in linearer Zeit geschieht. Dann wird sie sich nicht verändern und der ursprüngliche Heilungsimpuls kann weiterhin einen Prozess der Veränderung anregen, auch noch lange nach der eigentlichen Aufstellung.

Nach einigen Monaten oder einer längeren Zeitperiode löst sich die Erinnerung, die in der Seele bewahrt wurde, möglicherweise von selbst auf. Oder besser gesagt, die Kraft der Seele fließt nicht mehr durch sie hindurch. Das ist meistens ein gutes Zeichen, da die Seele nur dann ein heilendes Bild loslässt, wenn die Arbeit, die dadurch geschehen konnte, vollbracht ist. Ab diesem Zeitpunkt kann man wieder offen mit der Familie und Freunden über die Erfahrung sprechen, denn sie braucht den Schutz der Seele nicht mehr.

Um zu verdeutlichen, wie ein heilendes Bild in Zeitlosigkeit bewahrt werden kann, bis es schließlich zu einer Heilung kommt, die sowohl die Seele als auch die Persönlichkeit berührt, möchte ich ein konkretes Beispiel anführen. Im März 1999 nahm ich an einem Seminar von Bert Hellinger und Hunter Beaumont in San Francisco teil. Ich erzählte Bert Hellinger meine Erfahrungen, die ich mit körperlicher Gewalt gemacht hatte, und erwähnte auch bestimmte Momente in meinem Leben, in denen ich bei schweren Krankheiten an der Schwelle des Todes stand. In einer Teepause empfahl Bert Hellinger mir dann zwei Übungen. Die erste war, mir vorzustellen, in die Welt der Toten zu gehen und dort nach Mördern zu suchen. Ich sollte mir dann vorstellen, dass ich mit ihnen auf dem Boden liege und sage: „Ich bin einer von euch.“

Die zweite Übung bestand darin, mir den Tod nicht vor mir, sondern hinter mir vorzustellen und so jeden Tag als Geschenk zu sehen, als einen Segen. Allerdings sagte er nach der Beschreibung der Übungen rätselhafterweise: „Mach diese Übungen nicht gezielt, setz dich nicht hin und mach sie! Deine Seele wird wissen, was zu tun ist." Dieser Rat klang in meinen Ohren nicht direkt wie eine therapeutische Empfehlung.

Da ich mich im Schamanismus auskenne, nahm ich diese Empfehlung als eine traditionelle schamanische Anweisung an und handelte dementsprechend. Ich nahm die Empfehlungen buchstäblich in meine Seele auf – den Teil in mir, der konstant in der Stille der Zeitlosigkeit existiert. Ich bewahrte dort nicht nur die Bilder, die die Übungen in mir auslösten, sondern vor allem auch das eigentliche Bild, wie Bert Hellinger mir alles erklärte, in welcher Position er stand, meine eigenen körperlichen Wahrnehmungen während ich seiner Beschreibung der Übungen zuhörte und auch die Gerüche im Raum. Ich bewahrte das gesamte Erlebnis unverändert, ohne es zu analysieren oder anderen weiterzuerzählen.

Manchmal holte ich in einem Ritual das eigentliche Bild wieder hervor, um das Geschehene so lebendig zu halten. Einige Monate nach dem Seminar hatte ich dann einen intensiven Traum.

In dem Traum war ich Teil einer Gruppe oder Organisation, die eine Anzahl Menschen ermordet hatte. Da ich Mitglied der Gruppe war, hatte auch ich getötet. Der Traum begann, als ich vor dem Gericht stand und der Moment für meine Verteidigung gekommen war. Ich hatte beschlossen, mich selbst zu verteidigen, statt einen Anwalt zu nehmen, obwohl ich wusste, dass das noch keiner zuvor getan hatte. Als ich an der Reihe war, hielt ich eine kurze und einfache Rede. Ich sagte, dass ich schuldig an dem Verbrechen sei und die Konsequenzen davon akzeptiere. Dem Richter erklärte ich, dass mein einziges Argument zur Verteidigung sei, dass ich ein menschliches Wesen bin. Ich erläuterte, dass jeder Mensch in der Lage sei, schreckliche Taten auszuführen, und dass die Umstände unseres Lebens bestimmten, ob wir die Zustimmung bekämen, gute Menschen zu werden oder Ungeheuer. Ich sei zum Mörder geworden, aber zwischen mir und allen anderen anwesenden Menschen im Gerichtssaal bestehe kein wirklicher Unterschied. Ich sei wie jeder andere auch. Nachdem ich das gesagt hatte, fühlte ich mich ruhig und bereit, mein Urteil entgegenzunehmen, um so die Verantwortung für meine Taten zu tragen. Das Gericht verurteilte mich zu einer Todesstrafe innerhalb einiger Wochen.

74

Der Traum ging weiter: Ich erlebte Tage und Nächte, schrieb Briefe an Menschen, die ich liebte, sprach mit der Familie und Freunden, bereitete mich auf meinen Tod vor. Ich spürte eine innere Ruhe. Manchmal weinte und trauerte ich, doch ich fühlte mich zunehmend klarer. Schließlich kam der letzte Morgen. Ich wachte auf und alles, was ich tat, erlebte ich mit ungewöhnlich gestochen scharfer Wahrnehmung, alles war kristallklar. Ich wusch meine Hände, putzte meine Zähne – alles in dem Bewusstsein, dass ich in ein paar Stunden tot sein werde. Nach einiger Zeit wurde ich zum elektrischen Stuhl geführt. Als ich im Warteraum saß, fühlte ich den Tod so nahe, so geheimnisvoll. Alles wurde extrem deutlich und nah, sehr intensiv und zur gleichen Zeit ruhig.

Während ich dort saß und wartete, wurde mir mitgeteilt, dass die Hinrichtung verschoben wäre. In diesem Moment setzte eine andere Art Warten ein, das Stunden anhielt. Die Schärfe und Ruhe blieben und verankerten sich immer tiefer und tiefer.

Dann wurde mir mitgeteilt, dass der Richter meinen Fall aufs Neue betrachtet hätte und ich freigelassen werden würde. Ich sollte leben und anstatt hingerichtet zu werden, sollte ich verbannt werden.

Ich wurde sofort freigelassen, die Türen des Gefängnisses öffneten sich, und ich stand in einer offenen und weiten Landschaft, es war sonnig und trocken. Ich besaß nur meine Kleidung und etwas Geld, um eine Fahrkarte zum Verlassen des Landes zu kaufen. Alles und jeden hatte ich hinter mir gelassen und auf merkwürdige Weise den Tod überlebt. Ich war eine andere Person geworden. Ich fühlte keine Unschuld mehr und auch keine Schuld. Es gab nur Bewusstsein und Kraft.

Ich erwachte aus dem Traum, doch die Ruhe und Schärfe blieben. Die Farben waren intensiver, und alles verlief wie im Zeitlupentempo, da ich es so klar wahrnahm. Mein Herz schlug ruhig und kräftig. Diese gezielte Aufmerksamkeit blieb noch einige Tage lang, in denen ich mir die ganze Zeit sehr bewusst darüber war zu leben bzw. mehr Zeit zum Leben erhalten zu haben. Nach einigen Tagen begann ich allerdings wieder, mehr auf meine herkömmliche Weise wahrzunehmen. Doch etwas in mir ist transformiert worden.

Im Wesentlichen begann der Heilungsprozess in dem Moment, als ich die Anweisungen von Bert Hellinger begriff, meiner Seele die Übungen zum Aufbewahren und Erfahren des inneren Raums der Zeitlosigkeit zu überlassen. Als ich die Anweisungen für die Übungen bekam, hatte ich selbstverständlich noch keine Vorstellung davon, was das endgültige Resultat sein würde, wenn die Heilkraft meiner Seele sich durch das Bild gearbeitet haben würde. Ich gestattete einfach der Erinnerung an diese Erfahrung in San Francisco, weiter an mir zu arbeiten, unverfälscht, ohne sie zu verändern oder anderen weiterzuerzählen, da dann die Energie verloren gehen könnte. Etwas musste dann früher oder später passieren. Der Traum war letztlich die Manifestation einer heilenden Bewegung: die Erdung des Heilungsprozesses, der bislang unsichtbar vonstatten ging.

Erst nach dem Traum begann ich, über das gesamte Thema nachzudenken, was mir einige wertvolle Einsichten verschaffte, die intellektuell hilfreich waren. Ich begriff zum Beispiel, dass das Ausgesetztsein an Gewalt mir Gefühle von vollkommener Schutzlosigkeit und Verlorenheit hinterlassen hat. In meinem Versuch, meine eigene Kraft zu finden, begann ich mich im Allgemeinen anderen Aggressoren gegenüber überlegen zu fühlen. Ich entwickelte den Gedanken, dass ich ein besserer Mensch sei als die Menschen, die Gewalt anwenden. Hierdurch fühlte ich mich wieder stark.

Auf diese Weise kreierte ich allerdings eine starke Schattenseite, da ich dieses Selbstbild nur aufrechterhalten konnte, solange ich meine eigenen inneren aggressiven Impulse unterdrückte. Ich musste mich den Aggressoren zuwenden und anerkennen, dass ich im Wesentlichen nicht anders bin. Diese Einsichten konnte ich dank des Traums gewinnen. Da die spirituelle Heilung vollendet war, gab es keinen Grund mehr, die Erinnerung, wie mir die Übungen übermittelt wurden, in Zeitlosigkeit zu bewahren. Ab jetzt konnte ich meinen analytischen Verstand benutzen, um zusätzliche Wahrheiten und Inspirationen zu finden.

In einem Aufstellungsseminar kann man ebenfalls den natürlichen Umgang mit der Zeitlosigkeit beobachten. Die Anwesenheit der Toten, der Ungeborenen oder sogar von abstrakten Konzepten durchbricht die gewöhnliche Erfahrung der Zeit. Die Teilnehmer sind fasziniert von den Aufstellungen und werden in die intensiven Erfahrungen der Stellvertreter hineingezogen. In dieser emphatischen Konzentration lösen sich die Grenzen auf, und die Menschen verlieren jegliches Zeitgefühl. Es entstehen lange Perioden der Stille, die manchmal von kurzen, archaischen Sätzen unterbrochen werden, die sowohl emotional als auch spirituell stark geladen sind. In diesem Rahmen vollzieht sich der Wechsel zum Erleben der Zeitlosigkeit allmählich. Es ist ein spontanes Phänomen, das beinahe nicht bemerkt wird, da es auf so natürliche Weise eintritt. Aber tatsächlich befindet sich die Mehrheit der Menschen, die an den Aufstellungen teilnehmen, in einem leichten Trancezustand.

Wurde eine heilende Bewegung gefunden und ausgeführt, wird die Aufstellung beendet. Im Idealfall schaut der Klient sich das Gesamtbild der Aufstellung an, in dem die Stellvertreter in ihren neuen Positionen stehen, durch die ein Gleichgewicht erreicht wurde. Der Klient nimmt dieses Bild in sich auf und bewahrt es an einem tiefen, inneren Platz. Das Bild wird an einem geschützten Ort bewahrt, sodass es weiterhin mithilfe der Seele seine heilende Wirkung ausstrahlen kann. Wenn die Aufstellung nur aus der Perspektive des gewohnten Beurteilens betrachtet wird, wird die Erinnerung daran nicht tiefer dringen, sondern nur von oberflächlicher Qualität sein.

Genau wie nach der schamanischen Heilung muss der Klient beim Familien-Stellen in der Lage sein, auf Zeitlosigkeit ausgerichtet zu sein, um anschließend das heilende Bild am richtigen Ort bewahren zu können. Viele Klienten, die eine Familienaufstellung durchführen, haben diese Fähigkeit allerdings nicht gelernt. Dann hängt es von ihrem intuitiven Verständnis ab, ob sie in der Lage sind, die Heilung anzunehmen oder nicht, es sei denn, der Begleiter greift ein.

Beim Familien-Stellen hat der Begleiter nicht direkt die Aufgabe, die Teilnehmer eines Seminars in Trance zu versetzen. Trotzdem wird manchmal auf die Erfahrung der Zeitlosigkeit hingewiesen und auf die Bedeutung, die Erfahrungen an jenem inneren Ort zu bewahren. Nach einer Aufstellung schließt der Begleiter möglicherweise mit folgenden Worten ab, so wie es Bert Hellinger tut: „Ich vertraue darauf, dass deine gute Seele es hüten wird." Hiermit wird auf die Eigenschaft der Zeitlosigkeit verwiesen, wobei die Erfahrung unversehrt bleibt. Auch der Hinweis: „Sprich später nicht über die Aufstellung!", ist ein Aufruf, keine Geschichten über die Erfahrung zu konstruieren. Wo es keine Geschichte gibt, bleibt das Bild unverändert und unversehrt. Bleibt das heilende Bild unversehrt, kann die Seele Kraft hinzufügen. Die genannten Ratschläge helfen im Wesentlichen, aus der gewohnten linearen Erfahrung der Zeit zu treten.

Familien-Stellen ist nur in einem zeitlosen Raum möglich, doch das wird den Teilnehmern eines Seminars normalerweise nicht erklärt. Sie werden nicht speziell darin begleitet, diesen spezifischen Bewusstseinszustand der Zeitlosigkeit zu erwecken oder zu erhalten. Viele Begleiter bemerken, dass einige Klienten in der Lage sind, das heilende Bild voll aufzunehmen, während andere es offensichtlich nicht können. Nach meiner Beobachtung bestimmt der innere Raum, der in der Zeitlosigkeit existiert, ob Menschen in der Lage sind – unabhängig davon, ob sie es wissen oder nicht –, die heilende Kraft einer Aufstellung aufzunehmen oder nicht.

Die Menschen, die das heilende Bild nicht aufnehmen können, sind dazu nicht in der Lage, weil sie fortfahren, auf gewohnte Weise über ihre Erlebnisse zu denken oder zu sprechen. Sie gebrauchen beispielsweise die Sprache der Psychotherapie, um die Geschehnisse einer Aufstellung zu analysieren und zu erklären. Auf ihre Art versuchen sie ihr Bestes, um das aufzunehmen, was die Aufstellung ihnen gezeigt hat. Doch sie sind nicht in der Lage, das heilende Bild im Prozess unversehrt zu lassen, sondern zerlegen es durch ihre Analyse. Auf diese Weise verlieren sie den Zugang zur Kraft, die durch das Erfahren der Aufstellung freigesetzt und anschließend in der Seele bewahrt wurde.

Es gibt gewisse Methoden, die der Begleiter anwenden kann, wenn er bemerkt, dass ein Klient zu fest in einem analytischen Gedankenkonzept gefangen ist, was also darauf hinweist, dass er im linearen Zeitrahmen denkt. Wahrscheinlich wäre es nicht sehr hilfreich, das Licht auszuschalten, die Schamanentrommel zum Vorschein zu holen und rituelle Lieder zu singen. Diese spezielle schamanische Art, mit Trance umzugehen, erfordert einige Jahre Übung und Erfahrung. Viele Menschen im Westen haben dagegen Erfahrungen mit verschiedenen Formen von Entspannungs- oder Meditationsübungen, die hier hilfreich sein könnten.

Der Begleiter kann den Klienten zum Beispiel am Ende der Aufstellung in eine kurze Meditation führen. Er kann den Klienten auffordern, den Gesichtsausdruck der Stellvertreter zu betrachten, um auf diese Weise seine Aufmerksamkeit in das Hier und Jetzt zu bringen. Dann weist er den Klienten daraufhin, die Wahrnehmungen in seinem Körper zu spüren, während er daran denken soll, welche

Prozesse sich vollzogen haben. Er kann dem Klienten weiterhin empfehlen, sich in seinem Körper zu erden, indem er das Bild der Aufstellung einatmet und an einen stillen Platz in seinem Herzen bringt.

Der Begleiter verweist auf die besondere Atmosphäre und Kraft der Aufstellung und bittet den Klienten, sich diese Qualität als ein subtiles Energiefeld vorzustellen, was er einatmen und aufnehmen kann. Nachdem der Klient diese Übungen ausgeführt hat, nun für einige Minuten mit geschlossenen Augen dasitzt, und zulässt, dass die Übung auf seine Energie wirkt, kann der Begleiter ihm empfehlen, für einige Wochen besser nicht über die Aufstellung zu reden, sondern sie für eine gewisse Zeit wie einen kostbaren, zerbrechlichen Schatz zu hüten.

Diese einfachen Hinweise, die nicht mehr als ein paar Minuten in Anspruch nehmen, können für die Klienten hilfreich sein, die Schwierigkeiten haben, die Aufstellung in sich aufzunehmen. Selbstverständlich sollte der Begleiter immer respektvoll handeln. Manchmal ist es nämlich für den Klienten genau das Richtige, die Aufstellung noch nicht unmittelbar aufzunehmen, da er möglicherweise mehr Zeit benötigt, diese zu akzeptieren.

7. Manifestationen der Seele und des Geistes

In den vorhergehenden Kapiteln wurden die Begriffe „Geist" und „Seele" mehrmals verwendet. „Geist" wurde im Kontext mit den Hilfsgeistern gebraucht, den Hilfskräften des Schamanen. Geist bezieht sich auf eine bewusste Wesenheit mit individueller Wahrnehmung, die nicht in einem physischen Körper lebt. Für den Schamanen ist ein Geist greifbar und gegenwärtig, in Trance kann man mit ihm kommunizieren.

Den Begriff „Seele" habe ich bis hierhin verwendet, um eine innere Anwesenheit zu beschreiben, die in der vertiefenden Erfahrung der Zeitlosigkeit erlebt werden kann. Die Begriffe Seele und Geist bezeichnen grundlegend die gleiche Art der Wahrnehmung, unabhängig ob sie vom Menschen ausgeht oder nicht. In der schamanischen Tradition haben nicht nur Menschen, sondern ebenso Tiere, Pflanzen, Steine und Wasser einen Geist oder eine Seele. Ein Geist ist eine Seele und eine Seele ist ein Geist. Wenn Bewusstsein in einem physischen Körper wohnt, wird es normalerweise Seele genannt. Besitzt es keinen physischen Körper, so spricht man vom Geist. Darum werden die Seelen der verstorbenen Menschen häufig als Geister bezeichnet.

Ein wahres und vollständiges Verständnis der Seele ist wahrscheinlich jenseits unseres intellektuellen Fassungsvermögens, so wie es unmöglich ist, wirklich die Kraft zu verstehen, die das Universum geschaffen hat. Die Erklärungen und Bilder, die wir verwenden, um die Eigenschaft der Seele zu beschreiben, sind notgedrungen begrenzt. Trotzdem helfen sie uns, mehr über unsere eigene spirituelle Natur zu lernen und sie zu verstehen.

In den hier folgenden Erläuterungen will ich keine vollständige Erklärung der Geheimnisse der Seele geben, sondern einfach ein Bild der Seele und des Geistes schaffen, das hilfreich im Zusammenhang mit dem Familien-Stellen ist. Bevor ich mit dem Aufbau eines solchen Bildes beginne, möchte ich zunächst einige persönliche Erfahrungen meiner Wahrnehmung von Seelen verstorbener Menschen beschreiben.

Vor einiger Zeit hielt ich eine Sitzung für einen Mann ab, den ich hier Jan nenne. Er war spielsüchtig. Jan erzählte mir, dass sowohl sein Vater als auch sein Bruder professionelle Spieler waren und beide in jungen Jahren gestorben sind. Sein Vater starb in Armut, sein Bruder wurde von einer kriminellen Organisation ermordet, von denen er sich Geld geliehen hatte, was er aber nicht zurückzahlen konnte. Jan hatte keine Spielprobleme, als sein Bruder noch lebte, doch nachdem dieser ermordet wurde, verlor er die Kontrolle. Glücksspiele, die er bis dahin nur hin und wieder wagte, wurden zum Zwang. Er hatte das Gefühl, die selbstzerstörerischen Eigenschaften seines Vaters und seines Bruders zu übernehmen, so als ob eine dunkle Energie sich durch die Familie bewegen würde. Nun sollte er das nächste Opfer in der Reihe werden.

Die Art, wie er seine Situation schilderte, zeigte, dass er etwas von Verstrickungen in Familien wusste. Ich erklärte ihm aber, dass sich mein Eindruck seiner Situation von seinem unterscheide. Meiner Meinung nach war sein obsessives Spielverhalten eigentlich ein Ausdruck seiner unbewussten Loyalität. Sowohl Jans Vater als auch sein Bruder starben einsam, ohne Beistand, und so fühlte er sich zu ihnen hingezogen, als ob er ihnen noch auf irgendeine Weise Unterstützung geben könnte. Indem er nun selbst spielsüchtig wurde, kam er seinem Vater und Bruder auf eine ungewöhnliche Weise sehr nahe. Offensichtlich war Spielen für ihn die einzige Möglichkeit, ihnen nahe zu sein.

Ich empfahl ihm ein kleines Ritual: Jan sollte Fotos der zwei Verstorbenen vor sich stellen und ein Kartenspiel oder ein anderes Symbol für Glücksspiele zwischen sich und die Fotos legen. Ich bat ihn, seine Augen zu schließen und sich vorzustellen, wie er das Ritual ausführte, sodass er es sich besser einprägen konnte. Ich riet ihm, zu den Fotos seines Vaters und Bruders direkt zu sprechen, als wären die zwei Männer tatsächlich anwesend. Er sollte ihnen sagen, dass er sich noch immer wünschte, dass die beiden Teil seines Lebens wären, doch dass er zurzeit einzig durch das Kopieren ihrer Spielsucht ihnen nahe sein könnte. Doch jetzt erkenne er, dass das weder für ihn noch für seinen Vater und Bruder hilfreich sein würde. Anschließend sollte Jan den Segen oder die Zustimmung der zwei erbitten, das Spielen aufzugeben, sodass er frei sein würde, sich auf eine andere gesunde Weise an die beiden zu erinnern.

Danach schlug ich ihm vor, das Symbol für das Spielen anzusprechen, so als ob es eine lebende Person wäre. Er könnte ihm sagen, dass er bisher gedacht hätte, seinen Verwandten durch das Spielen näherkommen zu können, doch nun würde er sehen, dass es nur mehr Zerstörung bringen würde und dass die Zeit nun reif wäre, sich weiter zu bewegen. Er wäre jetzt bereit, einen anderen Weg einzuschlagen, sie zu lieben und zu ehren. Als nächsten Schritt sollte er die Spielkarten wegnehmen und sie verbrennen oder in einen Fluss werfen.

Während Jan sich all diese Schritte vorstellte, nahm ich den Geist seines Bruders neben uns wahr. Ich konnte ihn nicht klar sehen, doch ich fühlte ihn sehr deutlich. Und während Jan sich für die heilende Bewegung des Rituals öffnete, nahm ich wahr, wie sein Bruder still seinen Segen und seine Unterstützung gab. Es war eine einfache und reine Geste, wodurch Jans Herz tief berührt wurde. Er reagierte auf die Anwesenheit seines Bruders, obwohl er ihn nicht sehen konnte und ich ihm auch nichts von meiner Wahrnehmung erzählt hatte. Hier beendeten wir die Sitzung.

Einige Stunden später rief Jan mich an. Er berichtete, dass er nach der Sitzung nach Hause gefahren wäre, und dort seiner Frau vorgeschlagen hätte, an den Strand zu fahren, um ihr dort alles über die Sitzung zu erzählen. Während sie zum Auto gingen, das an der Straßenseite geparkt war, sahen sie einen Mann direkt neben dem Auto stehen. Als sie näher kamen, wandte der Mann sein Gesicht in ihre Richtung, und beide erkannten Jans Bruder. Er schaute sie an, drehte sich dann aber wieder um und ging um die nächste Straßenecke, die nur einige Meter entfernt war. Jans Frau lief ihm sofort hinterher, doch auf der Straße war niemand mehr zu sehen. Obwohl nur ein paar Sekunden vergangen waren, nachdem sie ihn deutlich gesehen hatten, war Jans Bruder verschwunden, einfach weg. Jan und seine Frau waren über den ganzen Vorfall sehr erstaunt. Außerdem war Jans Frau zu dem Zeitpunkt, als sie die Erscheinung des Bruders sahen, noch gar nicht darüber informiert, was in der Sitzung passiert war.

Eine andere Erfahrung, in der ein Geist anwesend war, hatte ich, als ich vor kurzem an einem Familienaufstellungsseminar teilnahm.

Eine Frau stellte ihre Familie auf, aber der Begleiter war nicht in der Lage, eine Lösung zu finden. Es schien, als ob etwas fehlte. Es war nicht deutlich, wie hier eine Lösung gefunden werden könnte, und so versuchte ich herauszufinden, was hier vor sich ging, indem ich den Raum nach der Anwesenheit von Geistern absuchte, die mit der Familie in Verbindung standen.

Einer der Großväter, der in der Aufstellung repräsentiert wurde, galt als Held. Er arbeitete als Freiwilliger bei der Küstenwache und hatte mehrere Schwimmer vor dem Ertrinken und Seeleute von sinkenden Schiffen gerettet. Zu meiner Überraschung sah ich einen Geist neben dem Stellvertreter des Großvaters stehen. Dieser Geist, ein toter Mann, war offensichtlich nicht in der Aufstellung vertreten. In Stille, mit geschlossenen Augen und unauffällig für die anderen Teilnehmer und den Begleiter, konzentrierte ich mich auf den Geist und fragte ihn, was er hier tun würde. Ich nahm wahr, dass er auf einem sinkenden Schiff zurückgelassen wurde, da der Großvater sich nicht traute, mehr als eine bestimmte Anzahl Menschen bei der Rettungsaktion in seinem Boot mitzunehmen, obwohl ausreichend Platz für mehr Menschen vorhanden gewesen wäre und das Wetter auch nicht zu schlecht dafür war. Man ließ diesen Mann zusammen mit zwei anderen Seeleuten auf dem sinkenden Schiff zurück, und sie ertranken. Man hatte zwar geplant, sie mit einer folgenden Rettungsgruppe zu holen, doch das Schiff sank, bevor man ihnen zu Hilfe kommen konnte.

An dieser Stelle unterbrach einer meiner Hilfsgeister die Unterhaltung und teilte mir mit, dass ich aufhören sollte, direkt mit dem Geist zu sprechen. Ich sollte mich nicht damit bemühen, da ich nicht der Seminarleiter wäre. Ich verabschiedete mich also von dem toten Mann und richtete meine Aufmerksamkeit stattdessen auf meinen Hilfsgeist. Er erklärte mir, dass der Großvater viel gute Arbeit geleistet hätte, aber dass er auf der anderen Seite auch nicht weit davon entfernt wäre, ein Mörder zu sein. Zwar ermordete er die drei Männer nicht direkt, aber er hat sie bewusst in einer extrem gefährlichen Situation hinterlassen, obwohl es Alternativen gab. Darum trug er die Verantwortung für ihren Tod.

Da der Großvater nie über diesen Vorfall gesprochen hatte, konnten die Schuldgefühle, die er deshalb fühlte, von seiner Familie nicht anerkannt werden. Niemand nahm die Verantwortung für den Tod der drei Männer auf sich, und das verursachte Schwierigkeiten für die nächsten Generationen in dieser Familie. Da ich zum ersten Mal an einem Seminar dieses Begleiters teilnahm, sprach ich nicht mit ihm über meine Beobachtung, da ich nicht wusste, ob solche zusätzlichen Informationen von ihm erwünscht waren.

In den zwei hier geschilderten Fällen beschreibe ich drei verschiedene Arten von Manifestationen von Geistern. Im ersten Fall war die Seele des ermordeten Bruders zuerst auf eine bestimmte Art anwesend, die spürbar war. Einige Stunden später jedoch war er für eine begrenzte Zeit sichtbar in einem scheinbar physischen Körper. Im zweiten Fall zeigte sich mir eine tote Person auf solche Weise, dass keiner der anderen Teilnehmer sie wahrnehmen oder sehen konnte. Ich sah mit meinen „inneren" Augen deutlich einen Mann und konnte mit ihm kommunizieren.

Diese drei Arten der Manifestationen – erstens eine gespürte Anwesenheit, zweitens ein subtiler Körper, der nur in einem bestimmten Zustand wahrgenommen werden kann, wie zum Beispiel in Trance, und drittens ein dichterer Körper, der auch im Tagesbewusstsein für andere sichtbar ist – sind typische Beispiele für Erfahrungen mit Geistern. Diese Art Erlebnisse sind nicht nur auf Geister beschränkt, sondern man kann solche Erfahrungen auch mit Seelen von lebenden Personen machen. Die menschliche Seele kann bestimmte Aspekte zeitweise auf verschiedene Arten außerhalb des physischen Körpers manifestieren. Das ist nicht verwunderlich, wenn man bedenkt, dass die Natur der Seele identisch ist mit der Natur des Geistes. In den folgenden Kapiteln werde ich dieses Phänomen weiter vertiefen.

Eine Seele oder ein Geist muss offensichtlich in irgendeine Art Körper, unabhängig davon, wie subtil er ist, gekleidet sein, um von anderen wahrgenommen werden zu können. Manchmal, wie im zuerst beschriebenen Fall, scheint ein Geistkörper ein Abbild einer physischen Form zu sein und kann auch von Menschen in normalem Wachzustand gesehen werden. Diese Art der Manifestation ist jedoch eher selten. Viel öfter kommt es vor, dass ein Geist nur wahrgenommen wird, nachdem man sich darauf vorbereitet hat. Im Trancezustand zum Beispiel, im Einklang mit der Seele, kann man die Geister in ihrem subtilen Körper relativ einfach wahrnehmen.

Doch unabhängig davon, ob der Geistkörper sich in verdichteter oder subtiler Form zeigt, scheint er immer aus irgendeiner Materie, einer Substanz, zu bestehen. Aufgrund meiner eigenen Erfahrung würde ich sagen, dass sich ein Geist wie die Seele einer lebenden Person, die sich zeitweise außerhalb des physischen Körpers manifestiert, durch verschiedene Substanzen ausdrücken kann. Anders gesagt, können Geister oder sich frei bewegende Seelen, wenn sie in verschiedenen Substanzen gekleidet sind, durch unsere Wahrnehmungsorgane erfahren werden.

Weiter denke ich, dass individuelle Seelen oder Geister aus einer bestimmten Energie bestehen, die direkt als Aspekt unseres Bewusstseins erfahren werden kann, wie zum Beispiel in einem gewissen meditativen Zustand oder wenn wir in der Zeitlosigkeit der Trance vertieft sind. Aber obwohl wir unsere eigene Seele in uns selbst als reines Bewusstsein erfahren können, können wir die eigentlichen Seelen oder Geister um uns herum dennoch nicht mit unseren physischen oder subtilen Sinnen wahrnehmen. Schauen wir nach innen, können wir die Seele finden, aber wenn wir nach außen schauen, verschwindet sie. Viele Menschen haben Verkörperungen von Geistern und Seelen gesehen, aber wer hat schon eine „reine Seele" gesehen? Wenn wir Geister wahrnehmen, sehen wir ihre temporären Körper, die „Kleider", die sie tragen.

Einige Menschen können verschiedene Arten von subtiler Energie wahrnehmen, die theoretisch gesehen Manifestationen der Seele sein könnten, oder sogar die Seele in ihrem reinen Zustand. Allerdings können wir nicht direkt mit der „Energie" kommunizieren. Energie kann gelesen oder interpretiert werden, aber es ist nicht möglich, mit ihr zu sprechen. Ich denke nicht, dass die Energien, die Seelen und Geister, die wir manchmal um uns herum wahrnehmen können, tatsächlich die Essenz der Seele sind. Aber unabhängig davon, wie unmöglich es sein mag, die wirkliche Substanz der Seele selbst zu verstehen, ist es doch relativ einfach möglich, sich auf die Körper zu beziehen, in denen die Seelen und Geister unseren Sinnen erscheinen.

Seelen und Geister können nur wahrgenommen werden, wenn sie zeitweilig in einen subtilen Körper gekleidet sind. Die Seele einer lebenden Person lebt in einem physischen Körper. Aber wo befinden sich die Geister in der Zwischenzeit? Es muss doch einen Ort oder ein Gebiet geben, wo sie zu Hause sind, schließlich müssen sie irgendwo leben. Wo könnte das sein? Im Schamanismus ist diese Frage wichtig, da man regelmäßig die Geister um Rat anruft. Wer die Geister erreichen will, muss wissen, wo sie zu finden sind. Wenn man sozusagen ihre Adresse nicht kennt, kann man nicht an ihrer Haustür klingeln oder ihnen einen Brief schreiben.

In der schamanischen Tradition geht man davon aus, dass die Geister in ihrer eigenen Welt leben und dass diese spirituelle Welt mit unserer physischen Welt verbunden ist. Das hierfür typische schamanische Symbol ist das des vielschichtigen Universums, in dem die verschiedenen Welten mit dem Weltenbaum, der durch alle wächst, verbunden sind. Der Schamane kann diesen Baum im Trancezustand wahrnehmen und dann auf bestimmte Weise an dem Baum empor- oder hinabklettern, um so die verschiedenen Welten aufzusuchen.

Das Bild, welches ich selbst verwende, um mir die verschiedenen Welten und ihre Beziehung zur Seele vorzustellen, ist das von Radiofrequenzen. Das menschliche Bewusstsein ist in der Lage, Frequenzen der verschiedenen Stationen zu empfangen. Ich stelle mir einfach vor, dass sich beispielsweise auf der Frequenz 100 eine bestimmte Geisterwelt befindet, auf Wellenlänge 105 die physische Welt, auf Frequenz 110 eine andere Geisterwelt und so weiter. Die Welten der Geister sind keine festen Plätze, sondern Frequenzen. In diesem Modell können dann die verschiedenen Welten auch den gleichen Raum im selben Moment einnehmen, da sie sich auf verschiedenen Wellenlängen befinden.

Die verschiedenen Frequenzen der Radiowellen können mit der subtilen Materie verglichen werden, über die wir die Geister wahrnehmen können. Wenn wir Stimmen im Radio hören, sind die Sprechenden weit von uns entfernt. Auf gleiche Weise können wir im Trancezustand unser Bewusstsein auf verschiedene Frequenzen einstellen und so die Manifestationen der Geister wahrnehmen, die auf den unterschiedlichen Ebenen existieren. Und wie wir in der physischen Welt nur die physischen Körper anderer sehen können, ohne die Seelen zu sehen, die in ihnen leben, so können wir die Geister auch in ihren verschiedenen Welten wahrnehmen, ohne die eigentliche Substanz ihrer Seele zu sehen. Was wir in den anderen Welten sehen können, sind temporäre Körper, die wesentliche Natur des Geistes bleibt außerhalb der Reichweite der Sinne.

Dieser Gedanke, dass die Geister einen temporären Körper verwenden müssen, um sich verständlich machen zu können, ist einer der wichtigsten Grundsätze der schamanischen Praxis. Alle schamanischen Traditionen verhelfen den Geistern, sich selbst zu manifestieren, indem sie ihnen während der Zeremonie einen temporären Körper anbieten. Da ihnen ein temporärer Körper angeboten wird, brauchen die Geister nicht selbst einen Körper zu schaffen. Hierfür werden verschiedene physische Objekte verwendet, die mithilfe von Gebeten, Kräutern und anderen Reinigungsmitteln spirituell gereinigt werden. Beispielsweise sind in der gesamten subarktischen Region bunte Fahnen oft ein Bestandteil schamanischer Altäre. Sie werden manchmal auch „Mäntel" genannt: Mäntel, die die Geister tragen können. Auf den rituellen sibirischen Schamanenkostümen sind viele aus Eisen geschmiedete Figuren von Menschen und Tieren zu sehen, die den Geistern als temporäre Körper dienen. Über die Fahnen auf dem Altar oder die Figuren auf dem Schamanenkostüm können die Hilfsgeister einer Zeremonie beiwohnen und sich bemerkbar machen.

Schamanen können den Hilfsgeistern auch aktiv helfen, sich während eines Rituals zu manifestieren, indem sie den Geistern zusätzliche Energie geben. Der Schamane wird sich vor dem Ritual darum kümmern, dass er voller Energie ist, sodass der Geist etwas von dieser Energie verwenden kann, um sich deutlicher zu verkörpern. Die Energie des Schamanen kann beispielsweise durch Fasten erhöht werden oder durch eine mehrtägige Periode sexueller Abstinenz, bevor das Ritual stattfindet. Wenn sich erfahrene Schamanen gut vorbereitet haben und für einige Tage zu einem intensiven Ritual zusammenkommen, manifestieren sich die Hilfsgeister manchmal auf bemerkenswerte Weise.

Die Geister werden durch ständige Gebete eingeladen, wodurch ihre subtilen Körper gestärkt werden: Die Gebete lenken die Energie. Die Geister erscheinen dann während des Rituals und zeigen sich beispielsweise als willkürliche Lichter oder als eine Gruppe von Funken, die durch den Raum schweben. Wenn sie auf diese Weise erscheinen, sprechen sie normalerweise nicht. Manchmal bleiben die Hilfsgeister unsichtbar, aber sind trotzdem in der Lage, Menschen zu berühren, was sich wie eine wirkliche physische Berührung anfühlt – warm und stark. Für den unerfahrenen schamanischen Laien kann dies anfangs eine beunruhigende Erfahrung sein.

Andere Hilfsgeister, die Krafttiere, kommen manchmal in der Gestalt physischer Tiere, sie können aber auch wie Menschen sprechen. Geister können hin und wieder Gegenstände aufheben und sichtbar für alle in der Luft bewegen. Häufig zeigen sie sich nur einzelnen Personen, aber manchmal sind sie wiederum gleichzeitig sichtbar für viele Menschen.

Obwohl die Geister die Fähigkeit besitzen, sich auf besondere Weise zu manifestieren, wird nicht jedes schamanische Ritual zu einem spirituellen Ereignis. Tatsächlich verhält es sich eher so, dass es während einer mehrtägigen Zeremonie nur zu ein bis zwei Verkörperungen der Hilfsgeister kommt, die mehr oder weniger von subtiler Natur sind. Normalerweise zeigen sich die Geister nur dem Medizinmann oder Schamanen, um so auf die gesprochenen Gebete zu antworten.

Aus dem Verständnis heraus, dass die Geister temporäre Körper benutzt haben, haben die traditionellen Schamanen gelernt, die Kommunikation mit den Geistern zu verbessern. Bevor jedoch eine Kommunikation mit den Hilfsgeistern begonnen werden kann, müssen sie erst ankommen; sie müssen erst herbeigerufen werden. Aber wie kann ein Schamane die Geister erreichen, wenn er ihre Hilfe benötigt? Und wie kann man eine Nachricht von der einen Welt in die andere schicken? Dies wird in einigen Lakota-Liedern auf wunderschöne Weise beschrieben. Während der Zeremonien wenden sich die Teilnehmer dann auch mit solchen Liedern an die Geister. Mit den Anrufungsliedern werden die Hilfsgeister eingeladen, mit Heilungsliedern wird um Hilfe gebeten und mit Abschiedsliedern verabschiedet man sich.

In einem bestimmten Abschiedslied, das bei den Schwitzhütten-Zeremonien verwendet wird, singen alle Teilnehmer des Rituals gemeinsam die Worte, die die Hilfsgeister häufig gebrauchen, wenn sie eine Zeremonie verlassen wollen: „Wir gehen jetzt, wir ziehen uns zurück, bis wir auf Stimmenabstand entfernt sind." Die menschliche Stimme bildet eine Brücke für die Hilfsgeister, über die sie in ihren eigenen Welten erreicht werden können. Wenn die Anwesenheit der Geister gewünscht wird oder ihnen eine Nachricht übermittelt werden soll, können wir Menschen unsere Stimme gebrauchen und diesen Wunsch laut äußern. Auch Schamanen benutzen ihre Stimmen, um den Hilfsgeistern mitzuteilen, dass sie gebraucht werden. Bisher habe ich noch keinen traditionellen Schamanen getroffen, der, unabhängig von seiner Tradition, die Hilfsgeister auf eine andere Weise anruft als mithilfe von gesprochenen Worten, in Gebeten oder Liedern.

Die gleichen spirituellen Prinzipien, die die schamanische Arbeit formen, wirken auch im Prozess des Familien-Stellens. In einer Aufstellung stellen die Stellvertreter ihren physischen Körper zeitweilig anderen Seelen und Geistern zur Verfügung. Das klingt sehr archaisch – was es in Wirklichkeit auch ist. Betrachtet man den Prozess des Aufstellens einer Familie mit dem Wissen über traditionelle schamanische Zeremonien im Hinterkopf, dann scheint eine Aufstellung ein vereinfachtes und komprimiertes Ritual zu sein, um Geister einzuladen und ihnen einen temporären Körper anzubieten.

Hierfür werden alle notwendigen Schritte beachtet: Zuerst wird der Klient vom Begleiter befragt, worauf der Begleiter entscheidet, wer aufgestellt werden soll: „Wir brauchen deine Mutter, deinen Vater und deine Schwester" oder „Wähle deinen Vater, Onkel und deinen Sohn". Zu diesem Zeitpunkt werden zum ersten Mal die Namen der eingeladenen Seelen oder Geister laut ausgesprochen.

Anschließend wählt der Klient die Stellvertreter aus den Teilnehmern des Seminars aus. Auch diese Aufforderungen werden wieder laut ausgesprochen: „Kann ich dich als meine Mutter nehmen?", „Willst du an der Stelle meines Vater stehen?", „Willst du meine Tante sein?". Die schamanische Tradition lehrt, dass solche einfachen Fragen von den Geistern und Seelen gehört werden können und die Kraft besitzen, sie einzuladen. Außerdem erklären sie den Körper eines Stellvertreters als temporären Körper für eine bestimmte Seele.

Sollte der Klient in dieser Phase der Aufstellung die Stellvertreter auf oberflächliche und lässige Weise auswählen, wird er von den meisten Begleitern dabei unterbrochen. Wenn der Klient nicht das Gewicht und die Tiefe von dem fühlt, was er tut, empfinden sowohl der Begleiter als auch diejenigen, die als Stellvertreter ausgewählt wurden, dass etwas nicht stimmt. Vom schamanischen Blickwinkel aus gesehen ist das auch verständlich: Die Stimme des Klienten wird dazu benutzt, eine Einladung in die Welt der Geister zu bringen. Nur wenn eine Person geerdet und gesammelt ist, besitzt ihre Stimme die dafür nötige Stärke und Kraft.

Bevor die Stellvertreter ausgewählt werden, wird der Klient vom Begleiter über das Leben und Schicksal verschiedener Familienmitglieder befragt. Wenn man weiß, dass die Geister nur auf Stimmenabstand von uns entfernt sind, kann man sich leicht vorstellen, dass die Seelen und Geister der entsprechenden Familienmitglieder durch ein solches Gespräch auf eine bestimmte Weise geweckt, angeregt oder aktiviert werden. Es gibt einige Kulturen, in denen die Namen oder das Leben der Verstorbenen nicht einmal mehr erwähnt werden, da nur die Erwähnung ihres Namens sie schon herbeirufen könnte.

Wenn also der Klient die Stellvertreter bittet, ein bestimmtes Familienmitglied zu „sein", kann die Seele oder der Geist dieser Person das hören und weiß dadurch, dass er willkommen ist. Er findet einen Körper vor, der auf ihn in der Form eines Stellvertreters wartet, der offen, empfänglich und aufmerksam ist. Der Körper des Stellvertreters dient als Ankerplatz für den Geist, wodurch Informationen freigesetzt und zugänglich werden. Solche symbiotischen Bewusstseinszustände sind typisch für die schamanische Arbeit. Die Seele des Schamanen und sein Hilfsgeist verschmelzen oft, sie werden für die Dauer des Rituals zu einer Einheit.

In einer Aufstellung kann ein Stellvertreter jemanden repräsentieren, der lebt oder schon verstorben ist. Für den Stellvertreter macht das keinen Unterschied. Es ist ebenso leicht – oder schwer –, eine Person zu verkörpern, die lebt, wie eine, die tot ist. Die Seele einer toten Person besitzt keinen Körper, sie existiert genau wie ein Geist. Eine lebende Person dagegen ist in einem physischen Körper verankert. Das bringt uns zu einer weiteren Frage: Was passiert, wenn eine lebende Person repräsentiert wird? Tritt ihre Seele dann aus ihrem physischen Körper, um sich mit dem Körper des Stellvertreters zu verbinden?

Die Erfahrung zeigt, dass eine Person, die in einer Aufstellung vertreten wird, während dieser Zeit nichts Ungewöhnliches oder Spezielles erlebt. Es gibt keine Hinweise auf nachweisbare „Bewegungen" der Seele, in dem Sinne, dass eine Seele von einem Körper zum anderen springt und wieder zurück.

Um das besser verstehen zu können, gebrauche ich noch einmal das Bild von den Radiowellen, das ich zu Beginn dieses Kapitels beschrieben habe. Radiowellen haben verschiedene Frequenzen, sowohl hohe als niedrige. Dennoch bewegen sie sich alle im gleichen Medium, im Äther. Dieses Medium lässt alle verschiedenen Frequenzen gleichzeitig zu und übermittelt sie, unabhängig davon, von welcher Frequenz sie sind. Die Beziehung zwischen temporären Körpern oder Trägern der Seele und der Seele selbst kann mit der zwischen den verschiedenen Frequenzen und dem Äther verglichen werden. Die „Seele" kann auf bestimmte Weise mehrere Frequenzen zur gleichen Zeit umfassen, sie lässt mehrere Frequenzen gleichzeitig zu. Wenn ein Stellvertreter also eine lebende Person repräsentiert, sind beide im Kontakt mit der einen Seele.

Im nächsten Kapitel werde ich noch detaillierter das traditionelle schamanische Bild der Seele erklären und anschließend beschreiben, welche Gemeinsamkeiten mit dem Prozess des Familien-Stellens zu erkennen sind.

8. Die vielfache Seele

Das erste Mal, dass ich von dem Konzept hörte, dass die Seele oder Seelen in der Lage sind, sich in und aus dem Körper zu bewegen, war vor einigen Jahren, als ich einen indianischen Medizinmann für einige Wochen bei seiner Arbeit und auf Reisen begleitete. Nie zuvor hatte ich die Gelegenheit, bei einem spirituellen Lehrer auf einer solchen eher privaten Ebene zu lernen.

In vieler Hinsicht war ich noch sehr unerfahren, und zu meinem wachsenden Erstaunen hörte ich während unserer gesamten vierwöchigen Reisezeit keine einzige direkte Anweisung oder Erklärung über spirituelle Techniken. Mein Lehrer hatte in der Zeit verschiedene Gruppen und Einzelpersonen gesehen, wir haben Zeremonien geleitet und Menschen zuhause besucht. Doch wenn ich an diese Zeit zurückdenke und an die Dinge, die gesagt oder diskutiert wurden, kann ich mich an keinerlei praktische Tipps oder Beschreibungen irgendwelcher schamanischer Techniken erinnern. Ich musste mich erst an die Tatsache gewöhnen, dass Medizinmänner oder Schamanen nur sehr selten Erklärungen oder Anweisungen geben.

Ich war mir allerdings auch sehr bewusst, dass zu dieser Zeit viele Indianer einen starken Widerwillen dagegen hatten, dass die Medizinmänner Nichtindianer unterrichteten, unabhängig in welchem Zusammenhang. Über einen spirituellen Lehrer, der direkte Anweisungen über traditionelle spirituelle Themen gab, kam schnell ein Gerücht auf, und er wurde anschließend aus der Gruppe ausgeschlossen oder sogar ein Opfer von Gewalt. Darum bekam ich auch nur ganz am Ende unserer gemeinsamen Zeit etwas, was als direkte Anweisung in rituelle Arbeit gesehen werden kann: Mein Lehrer riet mir, jeden Tag ein kleines Ritual auszuführen, unter anderem mit dem Gebrauch von etwas Wasser. Dies sollte meiner Seele nützlich sein, da ich sie auf diese Weise nähren könnte, wodurch sie in der Nähe bleiben würde.

Ich war von dem Gedanken fasziniert, dass die Seele in der Lage sein sollte, zu kommen und zu gehen, und in guter Kondition gehalten werden müsste. Wie konnte es möglich sein, dass die Seele nicht in einem guten Zustand war? Meine Vorstellung von der Seele war bisher eher statisch, sofern ich überhaupt ein Bild von ihr hatte. Ich dachte bis dahin, dass meine Seele der spirituelle Teil in mir war, der ewig existiert und immer ganz und gesund ist. Wie kann meine Seele woanders sein als in meinem Körper, frei umherwandern, ganz auf sich selbst gestellt? Ich hatte nicht einmal daran gedacht, dass es für die Seele möglich sein könnte, den Körper zu verlassen. Der einzige Moment, in dem die Seele aus dem physischen Körper heraustritt, war für mich bis dahin der Moment des Todes.

Nachdem ich mich also an den Gedanken gewöhnt hatte, dass es der Seele möglich ist umherzureisen und sie außerdem Nahrung und Zuwendung benötigt, begann ich, darauf zu achten, was andere Lehrer und die unterschiedlichen schamanischen Traditionen zu diesem Thema zu sagen hatten. Schnell wurde mir deutlich, dass alle Gedanken über die Seele zusammengenommen eine ganz eigene Welt darstellen.

Die vielen verschiedenen schamanischen Ansichten und Theorien über die Seele in allen Einzelheiten zu studieren, macht nur Sinn, wenn man sie im Zusammenhang mit den traditionellen Heilungspraktiken betrachtet. Einer dieser grundlegenden Zusammenhänge oder eines der Modelle ist allerdings auch interessant im Hinblick auf die systemische Arbeit, nämlich das Konzept der vielfachen Seele, was auch in der sibirischen Tradition verwendet wird. Die meisten Schamanen in Sibirien oder der Mongolei glauben, dass wir Menschen nicht nur eine Seele besitzen, sondern mindestens drei, vier oder fünf, wobei die genaue Anzahl in den verschiedenen Traditionen variiert. Ich möchte hier nur eine sehr begrenzte Zusammenfassung der grundlegenden Vorstellungen über die vielfache Seele wiedergeben, die von vielen Schamanen geteilt werden.

Die vielfache Seele nimmt unterschiedliche Positionen in und um unseren physischen Körper herum ein, wobei jeder Teil eine andere Eigenschaft hat. Normalerweise ist ein Teil sehr eng mit der physischen Struktur verwoben und ist speziell mit den Knochen und, einigen Traditionen zufolge, auch mit den Nägeln und Haaren verbunden. Dieser Teil der Seele bleibt das ganze Leben lang im Körper. Er besitzt vitale Kräfte und wird auch manchmal als Grundstein des individuellen Bewusstseins gesehen.

Abhängig davon, wie viele Seelen einer Person im Ganzen zugeschrieben werden, haben die unterschiedlichen Traditionen verschiedene Meinungen über die Seele, die die Grundlage der Individualität beinhaltet. Wenn die erste tierartige Seele als Träger von individualisiertem persönlichen Bewusstsein nicht mitgerechnet wird, so wird meistens angenommen, dass eine zusätzliche Seele im physischen Körper wohnt, die die grundlegenden individuellen Kennzeichen trägt, die das Bewusstsein eines Individuums ausmachen. Man kann also davon ausgehen, dass eine oder zwei Seelen konstant im Körper anwesend sind, die mit der selbstständigen Lebenskraft des Körpers und dem Gefühl für Individualität zusammenhängen.

Die anderen Teile der Seele befinden sich außerhalb des physischen Körpers, entweder ganz in der Nähe oder weiter weg. Gewöhnlicherweise wird eine Seele als sehr nahe beim Körper lebend beschrieben, sodass sie gerade nicht mehr darin wohnt. Und zumindest eine andere Seele lebt in der Wildnis der Natur oder in der Geisterwelt. Hier kann es auch mehrere Seelen geben, wie zum Beispiel eine, die in der Unterwelt zu Hause ist und eine andere, die in der Oberwelt gefunden werden kann. Alle Seelen sind mit spezifischen Aspekten der menschlichen Erfahrungen verbunden. Eine Seele besitzt beispielsweise spirituelle Weisheit, eine andere dagegen das praktische Wissen, das zum täglichen Überleben notwendig ist.

Zusammengenommen verkörpern die vielfachen Seelen alle menschlichen Qualitäten und Eigenschaften von sowohl praktischer als auch spiritueller Art, entweder in manifestierter Form oder als potenzielle Möglichkeit. Die traditionellen Schamanen verwenden dieses Modell der vielfachen Seele, um Krankheiten zu diagnostizieren und zu behandeln. Im Falle einer Krankheit wird jede Seele einzeln untersucht, da eine Krankheit nur durch eine der Seelen verursacht werden kann. Hierbei prüft man, ob alle Seelen in einem guten Gesundheitszustand oder geschwächt sind oder verunreinigt mit fremden Energien. Außerdem wird geschaut, ob eine der Seelen sich möglicherweise zu weit entfernt und verirrt hat.

Wenn sich jemand nicht wohl fühlt, prüft ein Schamane jedes Mal, ob alle Seelen noch anwesend sind. Der sibirischen schamanischen Tradition zufolge können sich die einzelnen Seelen frei umherbewegen. Die Seelen können sich zum Beispiel problemlos nachts entfernen, während der Eigentümer schläft. Ihre Rückkehr verursacht dann unsere Träume. Die Art und der Inhalt des Traums hängen davon ab, wo die Seelen hingegangen sind und was sie dort erlebt haben.

Manchmal kann eine Seele sich auch entfernen, nicht mehr zurückkommen und auch kein Verlangen danach haben zurückzukehren, da sie ihr Interesse am Leben ihres Eigentümers verloren hat. Es kann auch vorkommen, dass eine Seele sich verabschiedet, da sie durch äußere Umstände dazu gezwungen wird. Ernste physische Unfälle können eine Seele zum Beispiel aus dem physischen Körper werfen. Oder ein Schock kann die Verbindung zwischen dem Körper und einer Seele zerbrechen, die in dessen Nähe wohnte. Unter solchen Umständen verlieren die Seelen schon bald ihre Orientierung und verirren sich. Außerdem kann eine Seele im traditionellen schamanischen Kontext auch durch einen Geist gestohlen werden oder durch einen Schamanen, der Probleme verursachen will.

Der schamanischen Tradition zufolge kann die einzelne oder duale Seele, die stark mit unseren Knochen und dem physischen Körper verbunden ist, unseren Körper nicht für lange Zeit verlassen. Das würde sonst schnell zum Tod führen. Von den anderen Seelen bleibt normalerweise mindestens eine in der Nähe des physischen Körpers. Die anderen Seelen dagegen verbringen ihre Zeit in der Natur oder in den anderen Welten und können auch unauffällig verschwinden, ohne dass wir das bemerken. Es ist sowieso schwer, sich überhaupt dieser Seelen bewusst zu werden, selbst wenn sie ganz in der Nähe sind.

Die Tradition besagt, dass wir normalerweise nur die positive Wirkung ihrer Anwesenheit spüren können oder auf der anderen Seite die negativen Folgen, wenn sie verschwunden sind und nicht mehr mit uns in Verbindung stehen. Aber wir können die Seele selbst nicht wahrnehmen. Das Bemerken oder Fühlen der Abwesenheit einer der sich frei bewegenden Seelen kann man mit dem Wahrnehmen einer Temperaturveränderung in einem großen Raum vergleichen. Wenn der Raum angenehm warm ist und die Heizung ohne sein Wissen ausgestellt wird, dauert es eine gewisse Zeit, bis man überhaupt erkennt, dass etwas geschehen ist. Zu Beginn sinkt die Temperatur so langsam, dass es beinahe nicht bemerkt wird. Dann irgendwann fröstelt man vielleicht ein wenig, ohne es aber bewusst wahrzunehmen. Aber erst nachdem noch mehr Zeit verstrichen ist und es wirklich kalt wird, denkt man an die Heizung. Das Gleiche gilt für die Abwesenheit der sich frei bewegenden Seelen. Wenn eine der Seelen geht, ist das nicht sofort wahrnehmbar. Erst wenn diese Seele für längere Zeit abwesend ist, beginnt ihr Eigentümer zu bemerken, dass sich etwas verändert hat. Vielleicht spürt er ein gewisses Unbehagen oder einen Mangel an Energie. Möglicherweise beginnt er, sich depressiv zu fühlen, und verliert das Interesse an seiner Umwelt.

Die negativen Effekte, die durch eine verloren gegangene Seele verursacht werden, können relativ schnell wahrgenommen werden, wenn es sich um eine Seele handelt, die nahe dem physischen Körper lebte. Ein solcher Verlust kann schon nach einigen Stunden oder spätestens nach mehreren Tagen bemerkt werden. Aber wenn eine der Seelen verschwindet, die ihren Eigentümer nur hin und wieder im Schlaf besuchte und gewöhnlicherweise in einer anderen Welt lebte, kann es einige Tage oder sogar Wochen dauern, bevor die Person überhaupt etwas von den Folgen wahrnehmen kann, die dieser Verlust mit sich bringt.

In Bezug auf die Anwesenheit der verschiedenen Seelen gibt es eine interessante Tatsache: Wir gewöhnen uns daran, dass sie in unserer Nähe sind, aber auch, wenn sie nicht in unserer Nähe sind. Es kann zum Beispiel sein, dass bei einer Person, die normalerweise fünf Seelen besitzt, drei Seelen anwesend sind, eine nur noch halb verbunden und eine ganz entfernt ist. Wenn man diese Person fragen würde, wie es ihr geht, würde sie wahrscheinlich mit „gut" antworten. Wie sich auch immer die gewohnte, „normale" Situation bezüglich der Anwesenheit der verschiedenen Seelen darstellt, sie wird automatisch zum neuen Vergleichsrahmen. Was immer man während eines längeren Zeitraums erfährt, wird dann als normal erfahren.

Wenn also jemand behauptet, dass er sich gut fühlt, sagt das nicht unbedingt etwas darüber aus, wie viele seiner Seelen im Allgemeinen anwesend sind. Das ist auch der Grund, warum ein Schamane bei seinem Klienten jedes Mal prüft, ob alle Seelen gegenwärtig sind. Sollte er hierbei feststellen, dass eine der Seelen fehlt, wird er im Trancezustand eine seiner eigenen Seelen losschicken, um die anderen Welten nach der verloren gegangenen Seele abzusuchen. Wenn die Seele sie findet, bringt sie sie mit zurück, und der Schamane vereinigt die verloren gegangene Seele wieder mit dem physischen Körper des Klienten. Wenn alle Seelen wieder an ihrem Platz sind, stellt der Klient einen Unterschied fest. Jetzt erst merkt er, dass er sich vor der Heilungszeremonie gar nicht so gut gefühlt hatte. Die Anwesenheit der Seelen verursacht allerdings keine spektakulären Glücksgefühle oder intensive spirituelle Erfahrungen, sie unterstützt einfach eine innere Ruhe, ein Gefühl von Gesundheit und Ausgeglichenheit sowie ein entspanntes Interesse an der Welt und anderen Menschen.

Das Modell der vielfachen Seele, die sich frei umherbewegen kann, verdeutlicht auf interessante Weise auch die Prozesse beim Familien-Stellen. Eine der Fragen, die immer wieder bei der systemischen Arbeit gestellt werden, lautet: Wie können die Stellvertreter so viel über die Person, die sie repräsentieren, und deren zugehörige Familie fühlen und wissen?

Wenn eine Person mehrere Seelen besitzt, die sich frei bewegen können, so könnte eine dieser Seelen theoretisch der Aufstellung beiwohnen und sich mit den Seelen des Stellvertreters verbinden. Wie im vorherigen Kapitel beschrieben, wird eine Seele, egal ob sie mit dem physischen Körper verbunden ist oder nicht, eine Einladung annehmen, sobald diese respektvoll ausgesprochen wurde.

Es ist nicht schwer sich vorzustellen, dass einige Seelen von einer Aufstellung erfahren, selbst wenn sie weit entfernt sind, und nun näher kommen, um zu beobachten, was dort geschieht. Dazu kommt außerdem, dass der Tradition zufolge alle unterschiedlichen Seelen ein separates, individuelles Bewusstsein haben, mit Ausnahme derer, die direkt mit den Knochen und dem physischen Körper verbunden sind. Gleichzeitig sind sie aber auch Teil des Lebens ihres Eigentümers. Wenn eine Person an einer Krankheit leidet oder Schwierigkeiten hat, erfahren alle Seelen individuell ihr Verlangen nach Heilung und Unterstützung. Die Seele, die eine Aufstellung und einen Stellvertreter gefunden hat, der auf sie wartet, wird wahrscheinlich diesen Kontext als Gelegenheit zur Heilung, zum Loslassen oder zur Lösung eines Problems erkennen. Da die Abwesenheit der sich meist frei bewegenden Seelen generell erst nach einigen Stunden, Tagen oder gar Wochen bemerkt wird, kann theoretisch jede Art Seele an einer Aufstellung teilnehmen und anschließend an ihren Herkunftsort zurückkehren, ohne dass es irgendwelche Folgen für ihren Eigentümer hat.

Der Tradition zufolge sind die meisten Seelen, die vollständig den Kontakt zu ihren Eigentümern verloren haben, nicht mehr in der Lage, selbstständig zu ihren Besitzern zurückzukehren. Das liegt nicht an einem technischen Hindernis, sondern an der Tatsache, dass Seelen, die sich zu weit entfernt haben, einfach ein wenig oder total desorientiert sind und gar nicht an die Möglichkeit denken zurückzukehren. Wenn eine Seele ihren Eigentümer verlassen hat, da die Bedingungen in seinem Leben zu hart waren oder er eine Verletzung oder einen Unfall erlitten hat, vergisst die Seele einfach, zu wem sie gehört.

Eine solche verloren gegangene Seele existiert dann zwar noch weiter, so als ob sie automatisch gesteuert würde, aber sie ist ohne jegliche Eigeninitiative. Häufig geschieht es auch, dass Krankheiten oder Probleme, die das Verlassen der Seele verursacht haben, schon lange geheilt oder geklärt sind. Doch trotzdem kehrt die Seele nicht zurück. Traditionell ist es dann die Aufgabe des Schamanen, mit solch einer verloren gegangenen Seele Kontakt aufzunehmen. Der Schamane spricht dann mit ihr, sodass die Seele sich wieder bewusst werden kann, wer sie ist und wo sie hingehört. Verloren gegangene Seelen reagieren schnell auf die ihnen angebotene Hilfe, und ihr Bewusstsein kann leicht wieder geweckt werden.

Ich kann mir gut vorstellen, dass das Familien-Stellen eine ähnliche Wirkung auf verloren gegangene Seelen hat wie das schamanische Zurückholen der Seelen: Eine Seele fühlt sich angezogen, wenn eine Familie aufgestellt wird. Dann verbindet sie sich mit dem Stellvertreter und erfährt die heilenden Bewegungen während des Prozesses der Aufstellung. Wenn die Aufstellung beendet ist, verlässt die Seele den Raum. In der Aufstellung hat die Seele ein neues Gleichgewicht gefunden und ihre Lebenskraft zurückgewonnen. Außerdem weiß sie dann wieder, zu wem sie gehört.

Wenn ihre Abwesenheit durch ein Trauma verursacht wurde, so kann in der Aufstellung zumindest ein Teil dieses Traumas verarbeitet und geheilt werden. Anstelle noch weiter ziellos in der Geisterwelt umherzuirren, wird sich die Seele nun deutlich an ihre Vergangenheit erinnern und höchstwahrscheinlich gerne zu ihrem Eigentümer zurückkehren – zumindest wenn der Eigentümer noch lebt. Wenn eine verstorbene Person aufgestellt wurde, wird die verloren gegangene Seele am Ende der Aufstellung wahrscheinlich in den Teil der Geisterwelt gehen, in dem die Seelen der verstorbenen Menschen leben.

Das sibirische Modell der vielfachen Seele beschreibt, wie die verschiedenen Seelen sich einfach hier- und dorthin bewegen können. Normalerweise sind diese Bewegungen für ihre Eigentümer aber nicht wahrnehmbar. Die Vorstellung der sich frei bewegenden Seelen kann möglicherweise erklären, wie es den Stellvertretern möglich ist zu wissen, was sich in der aufgestellten Familie abspielt, sobald alle ihren Platz eingenommen haben.

Jeder Stellvertreter weiß unmittelbar, welche Beziehung er zu den anderen hat, ohne dass er lange darauf warten muss, dass sich Gefühle einstellen, oder zuerst Informationen verarbeitet werden müssen. Sowohl für die Stellvertreter als auch für die Teilnehmer einer Aufstellung, die das Geschehen beobachten, wird deutlich spürbar, dass „etwas" dazugekommen ist. Und dieses Etwas könnten, vom schamanischen Blickwinkel aus gesehen, einige der sich frei bewegenden, vielfachen Seelen sein.

Die Bewegungen der Seelen und Geister sind unvorstellbar schnell. Sie leben in den anderen Welten und bestehen aus Energie, die auf verschiedenen Frequenzen vibriert. Darum brauchen die Seelen oder Geister auch nicht direkt durch unsere physische Welt zu reisen, wenn sie an einem Ritual oder einer Aufstellung teilnehmen wollen. Raum und Entfernungen bedeuten für sie etwas ganz anderes als für uns.

Da die Frequenzen der anderen Welten die physische Welt überall durchdringen, können die Geister und Seelen ohne Hindernisse überall auftauchen. Wenn sie zu einer Zeremonie eingeladen werden, stimmen sie sich auf die Stimme und Person, die sie einlädt, ein. Sind sie dann an einer Teilnahme interessiert, verbinden sie sich mit dem Stellvertreter und machen sich so erkennbar. Wenn sie wieder gehen wollen oder wenn ein Ritual oder eine Aufstellung beendet ist, ziehen sie sich zurück.

Es kommt auch vor, dass sich während eines schamanischen Rituals die Geister oder Seelen noch vor Ablauf der Zeremonie plötzlich zurückziehen. Etwas Ähnliches kann auch beim Familien-Stellen geschehen. Während einer Aufstellung kann die Energie ganz plötzlich absacken. Eine Aufstellung, die sich erst gut entwickelte, verliert plötzlich etwas. Und von dem Zeitpunkt an kann der Begleiter tun, was er will, aber keine Intervention kann die Kraft wieder zurückbringen, die zu Beginn der Aufstellung vorhanden war. Es scheint, als sei tatsächlich etwas weggegangen, eine bestimmte Qualität fehlt plötzlich.

Wenn eine Aufstellung ihre Kraft verliert, sinkt auch die Energie der Zuschauer. Menschen beginnen zu gähnen oder schauen auf ihre Uhr. Solche abrupten Veränderungen sind meistens auf eine Bemerkung oder auch nur auf die Einstellung eines Stellvertreters zurückzuführen. Die Entwicklung einer Aufstellung wird ständig durch die Stellvertreter beeinflusst: Was sie sagen, fühlen oder tun, kann den Prozess stärken oder schwächen.

Die Kraft einer Aufstellung kann auch plötzlich wegfallen, wenn der Klient mit seinem Stellvertreter ausgewechselt wird und nun seinen eigenen Platz einnimmt. Ein Klient ist manchmal nicht in der Lage, die heilende Bewegung, die sich entwickelt, anzunehmen, und darum bricht er den Prozess ab. Ein kleiner Satz, eine Geste oder Bemerkung kann bei den schwierigen und zarten Bewegungen der Seele schnell total fehl am Platz sein. Für alle Stellvertreter der Aufstellung fühlt es sich dann an, als ob der Stecker aus der Steckdose gezogen wurde. Dieser plötzliche Verlust, der in solchen Momenten deutlich spürbar ist, könnte die Folge des Zurückzugs der anwesenden Seelen und Geister sein.

Während eines schamanischen Rituals ziehen sich die Geister manchmal zurück, wenn einer der Altäre zerstört wird oder jemand die heilenden Bewegungen stört, indem er ein Lied singt, das für diesen Teil der Zeremonie nicht angemessen ist. In einem solchen Fall muss die gesamte Zeremonie oder zumindest der Abschnitt, der unterbrochen wurde, auf ein Neues begonnen werden. Meistens kommen die Geister dann wieder zurück, aber nicht in allen Fällen. Wenn in einer Aufstellung eine heilende Bewegung vom Klienten bewusst oder unbewusst unterbrochen wird, kann der Prozess erst wieder fortgesetzt werden, nachdem der Klient aus der Aufstellung herausgegangen ist und der Stellvertreter erneut seinen Platz eingenommen hat.

Eine Aufstellung kann auch ohne das Einwirken des Klienten oder einer anderen Person ihre Kraft verlieren. Der Begleiter sagt in solch einem Fall meistens so etwas wie: „Ich merke, dass wir keine Genehmigung haben, hiermit zu arbeiten." Es ist dann spürbar, dass irgendeine Kraft die Aufstellung nicht unterstützt. Hierbei kann es sich beispielsweise um Familiengeheimnisse handeln, die so streng gehütet werden, dass eine heilende Bewegung nicht möglich ist. In einem derartigen Fall fühlt sich die Energie sehr geballt und unklar an, und man kann wahrnehmen, dass etwas gegen eine Aufdeckung arbeitet. Es kann aber auch sein, dass einfach keine Energie mehr zur Verfügung steht, woraufhin sich auch die Seelen oder Geister zurückziehen.

In Bezug auf das Familien-Stellen ist ein weiterer Aspekt der Theorie über die vielfache Seele interessant. In einigen, aber nicht allen sibirischen Kulturen wird davon ausgegangen, dass es sich bei den verschiedenen Seelen, die jede Person individuell besitzt, um sowohl eine persönliche Seele als auch eine Familienseele handelt.

Diese zwei Seelen nehmen alles auf, was sich in dem Leben ihres Eigentümers abspielt, bis sie sich dann nach seinem physischen Tod voneinander trennen. Laut vielen sibirischen Traditionen leben die Seelen nach dem Tod weiter. Ob sie sich wieder inkarnieren oder nicht – sie bestehen auf jeden Fall nach dem Tod der Person weiter. Das heißt, sowohl die persönliche als auch die Familienseele leben weiter. Das Schicksal einer individuellen Seele kann darin liegen, entweder wiedergeboren zu werden oder auch nicht. Die Familienseele einer Person dahingegen wird sich in die gleiche Familie inkarnieren. Wenn eine Familie möglicherweise ausgestorben ist, werden die Familienseelen, die sich bisher immer und immer wieder in diese eine Familie inkarniert haben, in eine andere Familie geboren, die der Ursprungsfamilie der Seelen ähnlich ist.

Eine Familienseele wird von einer begrenzten Anzahl Personen geteilt, die als Mitglieder der nachfolgenden Generationen geboren werden. Sie trägt jederart Erinnerungen von dieser Familie in sich. Allerdings nicht alle Erinnerungen der gesamten Familie, da eine einzelne Familienseele nur mit jeweils einer Person verbunden sein kann. Im Laufe der Jahre inkarniert sich die Familienseele erneut in den nachfolgenden Generationen eines Familienstammbaums.

Wenn beispielsweise ein Mann stirbt, kann seine persönliche Seele sich möglicherweise in einer anderen Kultur reinkarnieren, doch seine Familienseele wird sich in einem Familienmitglied der nachfolgenden Generation inkarnieren, zum Beispiel in seinem Neffen. Wenn dieser Neffe stirbt, wird seine Familienseele in einem anderen Familienmitglied geboren, beispielsweise in seiner Enkeltochter. Stirbt die Enkeltochter, geht die Seele in die Tochter ihres Bruders ein. So bewegt sich die Familienseele durch die Generationen, von einer Abstammung zur nächsten, immer innerhalb des gleichen Familiensystems.

Auch die persönliche Seele kann sich möglicherweise in einer Person dieser einen Familie inkarniert haben, jedoch kann sie ansonsten von überall her kommen, zum Beispiel aus einer anderen Kultur, einem anderen Land oder Kontinent. Die Familienseele stammt dagegen grundsätzlich aus einer Familie. Die beiden Seelen sind zwei voneinander getrennte Einheiten, sie folgen unabhängig voneinander ihrem eigenen Plan, zum Guten oder Schlechten. In manchen Fällen haben die persönliche Seele und die Familienseele zwei gegensätzliche Interessen oder Impulse, was zu einem schwierigen, frustrierenden Leben führen kann.

Das Konzept der schamanischen Kulturen über die Seele basiert auf interpretierten Beobachtungen, die Schamanen über viele Generationen hinweg gemacht haben. Offensichtlich konnten die Menschen bestimmte Verhaltensmuster und Neigungen der verstorbenen Familienmitglieder bei neugeborenen Verwandten wiedererkennen. Das Bild einer Familienseele, die sich wieder in der Familie inkarniert, ist im Zusammenhang mit der schamanischen Weltanschauung und spirituellen Kosmologie eine logische Vorstellung.

Aber auch für die systemische Arbeit ist das Bild einer Familienseele sehr interessant. Dadurch können einige Dynamiken erklärt werden, die gewisse Arten von Verstrickungen in den Familien über die Generationen hinweg verursacht haben. Das Bild einer reinkarnierenden Familienseele hilft zu verstehen, welche darunter liegenden Dynamiken dafür sorgen, dass ein bestimmtes Schicksal plötzlich, einige Generationen später, wieder auftaucht, selbst wenn es unmöglich erscheint, dass ein persönlich bekanntes Schicksal eines Verwandten von einem Nachfolgenden durch unbewusste Loyalität auf sich genommen wird.

In einem vorherigen Kapitel nannte ich hierfür das Beispiel einer Mutter und Tochter, deren Leben sich miteinander vermischten, da sie unbewusst versuchten, sich gegenseitig zu unterstützen. Solche Dynamiken sind noch relativ einfach zu verstehen: Mutter und Tochter kennen sich nämlich sehr gut. Aber wie kann man dann erklären, dass ein Urenkel etliche Jahre später genau an dem gleichen Tag und auf die gleiche Weise Selbstmord begeht wie sein Urgroßvater, den er nie kennen gelernt hat, und von dem er gar nicht wusste, dass er Selbstmord begangen hatte? Hierfür liefert das Bild einer Familienseele, die innerhalb einer Familie von einem auf den nächsten übertragen wird, eine Lösung. Diese Vorstellung kann erklären, warum sich bestimmte Schicksale so identisch wiederholen. Der Gedanke an eine Familienseele, die in einer einzelnen Person lebt, hilft auch die Frage zu beantworten, warum normalerweise nur eine Person das Schicksal eines bestimmten Familienmitglieds auf sich nimmt, während alle anderen Mitglieder der Familie davon verschont bleiben.

Die Familienseele ist in vieler Hinsicht ein interessantes Konzept. Wenn man systemische Verstrickungen betrachtet, die im Zusammenhang mit Homosexualität und Transsexualität stehen, so gibt auch hier das Bild der Familienseele Anhaltspunkte. Wenn ein Klient, der homosexuell oder transsexuell ist, seine Familie aufstellt, wird in vielen Fällen entdeckt, dass eine der darunter liegenden Dynamiken in dieser Familie darin besteht, dass der Klient innerhalb seiner Familie eine Person vom anderen Geschlecht repräsentieren muss.

Manchmal werden in den Aufstellungen auch gegengeschlechtliche Verstrickungen bei heterosexuellen Menschen deutlich, genau wie auch gleichgeschlechtliche Identifizierungen bei homosexuellen und transsexuellen Menschen vorkommen. Man sollte also aus den Aufstellungen keine endgültige Schlussfolgerung ziehen, dass der eigentliche Grund für Homosexualität oder Transsexualität in der Verstrickung oder Identifizierung mit einer gegengeschlechtlichen Person liegen könnte. Man kann nur beobachten, dass in diesem Zusammenhang häufig eine gegengeschlechtliche Verstrickung auftaucht.

In einigen schamanischen Kulturen, wie speziell in denen der Arktis, versuchen die Schamanen bei der Geburt eines Kindes festzustellen, wo der Ursprung der Familienseele liegt. Das neugeborene Baby wird als Reinkarnation eines verstorbenen Verwandten gesehen und bekommt auch dessen Namen. Diesen Namen behält es dann bis zur Pubertät. In einem Jungen kann sich möglicherweise eine weibliche Familienseele inkarnieren, und in einem Mädchen eine männliche, sodass der Junge einen Frauennamen erhält und das Mädchen einen Männernamen. In der Pubertät bekommt das Kind dann einen neuen Namen, der mit seinem physischen Geschlecht übereinstimmt. Viele nehmen den neuen Namen an und identifizieren sich damit, einige jedoch nicht.

Die meisten traditionellen schamanischen Kulturen, sowohl in Sibirien als auch in Nordamerika, beschreiben, dass neben Mann und Frau noch zwei andere Geschlechter existieren, nämlich eine Mann-Frau in einem männlichen Körper und ein Frau-Mann in einem weiblichen Körper. Die Menschen dieses dritten und vierten Geschlechts werden als grundlegend verschieden zu den anderen Männern oder Frauen gesehen, da sie nicht ausschließlich maskulin oder feminin sind: In ihrer Seele befindet sich beides. In diesen Kulturen hatten die Menschen des dritten und vierten Geschlechts spezielle spirituelle Verantwortlichkeiten, beispielsweise wurden in den sibirischen Kulturen viele Schamanen.

Bevor ich dieses Kapitel abschließe, möchte ich darauf hinweisen, dass es sehr riskant ist, bestimmte Bilder aus anderen Kulturen aus ihrem Kontext zu nehmen und sie anschließend zu gebrauchen, um Dynamiken zu erklären, die wir beispielsweise hinter der systemischen Arbeit vermuten. Dabei ist es gleichgültig, wie inspirierend dies auch sein mag. Die Erklärungen, die ich hier gebe, sollten darum besser nur als experimentelle Gedankengänge gesehen werden. Genauso wenig sollten die Vorschläge, die ich als mögliche Antworten auf Fragen gebe, als endgültige Schlussfolgerungen akzeptiert werden.

Das sibirische Modell der vielfachen Seele kann in bestimmten Fällen eine Hilfestellung geben. Aber wenn wir an vorherige Kapitel denken, in denen ich darstellte, dass eine Seele einen temporären Körper braucht, um sich für uns erkennbar zu machen, so wirft dies auch neue Fragen auf: Wenn die Seele selbst nicht von unseren Sinnesorganen gefühlt oder wahrgenommen werden kann, wie sieht es dann mit den vielfachen Seelen aus, wie sie im sibirischen Schamanismus beschrieben werden? Handelt es sich bei ihnen um wirkliche Seelen oder sind sie temporäre Körper? Um diese Fragen zu ergründen, werde ich im nächsten Kapitel ein anderes Modell beschreiben, in dem der Zusammenhang zwischen der Seele und den temporären Körpern tief gehend beleuchtet wird.

9. Die Seele, die vier Körper und die Persönlichkeit

Im Laufe der Jahre habe ich bei vielen verschiedenen schamanischen Lehrern studiert, aber auch Informationen und Erfahrungen mit Lehrern und Anhängern anderer spiritueller Traditionen und Schulen ausgetauscht. In meine Arbeit integrierte ich dann das, was hilfreich war. Deshalb verwende ich in meiner Beschreibung des folgenden Modells einige Begriffe und Konzepte, die ursprünglich nicht aus der schamanischen Tradition stammen. Doch entwickelte und verfeinerte sich dieses Modell der Seele, der vier Körper und der Persönlichkeit in vielen Jahren schamanischer Arbeit.

Der Ausgangspunkt für die Beschreibung dieses Modells ist die Seele. In einer Meditation, einer schamanischen Trance oder mit einer anderen spirituellen Methode können wir mit unserer Seele in Kontakt kommen. Die Seele ist allerdings viel größer als das, was wir Menschen in uns selbst erfahren können. Die Seele ist grenzenlos. Durch spirituelle Disziplin kann man lernen, immer mehr von der Seele wahrzunehmen, doch werden die persönlichen Grenzen stets den Blickwinkel unserer Wahrnehmung bestimmen. Die Seele selbst ist unbegrenzt. Die Seele ist die vitale Energie, die alle lebenden Wesen durchdringt.

Die Schüler vieler Yoga- und buddhistischer Schulen streben danach, die eigentliche Erfahrung der Ganzheit der Seele zu erleben, was in den meisten Fällen als Erleuchtung oder Selbstverwirklichung bezeichnet wird. Im traditionellen Schamanismus wird diese Art der direkten Erfahrung der Ganzheit der Seele nicht aktiv gesucht. Dennoch kann es geschehen, dass hoch entwickelte Schamanen diese Erfahrung hin und wieder spontan erleben. Die Seele einer jeden individuellen Person ist das Tor zu dieser höheren Erfahrung von Einheit. Aber die Seele bleibt immer eins, vom individualisierten persönlichen Aspekt bis hin zum großen Ganzen. Man kann zwar sagen, dass

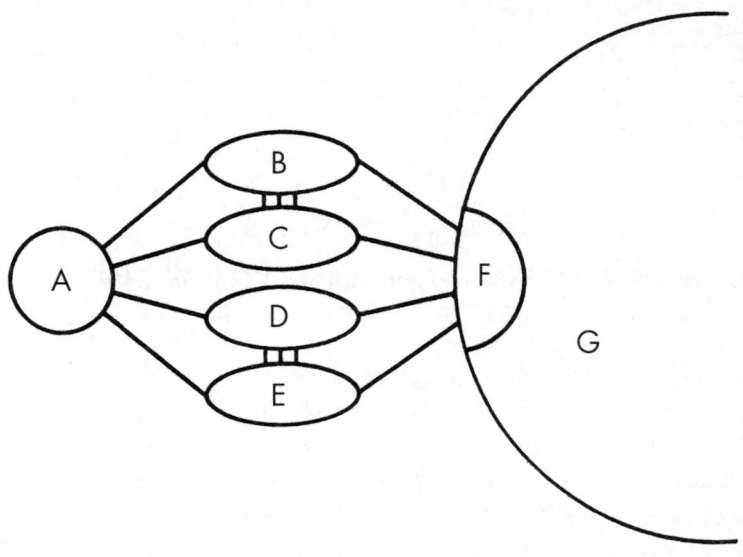

A = Persönlichkeit
B = physischer Körper
C = ätherischer Körper
D = astraler Körper
E = mentaler Körper
F = individualisierter, persönlicher Aspekt der Seele
G = Ganzheit der Seele

wir alle individuelle Seelen haben, aber auf einer bestimmten Ebene sind alle diese individuellen Seelen auch eins.

Neben der Seele besitzt jedes Individuum vier Körper. Diese Körper haben jeweils verschiedene Eigenschaften und werden der physische, ätherische, astrale und mentale Körper genannt. Der physische Körper ist der Anker für die drei anderen: Die ätherischen, astralen und mentalen Körper durchdringen die physische Struktur und dadurch auch sich gegenseitig. Die vier Körper existieren im gleichen Raum, aber vibrieren auf unterschiedlichen Frequenzen. Sie sind miteinander verwoben und beeinflussen sich ständig gegenseitig. Zugleich sind sie jedoch auch unterschiedliche Einheiten, die von unserem Bewusstsein als getrennte und unabhängige Strukturen erfahren werden können. Ein jeder der vier Körper ist mit der Seele verbunden und wird von ihr mit Kraft und Leben versorgt. Jeder Körper ist eigentlich ein separates Vehikel für die Seele. Der physische Körper besteht aus Knochen, Gewebe und anderer grobstofflicher Materie. Danach kommt der ätherische Körper. Er ist nur ein wenig größer als die physische Struktur. Der ätherische- oder Energiekörper ist der Träger für die Lebenskraft, die unseren physischen Körper belebt. Man könnte auch sagen, er ist eine subtilere Version unseres physischen Körpers, und die zwei Körper sind vollständig miteinander verwoben. In der Akupunktur wird das Konzept der Meridiane verwendet, womit unterscheidbare, subtile, elektromagnetische Energieströme beschrieben werden, die auf bestimmten Linien fließen und verschiedene Organe miteinander verbinden. Dies sind die Ströme der ätherischen Energie, die den physischen Körper beleben.

So wie die ersten beiden Körper miteinander verwoben sind und eine Einheit formen, funktionieren auch der dritte und vierte Körper als ein Ganzes. Der dritte Körper wird als astraler Körper bezeichnet, dessen Eigenschaft noch subtiler ist als die des ätherischen oder physischen Körpers. Meistens wird er als Energiefeld wahrgenommen, das viel ausgedehnter ist als die physische Struktur. Manchmal wird er als ein Körper mit pulsierenden und lebendigen Farben beschrieben, der sieben Energiewirbel auf bestimmten Positionen entlang der Wirbelsäule besitzt, die auch Chakren genannt werden. In schamanischen Traditionen beschreiben allerdings nur wenige das Phänomen der Chakren, und da ich im Schamanismus ausgebildet wurde, verwende ich dieses Konzept der Chakren in meiner schamanischen Arbeit nicht.

Der astrale Körper – wie auch immer seine genaue Form sein mag – ist das Vehikel, in dem die Bilder der Erinnerungen bewahrt werden. Außerdem ist er der Körper, der die Emotionen erlebt. Eine dritte wichtige Eigenschaft des astralen Körpers ist sein mystisches Bewusstsein: Träume und Symbole sind seine Sprache.

Der mentale Körper, der an vierter Stelle kommt, ist der Körper der Struktur. So wie die verschiedenen Teile des physischen Körpers mit dem ätherischen Körper „verkabelt" sind, verleiht der mentale Körper dem astralen eine subtile, grundlegende Struktur. Viele Menschen assoziieren den Begriff „mental" mit der Fähigkeit zum Denken, aber das Denken bezieht sich nicht nur auf den mentalen

Körper. Der mentale Körper kann wohl am besten beschrieben werden als die Struktur, die das Denken ermöglicht.

Man stelle sich vor, dass Gedanken wie eine Spinne sind, die über die Fäden in ihrem Spinnennetz läuft. Der mentale Körper ist in diesem Bild dann nicht die Spinne, sondern das Spinnennetz: Er ist die Struktur, die die Bewegung der Gedanken beeinflusst, ohne allerdings die Gedanken aktiv zu steuern. So wie der ätherische Körper den physischen Körper belebt und energetisch und strukturell aufrechterhält, ist der mentale Körper direkt mit dem astralen Körper verknüpft. Er enthält die Wege und Strukturen, die die Richtung der Träume, Assoziationen und Gedanken bestimmen. Die Fähigkeit des Denkens ist eine Eigenschaft der Persönlichkeit und von ganz anderer Natur als die Seele und die vier Körper.

Wenn man sich für einen Moment still hinsetzt und die Augen schließt, kann man die Funktionen der vier Körper einfach erfahren. Während man so dasitzt, spürt man das Gewicht seines physischen Körpers auf dem Stuhl, die Wärme seiner Hände und Füße und die Feuchtigkeit in seinem Mund. Die ätherische Energie, die subtil durch den Körper strömt, kann man als Lebenskraft seiner Knochen, Muskeln und Haut wahrnehmen. Bilder und Erinnerungen, die aus dem astralen Körper stammen, wechseln sich mit Gedanken ab, die von assoziativen Gedankengängen begleitet werden, die automatisch den Mustern und Strukturen des mentalen Körpers folgen.

Jeder dieser vier Körper hat unabhängig voneinander bestimmte Wahrnehmungen, die sich dann vermischen zu einer einzigen zusammenhängenden Bewusstseinserfahrung. Dies wird durch die Persönlichkeit ermöglicht. Die Persönlichkeit filtert die Informationen und Wahrnehmungen der vier Körper und lässt nur das an die Oberfläche des Bewusstseins steigen, das sie als wichtig empfindet. Auf diese Weise werden die Informationen, die aus vier verschiedenen Quellen kommen, zu einem einzelnen Bewusstseinsstrom der Persönlichkeit. Diese innere, vereinigte Wirklichkeit, die aus den Informationen der vier Körper besteht, bestimmt, wie wir uns in Bezug auf unsere Umwelt verhalten. Unsere Persönlichkeit entscheidet, was wir als Realität erfahren, und interpretiert die Welt um uns herum dementsprechend.

Die Persönlichkeit regelt also unser Bewusstsein. Manchmal wird sie auch die ganze Aufmerksamkeit auf nur einen Körper richten, statt die Wahrnehmungen aller vier zu einem Strom zu vermischen. Das ist dann der Fall, wenn ein Körper außergewöhnlich stark aktiviert oder gereizt wird und dadurch sehr intensiven Erfahrungen ausgesetzt ist. Man stelle sich zum Beispiel vor, eine Strecke von zehn Kilometern zu laufen. Nach einer gewissen Zeit wird sich das Bewusstsein nur noch auf den physischen Körper richten. Man fühlt die Bewegungen des Körpers und denkt so gut wie gar nicht mehr. Man denkt nicht einmal mehr darüber nach, ob man nun weiterlaufen oder besser anhalten sollte. Alle Emotionen, Phantasien oder Geschichten sind abwesend. Die gesamte Aufmerksamkeit liegt beim physischen Körper und zwar in einem viel stärkeren Ausmaß als im alltäglichen Leben. Man könnte sagen, dass man in so einem Fall ganz zum physischen Körper wird.

Ebenso kann die Persönlichkeit ihre gesamte Aufmerksamkeit auf einen anderen Körper richten. Während bestimmter Meditationstechniken, wenn der physische Körper beispielsweise für eine längere Periode vollkommen still und bewegungslos dasitzt, kann man sich möglicherweise sehr bewusst werden über seinen eigenen ätherischen Energiekörper. Wenn die Wahrnehmung sich vom physischen Körper auf den ätherischen verschiebt, dann kann das Bewusstsein ein einheitliches Schwingungsfeld erfahren, in dem es unmöglich ist, die verschiedenen Teile des physischen Körpers weiterhin voneinander zu unterscheiden. Die Erfahrung des ätherischen Körpers verändert die Erfahrung des inneren Raums: Es gibt keine Möglichkeit mehr, beispielsweise den Raum zwischen zwei Fingern zu unterscheiden oder den Raum zwischen dem Schädel und den Fußsohlen. Physische Größe verliert bei der Erfahrung des ätherischen Körpers jegliche Bedeutung. Alles fühlt sich entweder sehr groß oder sehr klein an, und manchmal ist es sogar unmöglich, diese beiden Konzepte zu unterscheiden.

Eine einfache Übung, die vielen Menschen zu einer Erfahrung des ätherischen Körpers verhilft, ist das sehr langsame Bewegen eines Arms. Wenn man diese Erfahrung machen möchte, setzt man sich in bequemer Haltung hin, schließt seine Augen und legt seine rechte Hand auf sein Knie. Dann bewegt man seine Hand zu seiner linken Schulter, eine Bewegung, die normalerweise ein bis anderthalb Sekunden dauert. Danach legt man die Hand wieder auf das Knie zurück und wiederholt diese Bewegung. Aber diesmal lässt man sich für diese einfache Bewegung, die Hand zur Schulter zu führen, mindestens eine Stunde Zeit. Die Bewegung sollte so langsam sein, dass man nicht mehr unterscheiden kann, ob man den Arm bewegt oder nicht. Trotzdem bleibt aber ununterbrochen die *Absicht*, dass man den Arm bewegen will.

Viele Menschen, die diese Übung wirklich durchführen, erleben alle möglichen Veränderungen im Hinblick darauf, wie sie ihren Arm erleben, bis er schließlich nicht mehr wahrnehmbar ist. Was dann erfahren wird, ist einfach nur ein Energiefeld. Häufig verändert sich nicht nur die Wahrnehmung des Arms, sondern auch das gesamte Körperbewusstsein verändert sich bei dieser ungewohnten Erfahrung des ätherischen Körpers.

Man kann seine Aufmerksamkeit auch vollständig auf den astralen Körper richten, was zum Beispiel bei einem hypnotischen Trancezustand geschieht. Eine Person, die hypnotisiert wurde, kann sich in eine innere Welt der Erinnerungen, Bilder und Mythen zurückziehen und dabei das Gefühl für den physischen Körper und seine materielle Umwelt ganz und gar verlieren. Ein anderes Beispiel ist das Tagträumen. Auch hier bezieht sich die Aufmerksamkeit nur auf den astralen Körper. Nachdem man sich ganz in Gedanken und Bildern verloren hat, kann man plötzlich wieder für die physische Umgebung „erwachen" und wird sich wieder bewusst darüber, dass man ein Buch in den Händen hält oder am Fenster steht und in den Garten schaut.

Zu guter Letzt kann man das Bewusstsein auch auf den mentalen Körper verschieben, aber das lässt sich nur schwer beschreiben. Wenn die Wahrnehmung vollständig auf den mentalen Körper ausgerichtet ist, taucht das Bewusstsein in eine Welt der abstrakten Muster, die nur schwer mit Worten zu beschreiben sind. Eine solche Erfahrung ist auch eher eine Seltenheit und kommt normalerweise nur bei Menschen vor, die für eine längere Zeit in spiritueller Praxis und Konzentrationstechniken unterwiesen wurden, oder gelegentlich auch bei Menschen unter Einfluss von starken Drogen.

Die Beschreibung der vier Körper kann bis zu einem bestimmten Grad auf das schamanische Konzept der vielfachen Seele übertragen werden. Sowohl die vier Körper als auch die vielfache Seele bilden die Ganzheit des menschlichen Erfahrens in der latenten und manifesten Form. Den ätherischen Körper kann man leicht mit der Seele vergleichen, die den physischen Körper belebt. Beide, sowohl diese Seele als auch der ätherische Körper, sind sehr eng mit dem physischen Körper verbunden. Ist das Bewusstsein in dieser Seele oder dem ätherischen Körper gefestigt, besitzt man ein deutliches und starkes Selbstgefühl. Jedoch wird dieses Gefühl nicht von individuellen Merkmalen begleitet. Nach dem Modell der vielfachen Seele ist die Seele (oder Seelen) praktisch so gut wie eins mit dem physischen Körper – wie wir das auch beim ätherischen Körper gesehen haben. Die nächste Seele ist nicht direkt im, aber noch immer sehr dicht beim physischen Körper. Häufig wird sie sogar wie auf der physischen Haut lebend abgebildet. Der astrale Körper, der auf den ätherischen Körper folgt, ist größer als die physisch-ätherische Struktur und scheint um diese herum zu schweben. Dadurch erhalten wir die Vorstellung eines farbigen Energiefelds, das sich um die physische Substanz bewegt. Diese Vorstellung entspricht dem Bild der Seele, die den physischen Körper umhüllt.

Die folgende Seele wird normalerweise als Wesen gesehen, das in einer anderen Welt lebt und nur in Träumen zu Besuch kommt. Der mentale und astrale Körper sind in vieler Hinsicht den sich frei bewegenden Seelen sehr ähnlich. Der mentale Körper nimmt den gleichen Raum ein wie der astrale Körper, und beide umgeben und durchdringen den physischen Körper. Man könnte den mentalen Körper und die Seele, die weiter weg ist, möglicherweise auf diese Weise vergleichen, dass die Erfahrung des mentalen Körpers nur schwer zu fassen ist und sich nicht direkt in Worte, die wir eher für Beschreibungen gewöhnlicher Erfahrungen verwenden, übersetzen lässt. Darum kann man auch sagen, dass der mentale Körper mit Sicherheit von einer anderen Welt stammt.

Bei der Vorstellung der vielfachen Seele wird das Gefühl für die Vergangenheit und Zukunft von zwei unterschiedlichen Seelen getragen. Bei den vier Körpern trägt der astrale Körper die Erinnerungen, wohingegen die Fähigkeit des mentalen Körpers zukünftiges Planen ermöglicht.

Aber nicht alle Aspekte der vielfachen Seele korrespondieren mit dem Modell der vier Körper. Zum Beispiel wird die Seele, die die Träume bringt, als eine Seele gesehen, die sehr weit entfernt wohnt und nur gelegentlich zu Besuch kommt. Im gerade beschriebenen Modell der vier Körper würde dies eher dem personifizierten Aspekt der einen, größeren Seele zugeschrieben oder als eine Folge der Reisen des astralen Körpers gesehen werden.

In der Theorie der vielfachen Seele gibt es noch einen anderen Aspekt, der sich nur schwer auf das Modell der vier Körper übertragen lässt, nämlich der Gedanke, dass eine der verschiedenen Seelen einen Teil der Familienerinnerungen trägt und eine andere ausschließlich die persönlichen Erfahrungen. Soweit es mir möglich ist zu erkennen, kann ich sagen, dass die vier Körper, die Persönlichkeit und die Seele alle auf ihre eigene Weise Erfahrungen bewahren, indem sie diese in unterschiedliche Arten von Erinnerungen verwandeln. Die Seele bewahrt ein ursprüngliches Erlebnis wie ein statisches Bild oder Gefühl, das nicht verändert wird. Die Persönlichkeit dagegen entwickelt Geschichten über vergangene Geschehnisse. Erlebnisse werden gefiltert, und die Aufmerksamkeit wird so gesteuert, dass schmerzhafte Erinnerungen radikal verdrängt und positive Erfahrungen verstärkt werden.

Der astrale Körper trägt das, was wir normalerweise als Erinnerungen bezeichnen. Doch eigentlich sind es Bilder, die jeden Moment neu geschaffen werden, aber auf vergangenen Erlebnissen basieren, geformt nach den neuen Einsichten und Meinungen der Persönlichkeit. Die physischen, ätherischen und mentalen Körper bewahren Erinnerungen nicht als direkte Informationen. Stattdessen reagieren sie auf starke Erfahrungen, indem sie ihre Form verändern. Beispielsweise werden bestimmte Energiemuster oder -bahnen geöffnet oder, im Gegenteil, blockiert.

Außerdem bewahren die physischen, ätherischen und mentalen Körper Erinnerungen auf die gleiche statische Weise wie die Seele. Das sieht man zum Beispiel daran, dass eine spezielle Heilmassage zehn Jahre nach einer Knieverletzung noch immer bestimmte Schmerzen freisetzen kann. Etwas wurde also offensichtlich im Gewebe festgehalten. Jeder der vier Körper, die Seele und die Persönlichkeit werden auf ganz eigene Weise verletzt oder geschädigt.

Aufgrund dieser Beobachtungen wirft die schamanische Vorstellung der vielfachen Seele, die sich immer wieder in und aus einer bestimmten Familie inkarniert, generelle Fragen über die Reinkarnation auf: Reinkarniert sich die Seele oder reinkarnieren sich die ätherischen, astralen und mentalen Körper? Und wenn sich ein oder mehrere Körper reinkarnieren, wären sie in der Lage, ihre Erinnerungen in ihr nächstes Leben mitzunehmen? Und wie sieht es dann mit den persönlichen Erinnerungen im Vergleich zu den Familienerinnerungen aus? Im nächsten Kapitel „Die Gegenwart der Toten" werde ich das Thema Reinkarnation näher betrachten. Hier setze ich erst noch die Erkundung der vier Körper fort.

Nach der traditionellen schamanischen Vorstellung der vielfachen Seele sind alle Seelen beweglich. Selbst diejenigen, die eng mit der physischen Struktur verwoben sind, können sich bis zu einem bestimmten Grad bewegen. Die Fähigkeit der Seelen, sich zu bewegen und in eine der anderen Welten einzutauchen, wird als wichtiger Faktor in der Entwicklung bei Krankheiten gesehen. Die vier Körper sind ebenfalls frei beweglich, doch sind ihre Bewegungen meines Erachtens subtiler und kleiner als die der vielfachen Seele. Die subtilen Körper bewegen sich nicht in andere Welten. Trotzdem können schon die relativ subtilen Bewegungen, die die ätherischen, astralen und mentalen Körper im Verhältnis zum physischen Körper ausführen, leicht Unbehagen verursachen und auch der Grund für die Entwicklung von chronischen Krankheiten sein.

Zu einem Workshop kam einmal ein Mann, dessen Hand bei seiner Ankunft blutete. Als ich fragte, was passiert sei, erzählte er mir, dass ein Auto ihn am Vorderrad seines Fahrrads erwischt hatte und er dadurch auf die Strasse gefallen war. Außer einer Schürfwunde an seiner Hand, die nicht sehr tief war, hatte er keine weiteren Verletzungen. Dennoch fühlte er sich etwas unter Schock. Ich startete den Workshop mit einer Einführung in das Konzept der vier Körper. Ich erklärte der Gruppe etwas über die Eigenschaften der Körper, dass sie nach einem plötzlichen Trauma häufig ihren ursprünglichen Platz verändern. Danach nahm ich eine Rassel und sang für einen Moment, um mich selbst in einen leichten Trancezustand zu versetzen.

In diesem Zustand prüfte ich die Positionen des ätherischen, astralen und mentalen Körpers des jungen Mannes. Ich nahm wahr, dass sein ätherischer Körper sich etwas nach hinten und oben verschoben hatte, er überlappte nur noch teilweise den physischen Körper. Es sah für mich so aus, als schaute mich sein ätherischer Kopf über seine rechte physische Schulter an, was ein komischer Anblick war. Mithilfe einer schamanischen Technik packte ich den ätherischen Körper und klickte ihn zurück auf seinen ursprünglichen Platz.

Mein „Klient" schaute sich für einen Augenblick um und schien sehr verwundert. Seine Reaktion beeindruckte die anderen Teilnehmer der Gruppe, als er sagte: „Das fühlt sich gut an! Die Farben, die ich sehe, sind viel lebendiger. Ich habe seit langem nicht mehr so klare Farben gesehen. Und alles ist wieder scharf und deutlich zu erkennen. Es scheint, als ob eine Art Nebel sich aufgelöst hat!" Aus seiner Reaktion erkannte ich, dass die Verschiebung seines ätherischen Körpers, den ich wieder ins Gleichgewicht gebracht hatte, nicht im Geringsten durch den Fahrradunfall verursacht worden war. Es war vielmehr eine chronische Situation, die schon seit einer längeren Zeit bestanden hatte. Ansonsten wäre mein „Klient" über die Resultate meiner Arbeit nicht so erstaunt gewesen.

So merkwürdig es scheint, aber wenn einer der Körper aus seiner Position verrückt ist, nimmt eine Person nach einiger Zeit beinahe keine Auswirkungen dieser Veränderung mehr wahr. Wenn man sich durch eine Veränderung einer Position eines Körpers dauerhaft unvollständig fühlt, wird das nach einiger Zeit als ein Sich-gut-Fühlen empfunden. Das liegt daran, dass die negativen Auswirkungen nicht als so dramatisch von den Sinnen wahrgenommen werden und sich oft erst langsam aufbauen.

Eine Heilungszeremonie, die die Körper dann wieder in ihre richtige Position zurückbringt, kann hier eine positive Wirkung haben, so als ob die Fenster geputzt werden, nachdem sich monatelang Schmutz und Staub angesammelt haben. Wenn alle Körper in ihrer richtigen Position sind und gut zusammenarbeiten, scheinen alle Dinge wieder klarer und deutlicher zu sein, nicht nur die auditive und visuelle Wahrnehmung, sondern auch das Denken selbst.

Der schamanische Begriff „Seelenverlust" hat nur eine Funktion im traditionellen Schamanismus, weshalb ich ihn normalerweise auch nicht verwende. Jedoch ist mir aufgefallen, dass Veränderungen der Positionen der ätherischen, astralen oder mentalen Körper zu einer Reihe von Schwierigkeiten, seien es kleinere Unannehmlichkeiten oder auch chronische Krankheiten, führen kann. Doch bin ich nie einer Person begegnet, die einen oder alle ihrer ätherischen, astralen oder mentalen Körper verloren hat. Die einzige Ausnahme hier bilden Menschen, die seit langer Zeit im Koma liegen. Ein ätherischer, astraler oder mentaler Körper kann sich in einer sehr schlechten Verfassung befinden und manchmal so geschwächt sein, dass er beinahe nicht mehr anwesend ist, aber dennoch bleibt nach meinen Erkenntnissen ein Teil von ihnen immer da.

Wenn ich genau zuhöre, was Schamanen beschreiben, wenn sie auf die Suche gehen, um verloren gegangene Seelen aus einer der anderen Welten zurückzubringen, so behaupten sie nie, dass eine Seele vollständig verschwunden sei. Dadurch wird die Möglichkeit also nicht ausgeschlossen, dass einige der höheren Seelen in der Lage sind, sich in verschiedene Teile aufzuteilen, die dann individuell in den anderen Welten verloren gehen. Genau dieses Phänomen habe ich selbst häufig beim astralen Körper festgestellt. In meiner eigenen Erfahrung kann eine dauerhafte Verschiebung oder geschwächte Kondition eines Körpers oder mehrerer der vier Körper ähnliche Folgen verursachen wie der Seelenverlust im traditionellen Schamanismus, ohne dass sich ein bestimmter Körper erst vollständig ablösen und in einer anderen Welt verschwinden müsste.

Aber selbst in der traditionellen Beschreibung kann eine Person, die unter Seelenverlust leidet, noch immer teilweise ihre Fähigkeit behalten, sich an Ereignisse zu erinnern oder an die Zukunft zu denken. Es ist nicht so, dass bestimmte Funktionen der vier Körper ganz plötzlich und vollständig versagen. Auch wenn gewisse Prozesse der Körper weniger vital sind als vorher, so bleiben die Prozesse in sich selbst noch weiterhin relativ intakt. Auch dieser Punkt weist darauf hin, dass der traditionelle Seelenverlust nicht bedeutet, dass einer der höheren Körper vollständig verloren geht.

Die vier Körper dienen als Träger für die Energie und die Gegenwart der Seele. Wenn einer der Körper seine Position verändert oder in einem schlechten Zustand ist, kann er nur einen Teil seiner bestimmten Funktionen erfüllen. Eine Person erfährt dann einen Verlust in der Quantität und Qualität der Stärke und Führung, die ihr eigentlich aus der Seele zukommen. In diesem Sinne ist bei einer Veränderung der vier Körper der Begriff „Seelenverlust" passend. Eine typische Folge der schwindenden Anwesenheit der Seele in den vier Körpern kann unter anderem sein, dass die Person ihr Interesse am Leben verliert, sich von anderen abgekapselt fühlt, obsessives Denken oder wiederholte Bilder von bestimmten problematischen Erinnerungen erfährt, die Sicht über ihre Lebensstruktur verliert, sich desorientiert fühlt oder schließlich in Depressionen verfällt.

Das Überprüfen der Positionen und Konditionen der vier Körper hat sich für mich und die Menschen, die ich ausgebildet habe, als ein gutes Hilfsmittel in vielen Situationen bei der schamanischen Arbeit erwiesen. Indem man das Modell der vielfachen Seele, der vier Körper und der Persönlichkeit benutzt, kann man viel über den Ursprung und die Behandlung von Krankheiten lernen, auch über einige Arten von Geisteskrankheiten. Die vier Körper beeinflussen die Persönlichkeit, die die Aufgabe hat, einen Zusammenhang zwischen den Ereignissen und Aktivitäten der vier Körper herzustellen und sie zu einer zusammenhängenden Erfahrung der Wirklichkeit zu vereinigen.

Ich stelle hin und wieder fest, dass jemand zwar geistig behindert zu sein scheint, aber seine Persönlichkeit eigentlich im Wesentlichen trotzdem perfekt und gut funktioniert. In solch einem Fall können sich die Informationen eines Körpers so störend auswirken, dass die Persönlichkeit einfach keinen sinnvollen Zusammenhang daraus ableiten kann, wodurch sich die gesamte Erfahrung der Realität verändert. Hierbei kann eine schamanische Heilungszeremonie von einem ausgebildeten und erfahrenen Therapeuten sehr passend und hilfreich sein, sogar für Menschen, die als schizophren oder psychotisch diagnostiziert wurden. Geisteskrankheiten können allerdings auch in der Persönlichkeit selbst verursacht werden, während sich die vier Körper noch in ihren relativ guten Positionen befinden. Wenn dies der Fall ist, sollte die Behandlung einem Psychiater oder Psychotherapeuten überlassen werden, da eine schamanische Behandlung den Klienten wahrscheinlich nur noch mehr verwirren würde.

Auf der einen Seite beeinflussen die vier Körper also die Persönlichkeit, aber auf der anderen Seite gibt es auch eine Bewegung in die entgegengesetzte Richtung. Die Persönlichkeit beeinflusst auch die vier Körper. Sie steuert das Denken und entscheidet, was in den verschiedenen Kontexten wichtig oder möglich ist. Sie fällt die Entscheidungen, die eine direkte Auswirkung auf die Kondition der Körper haben. Wenn zum Beispiel jemand längere Zeit im Meer schwimmt, wird der physische Körper nach einer Weile müde und signalisiert, dass es Zeit wird, ans Ufer zu gehen und eine Pause einzulegen. Die Persönlichkeit kann sich dann entscheiden, diese Signale zu ignorieren, da sie möglicherweise will, dass der Körper trainiert und stärker werden soll. Der Schwimmer schwimmt also weiter, und der physische Körper wird trainiert und lernt langsam, ausdauernder zu schwimmen, ohne Pause zu machen.

So kann auch der astrale Körper trainiert werden. Eine Person sieht zum Beispiel in einer Zeitschrift in einem Restaurant ein Foto, das bei ihr unangenehme Assoziationen hervorruft, die mit negativen persönlichen Erinnerungen zusammenhängen. Der astrale Körper reagiert darauf mit überwältigend starken Gefühlen. Die Persönlichkeit kann diesen Prozess dann eindämmen, indem sie beispielsweise entscheidet, dass es nicht angemessen ist, in einem Restaurant laut zu schreien. So wird sie den astralen Körper kontrollieren und ihn dazu drängen, Fähigkeiten zu entwickeln, seine Emotionen auszuhalten, ohne tiefer in sie hineinzutauchen.

Die Interaktion zwischen den vier Körpern und der Seele geschieht in beide Richtungen: Die Seele gibt den vier Körpern Kraft und hilft ihnen, sich zu formen, während die Erfahrungen der vier Körper wiederum einen Einfluss auf die Seele haben und ihr helfen, sich zu entwickeln.

Ein wichtiger Aspekt dieses Modells der vielfachen Seele, der vier Körper und der Persönlichkeit ist, dass die Seele und die Persönlichkeit außerhalb der unmittelbaren, direkten Reichweite füreinander sind. Wenn man sich ihre Beziehung, den räumlichen Abstand betreffend, vorstellt, so stehen die vier Körper zwischen ihnen, wodurch eine direkte Interaktion unmöglich gemacht wird. Die Seele und die Persönlichkeit sind unterschiedliche und voneinander getrennte Bereiche. Wie ich schon zuvor erwähnt habe, hat das gewohnte Denken der Persönlichkeit keinen Zugang zu der Erfahrung der Zeitlosigkeit, der inneren Erfahrung der Seele. Die Seele und die Persönlichkeit sind sich einander kaum bewusst, aber gleichzeitig müssen sie sich durch ihre gemeinsame Verbindung mit den vier Körpern ständig mit den Stärken und Schwächen des anderen auseinandersetzen.

Die Seele und die Persönlichkeit können jedoch schrittweise lernen, sich aneinander zu gewöhnen, an den anderen anzupassen und schließlich gegenseitig die Hand zu reichen. Das passiert allerdings erst, wenn die vier Körper durch spirituelle Übungen vollständig geläutert wurden. Dann kann die Seele mit zunehmender Kraft durch sie hindurchscheinen, und die Persönlichkeit passt sich immer mehr der Kraft und Weisheit der Seele an. Sind die vier Körper gereinigt und geläutert, so behindern sie nicht länger die Kommunikation zwischen der Seele und der Persönlichkeit, sondern wirken vielmehr als eine direkte Leitung.

Die Persönlichkeit kann darin trainiert werden, empfänglicher für die Seele zu werden. Sie muss lernen, die innere Erfahrung der Stille zu bewahren, die die Seele benötigt, um sich selbst wahrnehmbar zu machen. Durch Gebete kann die Persönlichkeit solche Denkstrukturen erschaffen, die die Seele einladen, in die unmittelbare Nähe zu kommen. Die Seele und die Persönlichkeit werden zwar immer getrennt voneinander bleiben, aber sie können dennoch lernen, dicht nebeneinander zu funktionieren.

10. Die Gegenwart der Toten

In den letzten Jahren wurde innerhalb der Kreise der Menschen, die sich mit der Entwicklung der systemischen Arbeit beschäftigen, die Frage gestellt, ob die Toten, die in den Aufstellungen repräsentiert werden, auf gleiche Weise Heilung erfahren wie die Lebenden. Diese Frage hat viele Reaktionen ausgelöst und mehrere Diskussionen in Gang gebracht. Einige Menschen sind froh, dass dieses Thema angesprochen wird. Für sie ist es klar, dass die Toten auf eine besondere Weise noch immer lebendig sind und direkt von den Aufstellungen profitieren können.

Andere Menschen dagegen sind davon überzeugt, dass die Toten nicht mehr als unabhängige Seelen leben. In ihrer Vorstellung sind die Toten in den Aufstellungen nur Aspekte der Seele des Klienten. Für sie sind die Toten nicht mehr vorhanden, diese leben nur in der Erinnerung ihrer Lieben weiter. Wenn eine Person dann eine Heilung erfährt, werden auch diese Teile in ihr, da sie integrierte Aspekte ihrer Seele sind, geheilt.

Eine dritte Gruppe Menschen fühlt sich bei dieser gesamten Diskussion sehr unwohl, da man über die Auseinandersetzung mit diesem Thema den Eindruck bekommen könnte, dass das Familien-Stellen ein spirituelles Phänomen sei. Ihrer Meinung nach sollte es stattdessen als rein therapeutische Methode gesehen werden. Die Diskussion über die Heilung der Toten führt in ihrer Vorstellung zu einer gefährlichen Mystifizierung der systemischen Arbeit.

Wenn man diese verschiedenen Standpunkte betrachtet, scheint es, als ob diese Diskussion zu keiner deutlichen Lösung kommen kann. Die eigentliche Frage, um die sich alles dreht, nämlich ob die Toten durch das Aufstellen auch geheilt werden können, spielt bei der Auseinandersetzung scheinbar gar keine relevante Rolle. Offensichtlich prallen hier eher verschiedene Ansichten über die Wirklichkeit aufeinander. Die verschiedenen Meinungen werden von heftigen Gefühlen begleitet und zeitweise wild von den Menschen verteidigt, die aktiv an dieser Diskussion beteiligt sind. Wenn man sich als einzelnes Wesen sieht und definiert, das prinzipiell unabhängig, einzigartig und von anderen getrennt ist, und man sein Leben und Schicksal frei wählen kann, dann ist eine daraus folgende Konsequenz, dass die Toten außerhalb unserer Reichweite sind, entschwunden und verloren. Und das betrifft nicht nur die Toten, sondern auch die Lebenden. Allerdings ist dies nicht unmittelbar erkennbar. Sieht und definiert man sich hingegen nicht nur als Teilnehmer am Leben, sondern vielmehr als Teil einer größeren Kraft, die einen mit allem anderen verbindet, dann wird die Frage, ob die Toten geheilt werden können, irrelevant. Wie kann den Toten, mit denen man sich schließlich auch verbunden fühlt, die Heilung abgestritten werden? Die Gefahr bei einer Diskussion über die Toten ist, dass sich schnell ein heftiger Streit zwischen den Teilnehmern darüber entwickeln kann, wer Recht hat und wer im Unrecht ist.

Meiner Beobachtung zufolge haben viele Menschen, die in eine solche Diskussion verwickelt sind, nur begrenzte Erfahrungen in ihrer Arbeit mit der eigentlichen Gegenwart der Toten. Die meisten sind wohl sehr erfahren auf ihrem eigenen professionellen Gebiet, zum Beispiel als gute Therapeuten. Die therapeutische Sprache ist jedoch schon von ihrer Natur aus nicht das geeignete Medium, um zu ergründen, ob die Toten Heilung erfahren können. In der psychotherapeutischen Sprache sind die Toten nur in der Erinnerung gegenwärtig, einer Gegenwart, die kein wirkliches, eigenes Leben in sich selbst besitzt, jedoch die Lebenden beeinflussen kann.

Die Menschen, deren Erfahrung der Toten sich nur darauf beschränkt, dass sie in den Aufstellungen sehen, wie tote Familienmitglieder repräsentiert werden, haben nur eine begrenzte Wahrnehmung der Toten. Sie können nur das Auftauchen der Toten in der einen Aufstellung mit ihrem Erscheinen in einer anderen Aufstellung vergleichen. Das Familien-Stellen kann uns verschiedene, sehr wichtige Dinge lehren, aber es kann uns nicht zu einer endgültigen Schlussfolgerung darüber führen, ob die Toten Heilung erfahren können. Bevor man sich mit dieser Frage auseinander setzt, sollte man sich besser zunächst mit anderen Beobachtungen aus Aufstellungen befassen, wie beispielsweise, dass die Toten sich auf verschiedene Weise manifestieren können.

Da ich die spirituelle Dimension des Familien-Stellens aus der schamanischen Perspektive ergründen möchte, werde ich nun insbesondere darauf eingehen, was die Schamanen über die Toten beobachtet und zu sagen haben. Ich werde hier auf traditionell schamanisches Wissen eingehen und es in moderne Bilder und Konzepte übersetzen, sodass es für die westliche Denkweise verständlich wird. Außerdem werde ich auch Beobachtungen beschreiben, die ich selbst in meiner schamanischen Arbeit gemacht habe.

Zu Beginn möchte ich auf den Prozess des Sterbens eingehen, da dies automatisch zu einer Beschreibung der Situation der Toten führt. Im Laufe der Jahre haben Generationen von Schamanen und Medizinmännern detaillierte und sorgfältige Beschreibungen über den Sterbeprozess gesammelt. Wenn ein ausgebildeter Schamane im Trancezustand ist, kann er sein Bewusstsein in die mehr subtilen Körper zurückziehen, die die Träger der Seele sind. In diesem Zustand kann der Sterbeprozess aus der Perspektive der ätherischen, astralen und mentalen Ebene sehr genau beobachtet werden.

Wie ich im vorherigen Kapitel erläutert habe, besteht jede Person aus vier Körpern: einem physischen, ätherischen, astralen und mentalen Körper. Die Seele stärkt jeden dieser Körper und tauscht Informationen mit ihnen aus. Auf diese Weise beeinflussen sich sowohl die Seele als auch die vier Körper ständig gegenseitig. Die Persönlichkeit ist der Bewacher und Steuermann der Aufmerksamkeit. Auch die Persönlichkeit und die vier Körper beeinflussen sich gegenseitig. Während des Sterbeprozesses sind die Seele, die vier Körper und die Persönlichkeit auf unterschiedliche Weise betroffen.

Wenn jemand stirbt, hört zuerst der physische Körper auf zu funktionieren, womit ein Prozess des Verfallens beginnt: Der Körper vergeht in kürzester Zeit. Sobald sich der ätherische, astrale und mentale Körper vom physischen Körper gelöst haben, zieht sich auch die Persönlichkeit aus ihm zurück. Nach dem physischen Tod haben der ätherische, astrale und mentale Körper und die Persönlichkeit keinen physischen Anker mehr, und so verlieren sie allmählich den Kontakt mit der physischen Welt.

Einige Tage nach dem Tod des physischen Körpers beginnt auch der ätherische Körper zu zerfallen. Der ätherische Körper ist so eng mit dem physischen Körper verbunden, dass er seine Struktur ohne den physischen Körper nicht aufrechterhalten kann. Meistens lösen sich dann der astrale und mentale Körper ungefähr drei Tage nach dem Tod des physischen Körpers von dem zugrunde gehenden ätherischen Körper. Bei einer Person, die mithilfe von spirituellen Praktiken gelernt hat, den ätherischen Körper zu stärken, geschieht das erst zu einem späteren Zeitpunkt, möglicherweise nach einer oder mehr Wochen.

Wenn der astrale und mentale Körper von der ätherischen Struktur gelöst sind, können sie sich in die Geisterwelten zurückziehen, deren Beschaffenheit astral-mental ist. An diesem Punkt des Prozesses fällt auf, dass die Persönlichkeit im Grunde noch intakt ist. Die Persönlichkeit ist das Medium, das mit jedem der vier Körper verbunden ist. Nachdem nun der physische und ätherische Körper weggefallen sind, hat die Persönlichkeit zwar eine begrenztere Struktur bekommen, aber sie funktioniert nach wie vor. Da allerdings die Impulse des astralen und mentalen Körpers nun nicht mehr durch den dichteren, langsameren physischen Körper und den ätherischen Körper gebremst und im Gleichgewicht gehalten werden, beginnt die Persönlichkeit auf ähnliche Weise auf ihre Umwelt zu reagieren, so wie die Lebenden es aus ihren nächtlichen Träumen kennen.

In den Träumen sind die Verbindungen zwischen dem astralen und dem mentalen Körper wie auch zwischen dem physischen und dem ätherischen Körper zeitweise geschwächt. Das hat zur Folge, dass nur ein geringes Maß an kritischem Bewusstsein vorhanden ist und Assoziationen und emotionale Impulse die Persönlichkeit regieren. Nach dem physischen Tod kann ein Verstorbener sich sehr leicht in diesen traumähnlichen Zustand verirren, gefangen in den Impulsen und heftigen Reaktionen seines astralen Körpers auf alles, was ihm begegnet.

In diesem Zustand, mit einer in der Wahrnehmung eingeschränkten Persönlichkeit, kann ein Verstorbener noch lange, bis zu einigen Jahren, in seinem astralen und mentalen Körper leben. Wenn die Person zu Lebzeiten gelernt hat, ihre Gefühle zu kontrollieren, anstatt von ihnen beherrscht zu werden, kann sie jetzt sehr stark davon profitieren. Viele schamanische und tibetisch-buddhistische Praktiken haben speziell zum Ziel, die Kontrolle über das Bewusstsein im Schlaf, während der Träume, zu behalten. Das wird – neben dem Lernen, die Gefühle zu beherrschen, ohne sie zu unterdrücken – als beste Vorbereitung für den Tod gesehen.

Der astrale und mentale Körper werden schließlich auch langsam schwächer und verlieren an Substanz. Wenn sie zerfallen, löst sich auch die Persönlichkeit auf. Der individuelle Teil der Seele wird dann ohne Vehikel zurückgelassen. Sie zieht sich dann automatisch vollständig zurück in die größere Seele – obwohl beide auf eine bestimmte Art niemals wirklich voneinander getrennt waren.

Kleine Aspekte der größeren Seele verbinden sich immer wieder aufs Neue mit den noch ungeborenen Kindern, die im Leib ihrer Mutter heranwachsen. Ob dieses Phänomen Reinkarnation genannt werden kann, ist eine Frage der Perspektive. Die Seele selbst ist nicht die Persönlichkeit. Wenn mit Reinkarnation die Rückkehr des wahren „Selbst" gemeint ist, so kann der Prozess der Seele, sich mit einem Fötus im Mutterleib zu verbinden, nicht Reinkarnation genannt werden. Die Persönlichkeit hat sich aufgelöst, als der astrale und der mentale Körper letztendlich ihre Struktur verloren haben. Diese spezifische Wahrnehmung des „Ich" wird nicht wieder geboren.

Etwas wird allerdings aus dem individuellen Leben von der kleinen Seele mitgenommen, wenn sie sich in die größere Seele zurückzieht. Die Seele trägt zwar nicht die Vielzahl an Anekdoten, Bildern und Erinnerungen, die die Persönlichkeit so liebt, aber sie wird eine Art Gesamtbild, einen bestimmten Nachgeschmack beibehalten, ohne viele Details. Die kleinere Seele hat sich außerdem im Laufe der Entwicklung auch verändert, da sie mit den vier Körpern während eines ganzen Lebens verbunden war. Sie besitzt nun einige Eigenschaften, die sie zuvor nicht hatte. Einige ihrer ursprünglichen Neigungen wurden möglicherweise gestärkt oder geschwächt, bestimmte Qualitäten haben sich vielleicht neu entwickelt. Obwohl diese zwar individuelle Eigenschaften sind, vermitteln sie dennoch nicht das spezifische Gefühl für das Selbst, das so einzigartig und typisch für die Persönlichkeit eines Menschen ist.

Die Seele ist Teil von etwas Großem und kennt keine Grenzen. Die Persönlichkeit dagegen ist von allem um sich herum getrennt. Wenn ein Kind geboren wird, sind der physische und der ätherische Körper komplett entwickelt, und auch der astrale und der mentale Körper sind schon im Ansatz da, jedoch sind sie noch ungeformt und haben wenig Struktur. Alle vier Körper tauschen ständig mit der Seele Informationen aus. Da die Persönlichkeit erst durch die Interaktion zwischen den vier Körpern und ihrer Umgebung entsteht – durch ihre Einwirkung auf die vier Körper –, hat die Seele einen indirekten Einfluss auf die Bildung der Persönlichkeit des Kindes. Die Seele kann sowohl positive als auch negative Tendenzen mit sich bringen, wodurch ihr Einfluss auf das Kind zum Vorteil oder Nachteil sein kann.

Manchmal verbindet sich die Seele mit einem ungeborenen Kind, das noch in einen geschwächten astralen und mentalen Körper gehüllt ist. In solch einem Fall kann man erwarten, dass das „frühere Leben" des Kindes auf eine gewisse Art einen direkteren Einfluss auf die Bildung der neuen Persönlichkeit hat. Die unterschiedlichen spirituellen Traditionen haben verschiedene Auffassungen, warum und wie häufig dieses Phänomen auftritt, und nur wenige stimmen darin überein. Es kommt mir so vor, als ob es da verschiedene Möglichkeiten gibt: Offensichtlich kennt die Seele unterschiedliche Arten, sich zu inkarnieren.

Die Seele selbst hat ihre eigenen individuellen Merkmale, sie bleibt aber gleichzeitig auch Teil von etwas Größerem. Wirkliche Trennung und Individualität existieren nur auf der Ebene des physischen Körpers und der Persönlichkeit. Die Grenzen zwischen den subtileren Körpern und ihrer Umgebung sind weniger strikt. Nach dem Tod sind der astrale und mentale Körper noch weiterhin Träger für die individuelle Seele, aber die Persönlichkeit, die sich nun teilweise aufgelöst hat, begrenzt die Seele nur noch in geringerem Maße. Die Seele ist nun freier und kann ihre Aufmerksamkeit mehr ausdehnen.

Nach dem physischen und ätherischen Tod macht sich ein erster Teil der größeren Seele für die individuelle Seele bemerkbar, die in der systemischen Arbeit manchmal die Familienseele genannt wird. Vom schamanischen Standpunkt aus ist der Begriff „Familienseele" allerdings zu begrenzt, da nicht nur Familienmitglieder in diese Ausdehnung der Seele einbezogen werden. Nach dem Tod öffnet sich die individuelle Seele auch für die Seelen anderer Menschen, die der Person im Leben nahe standen, wie zum Beispiel Lebenspartner und gute Freunde. Wenn eine Person ein bestimmtes Hobby oder eine spezielle Leidenschaft besaß, die sein Leben in starker Weise beeinflusst hat, so können auch unbekannte Menschen, die die gleiche Leidenschaft teilen, in die Ausdehnung der Seele einbegriffen werden. Obwohl der Begriff „Familienseele" eigentlich zu begrenzend ist, werde ich ihn hier trotzdem weiter verwenden, da ich auf die Inhalte achte, die wichtig für das Familien-Stellen sind.

Nach dem Tod dehnt sich die kleinere Seele also aus und nimmt dann in sich selbst die Familienseele wahr, die Gegenwart der anderen. Diese erweiterte Wahrnehmung motiviert den Verstorbenen, sich in die unmittelbare Nähe dieser anderen Seelen zu begeben. Im Idealfall fühlt sich die Seele nach dem Tod speziell von den Menschen angezogen, die vor ihr verstorben sind und schon Frieden in der Geisterwelt gefunden haben.

Nach dem Tod ziehen sich die meisten Teile einer Person tief in die astrale Welt zurück, in die Bereiche, in denen die zuvor Verstorbenen leben. Idealerweise wendet sich die Aufmerksamkeit des gerade Verstorbenen von den noch Lebenden ab. In diesem Zustand kann er dann noch für viele weitere Jahre leben, bis sich sein astraler und mentaler Körper und die Persönlichkeit schließlich auch auflösen. Dann kann sich seine Seele vollständig in die größere Seele zurückziehen.

Der Tote kann jedoch auch noch an seinen geliebten Hinterbliebenen interessiert sein, die noch leben. Viele Menschen, die sterben, haben ihre Aufmerksamkeit noch in einem gewissen Grad für mehrere Jahre auf die Lebenden gerichtet. Sie haben sich zwar in die anderen Welten zurückgezogen, aber schauen zwischenzeitlich in den Träumen der Lebenden vorbei, um ihnen zum Beispiel mitzuteilen, dass es ihnen gut geht, oder um den Hinterbliebenen Unterstützung anzubieten. In manchen Fällen, wenn die Toten noch etwas belastet sind, können sie die Lebenden bitten, ihnen dabei zu helfen, das aufzulösen, was sie in ihrem physischen Leben nicht mehr klären konnten.

Einige andere Individuen reisen nach ihrem Tod überhaupt nicht in die anderen Welten. Sie bleiben am Rande der astralen Welten hängen und sind mit ihrer Aufmerksamkeit auf die physische Welt gerichtet, häufig auf ihre Familie und Freunde oder aber auf ihre Feinde und Opfer, wenn sie solche haben. Menschen, die bei einem Unfall, als Opfer von Gewalt oder unter Narkose im Krankenhaus gestorben sind, bleiben ebenfalls manchmal auf die physische Welt eingestimmt, da sie einfach noch nicht bemerkt haben, dass sie gestorben sind.

Wie ich schon vorher dargestellt habe, ist die Persönlichkeit der Toten, die nur in ihren astralen und mentalen Körpern leben, teilweise verstört. Verstorbene können in diesem Zustand nicht mehr so klar und logisch denken wie Menschen, die physisch am Leben sind. Ein typisches Merkmal von nächtlichen Träumen ist, dass Menschen selten irgendwelche Schlussfolgerungen aus merkwürdigen Dingen ziehen, die sich darin ereignen. Sie reagieren auf ungewöhnliche Ereignisse, als ob diese normal wären. Träumen ist mit dem Zustand der Seelen nach ihrem Tod zu vergleichen. Sie sind sich nur vage darüber bewusst, dass etwas Ungewöhnliches vor sich geht, aber sie ziehen keine direkten Konsequenzen daraus.

Im Hinblick auf die Beziehung der Toten zu den Lebenden ist es – vom schamanischen Standpunkt aus gesehen – das Beste, wenn die Toten sich in ihre eigene Welt zurückziehen. Sie sollten nicht ermutigt werden, noch länger hier zu bleiben. Ihre Arbeit in der physischen Welt ist vorbei, und wenn sie sich weiter auf diese Ebene richten, führt das zu unnötigen Frustrationen. Aber selbst wenn die Toten sich in die Geisterwelt zurückziehen, bleiben trotzdem beide, die Hinterbliebenen und die Verstorbenen, weiterhin miteinander verbunden. Über die Seele bleiben die Lebenden und die Toten weiterhin miteinander in Kontakt.

Wenn die Verstorbenen, die mit uns verbunden sind, glücklich sind, werden wir ihre Freude als Kraft und Unterstützung in unserer eigenen Seele wahrnehmen. Sind sie dagegen unglücklich, fühlen wir uns irgendwie ruhelos und gereizt. Das gleiche Prinzip gilt auch anders herum: Wenn wir unglücklich sind, wirft es einen Schatten in die Welten der Geister. Aber auf der anderen Seite fühlen sie auch unsere Freude in ihren Seelen, was ihnen Kraft verleiht, den Herausforderungen ihrer Existenz gewachsen zu sein. Obwohl sich die Toten also in ihre Welt zurückziehen, tragen wir trotzdem eine gewisse Verantwortung für ihr Wohlbefinden, genau wie sie ebenso eine gewisse Verantwortung für unser Wohlbefinden haben.

Es ist eine der gewohnten Aufgaben in der schamanischen Arbeit, den Menschen zu helfen, die sich nach ihrem Tod nicht darüber bewusst sind oder sich nicht trauen, die physische Welt hinter sich zu lassen. Diese Art der Arbeit wird regelmäßig von allen schamanischen Heilern ausgeführt. Tote, die in ihrem astralen Körper umherirren, sind von einem ausgebildeten Schamanen leicht zu erkennen. Er wird dann versuchen, Kontakt mit ihnen aufzunehmen, und schauen, wie man ihnen helfen kann, sich in die nächste Welt weiterzubewegen.

Viele Schamanen werden zu Schamanen, da sie schon in ihrer Kindheit die natürliche Gabe besaßen, die Toten zu sehen, die sich auf der physischen Ebene befinden. Es kann leicht geprüft werden, ob ein Kind tatsächlich die Toten sehen kann, da ein erfahrener Schamane sie auch wahrnimmt. Um zu überprüfen, ob ein Kind echte Visionen von Geistern hat, wird ein Schamane möglicherweise das Kind befragen, was es genau wahrnimmt, wenn die Toten anwesend sind. Stimmen dessen Wahrnehmungen mit seinen überein, wird es später als Schamane ausgebildet.

Andere werden zum Schamanen ausgebildet, nachdem sie eine Nah-Tod-Erfahrung erlebt haben. Bei einer Person, die sehr krank ist und sich an der Schwelle des Todes befindet, löst sich die Seele teilweise vom physischen und ätherischen Körper und beginnt, sich in die Geisterwelt zurückzuziehen. Da die Verbindung mit der physischen Welt so schwach wird, zieht sich die Seele, die nur in den astralen und mentalen Körper gehüllt ist, weiter zurück, als es normalerweise möglich wäre. Eine Person, die bewusst so tief in die andere Welt eingetaucht ist, wird als ein anderer Mensch zurückkommen, da sich ihre Wahrnehmung der Realität grundlegend verändert hat.

Während diese Person tief in die andere Welt vorgedrungen ist, wurde sie möglicherweise auch von den Geistern und Seelen, die dort leben, bemerkt. Bei ihrer Rückkehr in die Welt der Lebenden kann ein Hilfsgeist ihr gefolgt sein. Da diese Person durch ihre Erfahrung die Kenntnis erworben hat, wie man aus der Welt der Toten zurückkehren kann, und zusätzlich noch in Begleitung eines Hilfsgeistes ist, besitzt sie die notwendige Qualifikation, gerade Verstorbenen zu helfen, sich in die andere Welt zu bewegen. Auch eine solche Person wird anschließend durch einen Schamanen darin ausgebildet, von ihren Fähigkeiten Gebrauch zu machen.

Das Gegenteil ist beim Familien-Stellen der Fall: Wenn eine Person ein Begleiter beim Familien-Stellen werden will, muss sie nicht erst eine Nah-Tod-Erfahrung erlebt haben oder eine spezielle Gabe besitzen, die Toten zu sehen. Einerseits ist das sehr gut, da auf diese Weise viel mehr Menschen in der Lage sind, den Toten zu helfen, als nur die wenigen, die mit ihnen in ihren astralen Körpern kommunizieren können. Vom traditionellen schamanischen Standpunkt aus gesehen, ist das andererseits aber auch nicht immer positiv, da nicht nur die heilenden Folgen einer Aufstellung die Toten unterstützen, sondern auch die Einstellung des Schamanen oder Begleiters einen direkten Einfluss auf sie hat: Es liegt nicht nur an der Aufstellung allein, ob die Toten Heilung erfahren können, sondern auch am Begleiter. Da die Toten einen Teil ihrer Persönlichkeit verloren haben, sind viele von ihnen auf eine gewisse Weise nicht mehr so stark. Selbst nach einer Heilung verirren sie sich möglicherweise wieder oder fallen zurück in Trauer oder Verlustgefühle. Ein Schamane weiß das und kann den Toten auch nach dem Ritual weiterhelfen, indem er auf bestimmte Weise an sie denkt. Nach dem Ritual wird der Schamane eine Zeit lang nicht einfach nur an die Toten denken, als ob er sich an sie erinnerte. Er wird vielmehr seine eigenen Gedanken deutlich ausrichten und auf diese Weise den Toten helfen, ihren Verstand ausgerichtet und stark zu halten.

Am besten hilft man den Toten, indem man sie sich regelmäßig vorstellt mit einer gut funktionierenden Persönlichkeit, einem klaren, deutlichen Gefühl für ihre Bestimmung und ihr Ziel und mitsamt ihren konzentrierten und freudigen Gedanken. Die Toten können diese Bilder absorbieren und sich dadurch besser erinnern, wer sie sind. Solche positiven Bilder wirken als Spiegel, und die Toten werden dadurch gestärkt. Wenn der Schamane, der den Toten geholfen hat, anschließend auf diese Art an sie denkt, können die Toten sich an ihre Aufgabe erinnern: zurückzukehren in die anderen Welten.

Wenn ein Begleiter beim Familien-Stellen in einer Aufstellung dazu beiträgt, dass eine Lösung für den repräsentierten Toten gefunden werden kann, so ist das eine gute Sache. Wenn der Begleiter nach der Aufstellung auch noch weiterhin respektvoll an den Toten denkt und das Schlussbild der heilenden Bewegung in der Zeitlosigkeit seiner eigenen Seele bewahrt, ist das noch besser. Auf diese Weise können alle am meisten von der Heilung der Aufstellung profitieren.

Wenn ein Begleiter jedoch nach der Aufstellung behauptet, die Toten existieren eigentlich nicht wirklich und können darum auch nicht geheilt werden, so schwächt er, vom schamanischen Standpunkt aus gesehen, die Wirkung der heilenden Bewegung der Aufstellung, nicht nur für die Toten, sondern auch für die anderen Menschen, die repräsentiert wurden, den Klienten eingeschlossen – und letztendlich auch für seine eigene Seele.

11. Die Seele im Aufstellungsprozess

In den vorangehenden Kapiteln wurden schon unterschiedliche Aspekte des Prozesses des Familien-Stellens untersucht, um mögliche Antworten auf die noch offenen Fragen zu finden. In diesem Kapitel möchte ich, Schritt für Schritt, die zugrunde liegenden energetischen Prozesse bei der Aufstellung in ihrer Ganzheit betrachten. Bevor ich jedoch zu den verschiedenen Phasen der Aufstellung komme, fasse ich noch einmal kurz die Bilder und Konzepte über die Seele und die Geister zusammen, die wir bisher besprochen haben.

Zu Beginn betrachteten wir das Konzept der Zeitlosigkeit. In unserem Inneren können wir eine zeitlose Qualität finden, die auch die Eigenschaft eines inneren Raums beinhaltet. Diese Zeitlosigkeit befindet sich außerhalb der Reichweite der Persönlichkeit. Wenn das Bewusstsein auf die Zeitlosigkeit ausgerichtet ist, haben die gewöhnlichen Gedankenmuster nur noch wenig Kraft oder lösen sich sogar zeitweilig auf. Ich sehe diese Wahrnehmung als eine Erfahrung unserer eigenen Seele, die ein individualisierter Aspekt der größeren Seele ist, die wir unser Eigen nennen können.

Danach besprachen wir, wie die anderen Seelen und Geister sich in temporäre Körper hüllen müssen, um von unseren Sinnesorganen erfasst und erkannt zu werden. Wir können unsere eigene Seele in unserem Inneren in der Stille der Zeitlosigkeit wahrnehmen, aber wenn wir einen Geist oder eine Seele außerhalb von uns erkennen wollen, benötigen diese irgendeine Gestalt oder ein Vehikel. Als Illustration für das Vehikel, das von den Seelen benutzt wird, verwendete ich das Bild von den Radiowellen, die auf bestimmten Frequenzen schwingen. Die Seele kann dann zwar mit dem Äther verglichen werden, in dem die Frequenzen existieren, aber sie kann in ihrem reinen Zustand weder von uns gesehen noch gehört werden.

Im Anschluss daran behandelten wir verschiedene Aspekte des traditionellen schamanischen Modells der vielfachen Seele. Alle Seelen eines Individuums besitzen unterschiedliche Eigenschaften. Sie sind in der Lage, sich frei umherzubewegen, mit Ausnahme derer, die direkt für die Belebung des physischen Körpers verantwortlich sind. Ich erwähnte auch die traditionelle Vorstellung vom Seelenverlust, wenn eine der Seelen hinweggleitet in die Geisterwelt und den Kontakt mit ihrem Eigentümer verliert.

Anschließend erklärte ich das Modell der einen Seele, der physischen, ätherischen, astralen und mentalen Körper und der Persönlichkeit. Sowohl die Seele als auch die Persönlichkeit sind beide in ständiger Interaktion mit den vier Körpern, und alle beeinflussen sich gegenseitig. Ich erläuterte, wie das traditionelle Konzept eines Seelenverlustes sich auf die vier Körper bezieht. Daraus schloss ich, dass im Hinblick auf die vier Körper der Seelenverlust gleichbedeutend ist mit einer Entfernung der subtilen Körper von der physischen Struktur oder als ein Energieverlust der höheren Körper zu sehen ist, vor allem als ein Verlust von Teilen des astralen Körpers.

Hierauf folgte die Beschreibung, dass sich während des Sterbeprozesses der physische und ätherische Körper trennen, während der astrale und mentale Körper für eine begrenzte Zeit weiterhin als Träger für die kleinere Seele dienen. Die Persönlichkeit des Toten verliert mit dem Verlust des physischen und ätherischen Körpers einen Teil ihrer Struktur, was zur Folge hat, dass die Seele innerlich ein erhöhtes Bewusstsein entwickelt, das ihre Lieben, sowohl die lebendigen als auch die toten, einschließt. Nach wie vor besteht ein starkes Gefühl der Individualität, aber die anderen werden als gegenwärtiger oder unmittelbarer wahrgenommen.

Als letzten Punkt erwähnte ich, wie einerseits die innere Wahrnehmung der anderen die Toten motivieren kann, sich in die Geisterwelt zurückzuziehen, und andererseits sie ganz im Gegenteil teilweise oder vollständig auf die physische Welt gerichtet bleiben. Der Schamane kann dann mit den Toten kommunizieren, die weiterhin in die Welt der Lebenden gezogen werden, und ihnen helfen, den Weg in die Geisterwelten einzuschlagen.

Nach dem einführenden Gespräch mit dem Klienten entscheidet der Begleiter, welche Familienmitglieder am besten aufgestellt werden. Er bittet den Klienten, die Stellvertreter für diese Personen auszuwählen. Häufig sagt der Begleiter zu Beginn des Seminars, dass es nichts ausmacht, wer als Stellvertreter ausgewählt wird. Das ist in den meisten Fällen wahr, gilt aber nicht für alle Situationen. Bei bestimmten Aufstellungen erweisen sich eine oder zwei Personen, die aufgestellt werden, als Schlüsselfiguren im Heilungsprozess, durch die eine heilende Bewegung für die gesamte Familie ermöglicht wird. Bei ihnen liegt auch der Schwerpunkt der Aufmerksamkeit des Begleiters. In den meisten Fällen haben diese Mitglieder der aufgestellten Familie ein außergewöhnlich hartes Schicksal und tragen eine schwerere Last als die anderen Familienmitglieder. Manchmal haben sie ihr Herz vollständig verschlossen, um auf diese Weise persönliche Schuld, Schmerzen oder anderes Schwerwiegendes in ihrem Leben nicht zu spüren.

Meiner Erfahrung nach ist es doch entscheidend, wer in einer Aufstellung als Stellvertreter für eine Schlüsselfigur ausgewählt wird. Sehr häufig habe ich nach einer Aufstellung gehört, dass die Stellvertreter, die als Schlüsselpersonen fungierten, sich mit folgenden Worten äußerten: „Ich war mir in dem Moment, in dem der Klient aufstand, um seine Wahl zu treffen, absolut sicher, dass ich ausgewählt werden würde, um diese gewisse Person zu repräsentieren" oder „Ich wusste einfach, dass ich es sein sollte". Der Klient auf der anderen Seite weiß häufig genau, welche Person aus dem Teilnehmerkreis er für eine bestimmte Stellvertreterrolle auszuwählen hat.

Erst wenn die Aufstellung abgeschlossen ist, wird es oft deutlich, was den Stellvertreter zur genau richtigen Person für diese Aufgabe gemacht hat. Manchmal hat der Stellvertreter in seinem eigenen Leben ein ähnliches Thema bearbeitet, das die Person, die er repräsentiert, noch lösen muss. Auf diese Weise hat er schon die notwendige spezifische Kraft entwickelt, um die Aufstellung zum Abschluss zu bringen.

Aber das Gegenteil ist auch möglich: In manchen Fällen nützt die heilende Bewegung nicht nur der Person, die aufgestellt wird, sondern auch dem Stellvertreter selbst. Es kann zum Beispiel sein, dass ein Seminarteilnehmer bisher nicht in der Lage war, die Liebe und Kraft seines Partners anzunehmen. Wenn er dann ausgewählt wird, um jemanden zu repräsentieren, der eine Bewegung macht, eine Geste, die Liebe und Kraft des Partners zu akzeptieren, erhält der Stellvertreter selbst die Gelegenheit, durch diesen Prozess zu gehen und auf diese Weise für sein eigenes Leben zu profitieren. Der Klient muss bei der Auswahl des richtigen Stellvertreters völlig gesammelt sein. In Verbindung mit seiner Seele kann die größere Seele ihn im Prozess des Auswählens lenken. Die Persönlichkeit hat keinen direkten Zugang zur Führung der Seele. Darum hilft bewusstes Denken in diesem Entscheidungsprozess nicht weiter. Der Klient kann viel besser spüren, wer der richtige Stellvertreter für eine bestimmte Person ist.

Ich erinnere mich, dass ich einmal eine Aufstellung in einem Seminar mit ungefähr zwanzig Teilnehmern machte. Als ich die Stellvertreter auswählen wollte, schaute ich im Kreis herum, sah jedem in die Augen und wartete, bis etwas von innen heraus reagierte. Meistens war die Antwort, die ich fühlte, nicht sehr deutlich oder stark, und es schien keine große Rolle zu spielen, wen ich wählte. Doch als ich meinen fünften Stellvertreter auswählen musste, war mir, als ob eine der Teilnehmerinnen ganz plötzlich wie in Licht getaucht war, als ich sie anschaute, so als ob jemand sie mit einem Scheinwerfer anstrahlen würde. Ich bemerkte mit Erstaunen, dass mir ihre Augen vorher nicht aufgefallen waren, als ich die anderen Stellvertreter aussuchte. Es kam mir so vor, als hätte meine Seele mich diese Frau erst übersehen lassen, sodass sie danach für eine bestimmte Stellvertretung eines Familienmitglieds erhältlich sein würde, die sich dann als Schlüsselfigur in der Aufstellung entpuppte.

Nachdem der Klient die Stellvertreter ausgewählt hat, muss er nun die eigentliche Aufstellung ausführen. Jeder Stellvertreter bekommt dabei einen Platz zugewiesen, der dem Klienten richtig erscheint. Wenn der Klient gesammelt ist, kann er ohne Zögern seine Familie aufstellen, selbst wenn möglicherweise kurz davor im Gespräch mit dem Begleiter starke Gefühle an die Oberfläche kamen. Der gesammelte Klient fühlt deutlich, wo die Stellvertreter stehen müssen, ohne darüber bewusst nachdenken zu müssen. Er begleitet die Stellvertreter an ihren Platz, wobei er vielleicht nur kurz eine Pause einlegt, um die Reaktionen seines eigenen physischen Körpers zu überprüfen, wenn er die Stellvertreter aufstellt.

Doch woher bekommt der Klient die notwendigen Informationen, um den richtigen Platz für die Stellvertreter zu finden? Offensichtlich nicht von seiner Persönlichkeit, da die Instruktionen des Begleiters immer sehr deutlich sind: „Denke nicht darüber nach, wo du die Stellvertreter hinbewegst. Vergiss deine Vorstellung, wie deine Familie in der Wirklichkeit aussieht, welche Person welcher nahe steht. Öffne dich einfach und spüre, wo sie stehen müssen."

Der physische Körper ist scheinbar in der Lage anzugeben, ob ein Platz richtig oder falsch ist. Doch kann der physische Körper selbst nicht die eigentliche Quelle für das Wissen sein, da ihm die spezielle Art Intelligenz fehlt, die nötig ist, um die Stellvertreter der Familienmitglieder in einem Gruppenraum nacheinander aufzustellen. Der physische Körper ist allerdings einer der vier Vehikel der Seele des Klienten. Deshalb ist es wahrscheinlich, dass die Seele des Klienten den Aufstellungsprozess steuert, indem sie sich durch die Gefühle und Wahrnehmungen in seinem physischen Körper bemerkbar macht.

Vielleicht handelt es sich nicht allein nur um die Seele des Klienten, sondern auch um die Familienseele, wie sie in den vorherigen Kapiteln beschrieben wurde. Die Gemeinschaft, die aus der Familie und unseren Freunden besteht, liegt uns auf der Seelenebene sehr nahe. Eine individuelle Seele braucht sich nur ein klein wenig zu öffnen, um zu diesen Teilen des größeren Ganzen Zugang zu erhalten. Wenn die Persönlichkeit des Klienten in einem konzentrierten und gesammelten Zustand ist, gibt sie dem physischen Körper den Raum, um Impulse von der Ebene der Seele zu empfangen. Der Klient braucht dann nur noch diesen Impulsen zu folgen.

Nachdem der Klient seine Familie aufgestellt hat und die Stellvertreter sich in der richtigen Position befinden, verfügen die Stellvertreter in nahezu allen Fällen unmittelbar über bestimmte Informationen. Die Gruppe der Stellvertreter bildet ein physisches Vehikel für die Muster, die in der Seele des Klienten wahrnehmbar sind. Viele Stellvertreter versuchen mit unterschiedlichen Worten das auszudrükken, was sie bei einer Aufstellung erlebt haben: „Etwas kam über mich", „Etwas hakte sich ein", „Etwas erfüllte den Raum" oder „Es war da, ich wusste es einfach". Allerdings bleibt dann die Frage, wer oder was über sie kam, sich einhakte, den Raum füllte oder einfach anwesend war?

Ist ein Stellvertreter für die Zeit der Aufstellung mit einer der Seelen aus dem schamanischen Modell der vielfachen Seele verbunden, oder verschmilzt er mit dem astralen Körper der Person, die er repräsentiert? Theoretisch wäre das zwar möglich, aber die Erfahrung zeigt, dass es nicht sehr wahrscheinlich ist. Eine erfahrene Person kann ihren astralen Körper mit dem astralen Körper eines anderen Individuums für längere Zeit vereinen und auf diese Weise Informationen erhalten. Diese Technik wird in gewissen traditionellen schamanischen Praktiken verwendet, um mit bestimmten Arten von Geistern zu kommunizieren. Das Verbinden der astralen Körper besitzt allerdings eine spezifische Eigenschaft und ein bestimmtes Gefühl, was in den typischen Beschreibungen der Stellvertreter einer Aufstellung nicht zum Ausdruck kommt. Daraus kann man ableiten, dass es sich dabei nicht um ein Verbinden auf der astralen Ebene handelt.

Der astrale Körper ist ständig beschäftigt mit den Bildern, die er kreiert, und den Geschichten, die er sich erzählt, die aus den Erinnerungen abgeleitet werden. Er ist in ständiger Bewegung und immerzu auf der Suche nach emotionalen Geschehnissen. Nur wenige astrale Körper sind in der Lage, über einen längeren Zeitraum auf ein stilles Bild ausgerichtet zu bleiben, da der astrale Körper keine Geduld für die spürbare Essenz hat, die außerhalb der linearen Zeit existiert.

Während einer Aufstellung verspüren die Stellvertreter so gut wie niemals den Impuls, sich assoziative Geschichten auszudenken. Im Gegenteil, sie verkörpern nur die Gefühle, die aus der wahrnehmbaren Essenz in den Beziehungen zu den anderen Stellvertretern in der Aufstellung auftauchen. Sie wissen und fühlen mit einer zeitlosen Qualität. Die Stellvertreter können sich bei einer Aufstellung zum Beispiel minutenlang tief in die Augen schauen, ohne sich ablenken zu lassen oder zu bewegen. So fühlen sie die Tiefe einer einzelnen Eigenschaft wie Liebe, Hass oder Unbehagen. Diese zeitlose Eigenschaft ist kennzeichnend für die Energie der Seele und nicht für den astralen Körper.

Doch selbst wenn die Stellvertreter sich nicht mit den astralen Körpern der aufgestellten Personen vereinen, so tauchen dennoch während einer Aufstellung zeitweise Geister oder Seelen in ihren astralen Körpern auf. Meistens sind sie auf der Suche nach Heilung. Ich habe in Kapitel 7 eine solche Aufstellung beschrieben, in der ich den Geist eines schiffbrüchigen Mannes wahrnehmen konnte, der zwischen den Stellvertretern stand. Wenn ich einen Geist in einer Aufstellung sehen konnte, handelte es sich meistens um eine Person, die nicht aufgestellt wurde. Aber es kam auch vor, dass ich den Geist oder die Seele einer aufgestellten Person wahrnahm, die neben dem Stellvertreter stand, der sie repräsentierte. In solchen Momenten habe ich keinerlei Austausch auf astraler Ebene zwischen den beiden erkennen können. Der Stellvertreter ist offensichtlich in der Lage, die hilfreichen Informationen aus einer anderen Quelle zu erhalten als von der astralen Ebene.

Wenn man alle diese Beobachtungen zusammen betrachtet, kann man zum Schluss kommen, dass es sich nicht um den astralen Körper der repräsentierten Person handelt, der sich mit dem Wissen des Stellvertreters verbindet. Mir scheint es viel offensichtlicher, dass sich die Seele während einer Aufstellung selbst zum Ausdruck bringt, und zwar durch die vier Körper des Stellvertreters, was somit auch den physischen Körper einschließt.

Die Reaktionen der Stellvertreter zeigen, dass ihre Informationen direkt aus der Seele stammen. Aber – denkt man zurück an das sibirische Modell der Seelen – um welche Seele handelt es sich dann: um die individuelle Seele des Klienten oder seine Familienseele? Oder ist es eher die Seele des Stellvertreters? Obwohl diese Fragen zwar interessant sind, sind sie letztendlich nicht wesentlich, da die Seele keinen wirklichen Unterschied zwischen dem eigenen Selbst und dem der anderen macht. Selbst in dem Zusammenhang, dass die Seele kleinere und größere Aspekte beinhaltet, bleibt sie doch eins. Man könnte möglicherweise sagen, dass der individuelle, kleinere Aspekt der Seele keinen Zugang zu allen Gefühlen der Familie hat. Was also in den Aufstellungen erfahren wird, müsste dementsprechend von einem Teil der Seele stammen, der größer ist als ihr individueller Aspekt.

Auf der Seelenebene öffnet sich der Klient, der seine Familie aufstellt, für die Familienseele, die er in seinem Inneren erfahren kann. Im selben Moment dehnt sich auch der Stellvertreter aus und öffnet sich für die Person, die er repräsentiert. Dabei handelt es sich nicht um eine direkte Bewegung der Seele auf die gleiche Weise, wie sich beispielsweise ein physischer Körper zu einem anderen Körper ausdehnt. Die Verbindung zwischen den verschiedenen Aspekten der Seele geschieht innerhalb der Dimension der Seele selbst, jenseits von Raum und Zeit. Der „andere" wird im Inneren wahrgenommen, in der Seele des Stellvertreters. Und von der Seele ausgehend, macht sich ein Einfluss auf dessen vier Körper bemerkbar. Hierdurch kann der Stellvertreter anschließend beschreiben, was er wahrgenommen hat.

Wenn ein Stellvertreter ein abstraktes Konzept repräsentiert, zum Beispiel den Tod, die Schweiz oder die Lebenslust, sind die Dynamiken sehr ähnlich. Das menschliche Denken schafft bestimmte Strukturen in dem größeren Feld der Seele. Diese Strukturen werden über Generationen hinweg gestärkt, wodurch sie sich langsam zu unabhängigen Bereichen mit deutlich unterscheidbaren, individuellen Merkmalen entwickeln. Abstrakte Begriffe werden so schließlich bewusste, individualisierte Aspekte der größeren Seele. Als Geister können sie sich dann entweder in temporären Körpern manifestieren, mithilfe eines astralen Vehikels während eines schamanischen Rituals, oder in den vier Körpern eines Stellvertreters, der sie in einer Aufstellung repräsentiert. Das Eingangstor für alle, die in einer Aufstellung repräsentiert werden – die Lebenden, die Toten und die abstrakten Kräfte –, ist die Seele des Stellvertreters.

WÄHREND DER AUFSTELLUNG

Nachdem eine Familie aufgestellt wurde, beobachtet der Begleiter sorgfältig die Stellvertreter. Er fragt möglicherweise, wie sie sich fühlen, oder zieht sich etwas zurück und beobachtet, wie die Stellvertreter ihren inneren Impulsen folgen. Früher oder später werden ihm die Dynamiken in der aufgestellten Familie deutlich. Nachdem die negativen oder störenden Muster klar geworden sind, kann die Suche nach einer Lösung beginnen. Unabhängig von den Resultaten sprechen und handeln die Stellvertreter in diesem Prozess stellvertretend für eine andere Person, in Verbindung mit dessen Seele. Häufig wird auch ein Stellvertreter für den Klienten ausgewählt, der seine Familie aufgestellt hat. Aber es ist ebenso möglich, dass der Begleiter den Klienten selbst auffordert, seinen Platz in der Aufstellung einzunehmen, nachdem die anderen Stellvertreter aufgestellt wurden.

Jeder Mensch hat seine individuelle und festgelegte Art, bestimmte Handlungen auszuführen, und es ist nur schwer möglich,

135

selbst die kleinsten Muster zu durchbrechen. Zum Beispiel können Menschen, die ihr Omelett normalerweise immer in Öl gebacken haben, sich nur schwer daran gewöhnen, auf einmal Butter zu verwenden. Ein anderes Beispiel ist: Wenn man immer mit einem schwarzen Kugelschreiber seine Briefe geschrieben hat, kann man es als sehr störend empfinden, eines Tages einen grünen Stift dafür verwenden zu müssen.

Mit emotionalen und rationalen Mustern ist es genauso oder sogar noch schwieriger, Gewohnheiten zu durchbrechen. Eine Person, die eine Heilung benötigt, kann nur in den alten Mustern denken und handeln, die die vier Körper und die Persönlichkeit ihr anbieten. Manchmal ist eine Heilung in diesen begrenzten Strukturen möglich, aber ebenso häufig ist das auch nicht der Fall. Wenn die Möglichkeiten für eine Lösung innerhalb dieser festen Muster nicht ausreichend sind, um ein Problem zu klären oder eine psychologische Wunde zu heilen, beginnt die Seele zu leiden. Sie wird weiterhin versuchen, Kraft und Hilfe anzubieten, aber wenn diese nicht akzeptiert oder nur innerhalb der festgelegten Muster der vier Körper interpretiert werden, können sie nicht integriert werden. Nach einer gewissen Zeit wird die Seele dann resignieren und verkümmern, sie verschließt sich und schreckt vor den Problemen oder Wunden zurück.

In solchen Situationen kann die Seele eine Befreiung und einen Impuls zur Heilung erfahren, wenn sie innerhalb einer Aufstellung repräsentiert wird. Keine zwei Menschen haben die gleichen Probleme oder festgelegten Muster. Jedes Individuum reagiert unterschiedlich auf Stress, Kummer, Schmerz und andere Schwierigkeiten. Wenn eine Seele in einer Aufstellung von den vier Körpern eines Stellvertreters Gebrauch macht, bekommt sie auf diese Weise eine neue Kombination von Strukturen angeboten, wie sie denken oder handeln kann. Die Seele spürt dies und verstärkt den Heilungsimpuls. Ohne sich durch die speziellen Beschränkungen oder Blockaden der vier Körper ihres Eigentümers, dem Repräsentierten, begrenzen zu lassen, kann sie sich wieder ausdehnen.

Wenn die Seele vom physischen und ätherischen Körper ihres Eigentümers gelöst ist, ist sie freier und beweglicher. Aber auf der anderen Seite ist sie dann auch weniger in der Lage, sich weiterzuentwickeln. In vielen spirituellen Traditionen, wie auch im Schamanismus, wurde beobachtet, dass die Seele, die von der physischenätherischen Struktur befreit ist, ihre Muster nur sehr langsam und allmählich verändern kann. Das Gleiche gilt für die Seelen der Toten, die permanent vom physischen Körper getrennt sind, für Seelen, die zeitweise, beispielsweise während eines Traums, die Verbindung mit der physischen Struktur etwas gelockert haben, oder auch für einen Teil der Seele, der, nach der klassischen Definition des Seelenverlustes, abhanden gekommen ist. Es ist einfach für die Seele notwendig, in einem physischen Körper zu sein, um sich auf diese Weise verändern und entwickeln zu können – zumindest, wenn es schnell gehen soll.

Der physische Körper funktioniert durch seine Rigidität und Dichtheit als eine Art Gussform für die Seele, durch die die Erfahrungen der Seele in einer gewissen Weise gelenkt und in eine bestimmte Form gepresst werden. „Form" ist hier nur ein symbolisches Wort, da die Seele selbst keine eigene Form besitzt. Man kann also sagen, dass die physische Struktur einen tiefen Eindruck bei der Seele hinterlässt. Einer Seele ohne physischen Körper, die ihre Wahrnehmung verändern muss oder zu lernen hat, Dinge auf eine andere Weise zu sehen, kann am besten geholfen werden, indem man sich mit ihr verbindet und ihr einen temporären Körper zur Verfügung stellt. Je dichter die Masse dieses Körpers ist, desto besser. Physische Körper sind hervorragend für diese Aufgabe geeignet.

In der traditionellen schamanischen Praxis wurden verschiedene Techniken entwickelt, mit denen Seelen, die Heilung benötigen, zeitweise mit einem physischen Körper verbunden werden konnten, um auf diese Weise ihre „Behandlung" zu bekommen. Die sibirischen Schamanen, die auf die Suche nach verloren gegangenen Seelen oder den Seelen der Toten gingen, bewahrten die gefundenen Seelen in ihren Schamanenkostümen auf. Das Schamanenkostüm ist eine erweiterte Struktur des Körpers des Schamanen, die als spirituelle Landkarte des Universums benutzt wird. So symbolisieren beispielsweise die stilisierten Abbildungen der Wirbel und Rippen des Skeletts des Schamanen auf dem Kostüm den Stamm und die Äste des kosmischen Weltenbaums. Viele Schamanenkostüme sind auch mit speziellen metallenen Anhängern verziert, die als zusätzliche temporäre Träger für die verloren gegangenen Seelen und die Seelen der Toten fungieren. Wenn der Schamane die gefundenen Seelen in diese Anhänger platziert, verinnerlicht er die Seelen mit seinem Kostüm und somit auch mit sich selbst. Er absorbiert sie in seine Seele. Die Seelen bleiben dann für die gesamte Dauer der Zeremonie in den Anhängern und können so alle Gebete und Lieder hören. Auf diese Weise erfahren sie ihre Heilung. Das Familien-Stellen ist eigentlich eine moderne Variation dieser alten Technik: Die Körper der Stellvertreter bilden die temporären Körper für die Seelen von denen, die einer Heilung bedürfen.

Während der Aufstellung öffnet der Stellvertreter seine eigene Seele für das Individuum, das er repräsentiert. Die Seele desjenigen, der repräsentiert wird, beginnt durch die Seele des Stellvertreters zu arbeiten. Im Wesen sind sie eins, aber es ist einfacher, sie sich als zwei individuelle Bewusstseinsströme vorzustellen. Bei einer Aufstellung erfahren sich beide Seelen durch die vier Körper des Stellvertreters und verleihen dem Ausdruck. Die Seele des Stellvertreters gibt der Seele des Repräsentierten neue Möglichkeiten, sich auszudehnen, loszulassen und zu verändern.

Wenn man sich die vier Körper als technische Geräte vorstellt, kann man sagen, dass die Kabel, Leitungen und Software des Stellvertreters anders sind als die der vier Körper der repräsentierten Person. Die Muster der vier Körper des Stellvertreters formen die Seele der repräsentierten Person auf neue Weise. Auf diese Art erfährt die Seele gewisse neue Eingrenzungen, aber auch neue Möglichkeiten, sich auszudehnen und loszulassen.

Gleichzeitig verändern sich auch Dinge für den Stellvertreter. In dem Moment, in dem er aufgestellt wird und eine andere Person repräsentiert, verändert sich seine Atmung und der Muskeltonus, seine Körperhaltung ist anders und ebenso verändert sich der Energiehaushalt. Die vier Körper des Stellvertreters passen sich dem Wesenskern an, der durch die andere Seele mitgebracht wird. Aber diese Anpassung kann nur in begrenztem Maße erfolgen, da die Seele des Stellvertreters neben der Seele der anderen Person noch stets seinen Körper „besetzt". Auf diese Weise kann bei einer Aufstellung ein dynamischer Prozess beobachtet werden, in dem sich die Strukturen der Seelen und Energien ständig miteinander vermischen und anpassen. Wenn ein Stellvertreter angesprochen oder unerwartet gestört oder provoziert wird, kann er unmittelbar zu der Wahrnehmung seines eigenen Selbst zurückschalten. Aber ebenso leicht kann er sich dem Einfluss der Seele des anderen öffnen und sich entsprechend darauf einstellen.

Da der Stellvertreter in der Lage ist, zwischen den beiden Seelen zu wechseln, wird eine Heilung in der Aufstellung ermöglicht. Wenn der Stellvertreter vollständig von der Seele des Repräsentierten eingenommen wäre, dass heißt, wenn die vier Körper des Stellvertreters ganz und gar von der Seele des anderen beherrscht würden, gäbe es keinen Unterschied zwischen der repräsentierten Person und ihrem Stellvertreter mehr. In solch einem Fall wäre es sinnlos, auf eine plötzliche Veränderung der Seele des Repräsentierten zu hoffen. Das Gleiche gilt für den Stellvertreter: Wenn er unverändert der Alte bliebe und weiterhin nur die Inhalte seiner eigenen individuellen kleineren Seele fühlen würde, würde er keinen Zugang zum Wissen über den anderen erhalten. Außerdem könnte er selbst auch nicht berührt und innerlich verändert werden. Nur wenn der Stellvertreter beiden Aspekten der größeren Seele zugesteht, sowohl dem Teil des Repräsentierten als auch seinem eigenen Teil, gleichzeitig durch seine vier Körper hindurchzuwirken, wird Heilung möglich.

Wenn man diese präzise Vorgehensweise der Seele erkennt, erhält der Heilungsprozess eine subtile Schönheit. Die Seele des Stellvertreters gibt die Kraft und die Struktur, wenn zum Beispiel ein schwieriger Heilsatz ausgesprochen werden muss. Man stelle sich zum Beispiel vor, dass ein Vater sich nie getraut hat, seinem toten Kind in die Augen zu schauen. Aber jetzt in der Aufstellung, besitzt sein Stellvertreter genügend Mut, es zu tun. Dabei spricht er: „Mein liebes Kind, jetzt sehe ich dich." Die Seele des Vaters profitiert von der Stärke des Stellvertreters, die dem Vater die Kraft gibt, das zu tun, was getan werden muss. Wenn der Repräsentierte und sein Stellvertreter auf diese Weise zusammenarbeiten, bemerkt man, dass die heilenden Bewegungen tiefer gehen und sich mit der größeren Seele verankern.

Während die heilenden Sätze ausgesprochen werden, wodurch die wahren Lösungen unterstützt werden, sieht man, dass sich die Gesichtsmuskulatur bei dem Stellvertreter ständig verändert, und das hält an. Die Muskeln ziehen sich zusammen und entspannen sich, und die gesamte vorhandene Energie ist in Bewegung und verändert sich, wenn die heilenden Sätze ihre Arbeit tun – sowohl in der Seele des Repräsentierten als auch in der Seele des Stellvertreters. Für mich sind das die faszinierendsten Momente beim Familien-Stellen: Der Tanz zweier Seelen in einem einzelnen physischen

Körper. Die eine Seele hilft der anderen und gebraucht dazu die gleiche Persönlichkeit und dieselben energetischen Strukturen. Manchmal führt eine Aufstellung auch zu keiner Lösung. Hierfür kann es verschiedene Gründe geben. Die Seele des Klienten ist möglicherweise nicht in der Lage oder nicht bereit, sich für eine bestimmte Heilungsbewegung zu öffnen, wodurch es dem Stellvertreter erschwert wird, Zugang zu der größeren Seele zu finden. Oder die Familienseele gibt keine Zustimmung, dass bestimmte Ereignisse direkt angeschaut werden, da sie zu schmerzhaft oder zu belastend für die Familienmitglieder sein würden. In einem solchen Fall gibt es einfach keine Möglichkeit, dass sich die Aufstellung entfaltet und zu einer Heilung führt.

Es kann auch sein, dass eine Aufstellung nicht zu einem Ausgleich führt, weil gewisse wichtige Informationen fehlen. Die Informationen müssen dabei keine versteckten Geheimnisse sein. Aber in jeder Familie gibt es Ereignisse oder Geschichten, die einfach nicht von einer Generation auf die nächste übertragen werden. Wenn nicht zufällig ein Nachkomme der nächsten Generation gezielte Fragen stellt, die solche Informationen an die Oberfläche bringen, so sterben diese mit der vorhergehenden Generation. Falls Informationen fehlen, ist es wichtig zu respektieren, dass diese in einer Aufstellung nicht zurückgeholt werden können, da die Seele keine konkreten Erinnerungen mit sich trägt. Die Seele der repräsentierten Person besitzt keinen Zugang zu den Tatsachen des Geschehnisses. In ihr sind nur die *Wirkungen* des Geschehnisses bewahrt. Die Seele verkörpert die zeitlose Essenz, aber keine Geschehnisse. Wenn es in einer Aufstellung deutlich wird, dass wesentliche Informationen fehlen, so kann der Begleiter nur versuchen, sich durch Fragen an den Klienten mehr Klarheit darüber zu verschaffen. Das heißt, dass er besser nicht die Stellvertreter nach ihren Meinungen über oder ihren Gefühlen zu den historischen Daten der aufgestellten Personen befragen sollte.

Ein letzter Grund, warum eine Aufstellung stagnieren kann, ist, dass die Seele eines Stellvertreters, der als Schlüsselfigur fungiert, die Heilung verweigert. Obwohl das eher eine Seltenheit ist, kommt es trotzdem hin und wieder vor. Wenn die Aufstellung aus diesem Grund blockiert wird, ist es für den Begleiter sehr schwierig zu erkennen, dass der Stellvertreter die heilende Bewegung verneint und es nicht an der Seele der repräsentierten Familie liegt. Im Zweifelsfall können die Stellvertreter ausgewechselt werden, wodurch es deutlich wird, wer nicht in der Lage war, sich zu bewegen: der Stellvertreter oder die repräsentierte Person.

Alle hier genannten Gründe, warum eine Aufstellung sich nicht weiter in die heilende Richtung bewegt, basieren auf dem Gedanken, dass der Begleiter in der Lage ist, gute Arbeit zu leisten, sich selbst auf das systemische Energiefeld einzustimmen, und die Dynamiken und Möglichkeiten des Aufstellungsprozesses begreift. Hat der Begleiter diese Fähigkeiten und Erfahrungen nicht, so werden viele seiner Aufstellungen nur wenig Kraft besitzen und damit auch nur eine geringe Wirkung haben.

Das Beenden einer Aufstellung

Eine Aufstellung wird beendet, wenn eine heilende Bewegung abgeschlossen ist oder wenn die Entscheidung getroffen wird, die Aufstellung ohne eine Lösung abzubrechen. In der letzten Phase nimmt der Klient seinen eigenen Platz in der Aufstellung ein – wenn er das noch nicht an einem anderen Punkt während des Prozesses getan hat – und der Stellvertreter übergibt ihm seinen Platz. Der Klient kann dann von seinem eigenen Platz aus spüren, was sich durch die Aufstellung verändert hat. Manchmal wird ihm auch abschließend noch empfohlen, einen oder zwei Sätze zu sagen.

Am Ende sagt der Begleiter abschließend: „Geht jetzt aus euren Rollen!", woraufhin alle Stellvertreter aus der Aufstellung herausgehen, zu ihren Plätzen zurückkehren und sich wieder auf ihre gewohnte Wahrnehmung ausrichten. Der Begleiter bittet dann den Klienten manchmal, sich neben ihn zu setzen, und weist ihn noch auf einige Punkte hin, die er als wichtig erachtet, oder er rundet die Sitzung mit etwas psychotherapeutischer Arbeit ab. Schließlich kehrt auch der Klient wieder auf seinen Platz zurück.

12. Die Wirkung der Aufstellung

Bei den meisten Aufstellungen kommt es zu guten, manchmal auch erstaunlichen Entwicklungen: Der Klient hat das Gefühl, seinen Platz gefunden zu haben, Gesundheitsprobleme verschwinden, Familienmitglieder, die jahrelang nicht miteinander gesprochen haben, rufen sich an und verabreden sich zum Tee. Aber ebenso häufig treten keine unmittelbar sichtbaren Resultate auf, gibt es keinen deutlichen Umschwung, keine Veränderung oder keine Heilung. Viele Faktoren beeinflussen eine Aufstellung und den Prozess, der darauf folgt – so viele Faktoren, dass es schwierig ist, vorherzusagen, was die endgültigen Resultate sein werden. Einige dieser Faktoren können aber dennoch immer wieder festgestellt werden und indem diese näher untersucht werden, wird das Verständnis der Dynamiken, die sich bei einer Aufstellung vollziehen, erweitert.

Wenn ein Klient seine Familie aufstellt, kann er jede Bewegung der Stellvertreter beobachten und jeden Satz hören, der gesprochen wird. Hierdurch wirkt die Aufstellung nicht nur auf seine Seele, sondern sie hat auch einen direkten Einfluss auf seine Persönlichkeit. Beide – Seele und Persönlichkeit – integrieren das Wahrgenommene auf unterschiedliche Weise. Wie ich bereits beschrieben habe, braucht die Seele immer etwas Zeit, um die Effekte einer Aufstellung in die vier Körper zu integrieren. Wenn jedoch jemand eine Aufstellung selbst beobachtet, hat das unmittelbare und deutliche Folgen für die Persönlichkeit. Die meisten Klienten fühlen sich nach der Aufstellung glücklich, da sie durch die entwickelten Dynamiken neue Einsichten in ihre Familien und ihre eigene Position darin erhalten haben. Obwohl es schwer ist, alles unmittelbar zu begreifen, was durch eine Aufstellung ans Licht gekommen ist, bringt das Familien-Stellen den meisten Menschen Erleichterung und Klarheit.

Nachdem eine Aufstellung zum Ende gekommen ist, spricht der Begleiter häufig noch für einen kurzen Moment mit dem Klienten. Er kann ihm dann möglicherweise noch bestimmte Dynamiken erklären, die im Aufstellungsprozess sichtbar wurden. Das Interessante ist, dass sehr viele Klienten nicht richtig erfassen können, was ihnen in diesem Moment gesagt wird. Während alle Teilnehmer, die als Stellvertreter fungiert haben, und auch die Zuschauer sehr genau verstehen, was der Begleiter deutlich machen will, begreift der Klient oft selbst nicht, was hier vorgefallen ist und was ihm erklärt wird.

Wenn der Klient eine Aufstellung zu einem bestimmten Problem gemacht hat, das er schon jahrelang mit sich herumträgt, bedeutet das, dass er über dieses Problem auch schon all die Jahre nachgedacht hat. In dieser Zeit hat er bestimmte Theorien entwickelt, welche Ursachen das Problem haben könnte, und wie es gelöst werden sollte. Sehr häufig ergibt sich allerdings in der Aufstellung eine ganze andere Dynamik, die total unerwartet ist und sogar in vielen Fällen das exakte Gegenteil von dem darstellt, was sich der Klient selbst zurechtgelegt hat.

Ich erinnere mich an eine Aufstellung, in der ein Mann seine Eltern aufstellte, die sich scheiden ließen, als er noch sehr jung war. Der Vater verließ seine Frau und seine Kinder. Die Kinder verachteten ihren Vater deswegen, obwohl sie ihn beinahe gar nicht kannten. Die Aufstellung zeigte allerdings, dass der Vater selbst die Familie überhaupt nicht verlassen wollte, sondern dass er anstelle der Mutter ging. Sie war eigentlich diejenige, die ihn verlassen und frei sein wollte. Der Vater schützte die Mutter davor, ihre Kinder aufzugeben, indem er selbst die Familie verließ. In dieser Hinsicht ist der Abschied des Vaters ein Akt tiefer Loyalität gegenüber seinen Kindern: Er wollte absichern, dass sie weiterhin durch die Mutter versorgt werden. Das ist für den Klienten nicht so einfach zu schlucken.

Außerdem zeigte die Aufstellung, dass der Hass, den der Klient gegenüber seinem Vater hegte, eigentlich ein Gefühl war, das er von seiner Mutter übernommen hatte, die unbewusst außer sich vor Wut war, dass sie davor bewahrt wurde, ihre Familie zu verlassen. Weil die Mutter nicht in der Lage war, ihre Wut auszudrücken, da sie sonst als selbstsüchtig entlarvt zu werden befürchtete, nahm der Sohn die Wut unbewusst auf sich und drückte sie als Hass für sie aus.

Eine derartige Aufstellung ist verständlicherweise extrem verunsichernd für einen Klienten, der immer geglaubt hatte, dass sein

Vater ein Ungeheuer wäre, und seine Mutter das unschuldige Opfer. Die Ergebnisse der Aufstellung erschütterten seine Annahmen über seine Familiengeschichte bis in die Grundmauern. Es gab für ihn keinen anderen Ausweg, als das neue Bild von sich abzuwehren, es zu akzeptieren, hätte eine ernsthafte Gefahr für seine gewohnte Sicht der Wirklichkeit bedeutet.

Somit ist es auch nicht verwunderlich, dass die Persönlichkeit eines Klienten bei dem kurzen Gespräch mit dem Begleiter nicht in allen Fällen ohne Schwierigkeiten große Bewusstseinssprünge machen kann. Die anderen Teilnehmer des Seminars dagegen können mit Leichtigkeit akzeptieren, was die Aufstellung an die Oberfläche gebracht hat, da sie nicht die gleichen tief liegenden energetischen Muster und Glaubensstrukturen haben wie der Klient. Auf der Ebene der Persönlichkeit sind sie nicht mit der Geschichte identifiziert. Wenn ein Klient die versteckten Dynamiken, die in der Aufstellung sichtbar werden, so einfach in seinen Glaubensmustern verinnerlichen könnte, hätte er wahrscheinlich schon zu einem früheren Zeitpunkt Heilung gefunden.

Manche Begleiter interpretieren die Unfähigkeit eines Klienten, eine Aufstellung direkt anzunehmen, als Abwehrreaktion des Klienten und versuchen anschließend damit so umzugehen, als sei der Klient in einer psychotherapeutischen Sitzung. Meiner Meinung nach ist aber dieses therapeutische Konzept der Abwehrmechanismen hier nicht hilfreich, da es sich nicht um eine bewusste Entscheidung handelt, die Heilung anzunehmen oder nicht. Der Klient ist an sich wohl bereit, sich zu verändern. Aber die Folgen der rigiden, gefestigten, alten Strukturen der Persönlichkeit und der vier Körper machen eine plötzliche Veränderung einfach unmöglich.

Die meisten Aufstellungen sind zu Beginn erschütternd für den Klienten, da der Prozess auf Dynamiken weist, die sich in der Seele abspielen: Bereiche, zu denen die Persönlichkeit niemals direkten Zutritt erlangen kann. Selbst wenn die Informationen einer Aufstellung als wahr empfunden werden und die heilende Bewegung eine Erleichterung für den Klienten gebracht hat, so braucht seine Persönlichkeit trotzdem noch zusätzliche Zeit, sich daran zu gewöhnen und die Sichtweise der Seele, die Realität betreffend, zu integrieren.

Vom schamanischen Standpunkt aus gesehen kann man den Klienten am besten einfach so viel fühlen und absorbieren lassen,

144

wie er natürlicherweise aufnehmen kann, nicht mehr und nicht weniger. Das heißt nicht, dass der Begleiter den Klienten deshalb nicht aktiv dazu führen sollte, einen Weg zu finden, auf intellektuelle Weise die gerade geleistete Arbeit zu verstehen und ein Gleichgewicht darin zu finden. Aber es bedeutet, dass ein Klient, der nicht unmittelbar alles aufnehmen kann, trotzdem weiterhin respektiert werden sollte.

Als ich mit dem Mann sprach, dessen Aufstellung ich gerade beschrieben habe, empfahl ich ihm, sich selbst zu gestatten, die Aufstellung abzublocken, sich aber dennoch hin und wieder an die verschiedenen Bewegungen der Stellvertreter zu erinnern. Einige Monate später berichtete er mir, dass er immer noch nicht glauben könnte, dass die Geschichte, die in der Aufstellung an die Oberfläche kam, in jeder Hinsicht der Wahrheit entsprechen würde. Aber trotzdem sieht er jetzt seinen Vater mit mehr Respekt. Die blinden Hassgefühle, die er bisher immer für seinen Vater gehegt hatte, haben sich aufgelöst.

Können Schicksalsverstrickungen, die über die Generationen hinweg gehen, durch das Familien-Stellen aufgelöst und geheilt werden? Häufig kann man in den Aufstellungen sehen, dass ein Klient oder ein anderes Mitglied einer Familie das Schicksal einer anderen Person wiederholt oder die Rolle dieser Person auf sich nimmt, die entweder vor ihm verstorben ist oder noch lebt, aber von der Familie ausgeschlossen wurde. Das wirft die Frage auf, ob die stellvertretende Person sich entschieden hat, an der Stelle der anderen Person zu stehen. Oder ist die andere Person irgendwie in der Lage, ihren Stellvertreter zu beeinflussen, sie in der Familie zu repräsentieren?

Seelen sind miteinander verbunden. Auf einer Ebene, die normalerweise nicht von der Persönlichkeit erfahren werden kann, ist jede Seele Teil des größeren Ganzen. Man kann jedoch bei diesem Mechanismus der Verbindung der Seele einer gewissen Person mit einem anderen Familienmitglied, da dieses Schicksal anerkannt werden muss, nicht von einem direkten persönlichen Einfluss sprechen. Es scheint eher die Familienseele selbst zu sein, die diese Verbindung schafft.

Selbst die Seele eines ungeborenen Kindes kann schon die Muster der Seele einer anderen Person, die die Anerkennung ihrer Familie benötigt, tragen. Diese Muster haben dann eine Auswirkung auf die Form der vier Körper des Kindes und dessen Persönlichkeit, wodurch seine Kindheit geformt wird. Später, als erwachsene Person, sind die Muster der anderen Person zu einem integralen Teil der vier Körper und der Persönlichkeit des jüngeren Familienmitglieds geworden. Wenn eine Familienaufstellung eine derartige Situation ans Licht bringt und die Seele von ihrer ursprünglichen Verstrickung befreit, ist die Seele von diesem Moment an frei, ihre eigenen, neuen Muster zu entwickeln. Die Wirkung der alten Muster wird allerdings auch weiterhin in einem gewissen Maße spürbar sein, da sie vollständig in die vier Körper und in der Persönlichkeit integriert waren. Heilung bedeutet in diesem Fall nicht, dass man zu der Situation vor der Verstrickung zurückkehrt, sondern einfach, dass andere, zusätzliche Möglichkeiten geboten werden.

Bei der systemischen Arbeit ist nur der Klient selbst Zeuge der Aufstellung, nicht aber seine gesamte Familie. Denn die Familienmitglieder werden zwar aufgestellt, beobachten aber die Aufstellung und den Prozess nicht selbst. Wie wir in den vorherigen Kapiteln gesehen haben, sind ihre Seelen bei der Aufstellung dennoch anwesend und beeinflussen die Wahrnehmung des Stellvertreters. So kann man also sagen, dass sie, obwohl sie nicht physisch anwesend sind, von der Perspektive der Seele aus mit dem Prozess verbunden sind. Aus der Sicht der Persönlichkeit und der vier Körper dahingegen werden nicht alle Ebenen direkt von den Geschehnissen berührt. Trotzdem wird aber die individuelle Seele einer jeden Person, die aufgestellt wurde, nach der Aufstellung in kleinerem oder größerem Maße neu und anders geformt sein.

Die Seele einer repräsentierten Person hat nach der Aufstellung automatisch eine Wirkung auf die vier Körper. Die neu gewonnene Kraft und die neuen Muster, die sich während der Aufstellung geformt haben, haben einen Effekt. Die vier Körper versuchen möglicherweise, dieser Wirkung zu widerstehen oder sich davor zu schützen. Entweder kämpfen sie dagegen an oder öffnen sich dafür. Möglicherweise reagieren sie direkt, oder es kann einige Zeit dauern, bevor sie sich an die Veränderungen gewöhnen.

Wenn die Seele während der Aufstellung von den vier Körpern und der Persönlichkeit eines Stellvertreters Gebrauch macht, erlebt sie zeitweilig eine andere Art zu reagieren und zu handeln. Handelt es sich um eine heilende Erfahrung und geht die Seele gestärkt daraus hervor, so wird sie diese Erfahrung automatisch in die unterschiedlichen Muster ihrer eigenen vier Körper übertragen. Hierbei handelt es sich allerdings nicht um eine aktive Übertragung, sondern es ist eher so, dass die Seele versucht, ihre neue Form zu behalten. Die vier Körper wehren sich möglicherweise dagegen, da sie lieber an der alten, vertrauten Form festhalten. Nach einer gewissen Zeit haben sich die Seele und die vier Körper an die neue Situation angepasst und miteinander ein neues Gleichgewicht gefunden. In manchen Fällen sind die neuen Muster der Seele stark genug, um auch die vier Körper zu beeinflussen, in anderen Fällen dagegen kann nur ein kleiner Teil oder sogar nur ein winziges Bruchstück davon integriert werden.

Anschließend muss noch ein weiterer Schritt unternommen werden: Jetzt muss die Persönlichkeit sich an die Veränderungen in den vier Körpern anpassen. Auch hier kommt es wieder zu dem gleichen Prozess von Beeinflussung und Anpassung, bis ein neues Gleichgewicht zwischen den vier Körpern und der Persönlichkeit gefunden werden kann.

Wenn man diesen langwierigen und in graduellen Abstufungen verlaufenden Prozess begreift, so wird es verständlich, warum die Mehrzahl der Aufstellungen nur eine geringe Wirkung auf die Mitglieder der aufgestellten Familie haben kann. Nur in sehr seltenen Fällen kann eine wirklich vollständige Veränderung oder eine drastische Heilung der Persönlichkeitsstrategien bei Personen beobachtet werden, die repräsentiert worden sind, ohne selbst bei der Aufstellung dabei gewesen zu sein. Aber trotzdem kommt es bisweilen zu solchen tief greifenden Veränderungen. In den meisten Fällen jedoch kommt es eher zu einer subtilen Veränderung gewohnter Denkmuster oder Handlungen. Diese kleinen Öffnungen sind aber schon mehr als genug, da sie sich im Laufe der Zeit noch weiterentwickeln können, wenn die Person das wünscht. Nach einer Aufstellung kennt die Seele neue Alternativen zu den alten Strategien und ist frei, ihren Weg zu wählen.

Wenn eine tote Person aufgestellt wurde, sind die Folgen der Aufstellung direkter. Da eine Person, die gestorben ist, ihren physischen und ihren ätherischen Körper loslässt, brauchen die neuen Muster ihrer Seele, die durch eine Aufstellung geschaffen wurden, sich dann nur noch durch den astralen und den mentalen Körper hindurchzuarbeiten, um Teil ihrer Persönlichkeit zu werden. Diese zwei Körper bestehen aus weniger dichter Masse und sind nicht so rigide

147

wie der physische und der ätherische Körper und bieten darum weniger Widerstand. Auf diese Weise kann die Seele normalerweise die Wirkung einer Aufstellung im größeren Maße intakt halten. Die Persönlichkeit einer Person, die gestorben ist, besitzt weniger Struktur und ist mehr auf der Suche als die Persönlichkeit einer lebenden Person. Im Zusammenhang mit der systemischen Arbeit ist das ein Vorteil: Eine Persönlichkeit, die weniger rigide ist, öffnet sich leichter für neue Impulse, die von der Seele durch den astralen und den mentalen Körper übertragen werden.

In manchen Fällen hat die Bewegung, die in der Aufstellung möglich war, aus technischen Gründen keine praktischen Folgen für das konkrete tägliche Leben der Personen, die aufgestellt wurden. Das ist vor allem dann der Fall, wenn es sich um Personen handelt, die seit der Geburt geistig behindert oder wirklich verrückt sind. Manche Geisteskrankheiten entwickeln sich durch eine Wunde, Narbe oder eine Behinderung in den subtilen Körpern. Ebenso wie der physische Körper krank oder behindert sein kann, so ist es auch mit dem ätherischen, astralen oder mentalen Körper möglich. Eine Behinderung der subtilen Körper kann durch eine Komplikation während der Geburt verursacht werden, durch eine Krankheit oder einen Unfall.

Die Seele eines Menschen ist im Wesentlichen gesund, doch wenn die vier Körper nur eine ernsthaft begrenzte Struktur zur Verfügung haben, wird das normale Wachstum und die Funktion der Persönlichkeit gehemmt. Durch eine Aufstellung wird den Seelen, die normalerweise nicht frei mit ihrer Umgebung umgehen können, Gelegenheit geboten, zeitweise eine vollständige und funktionierende Gruppe subtiler Körper mitsamt der Persönlichkeit zu verwenden. In einigen Fällen ist die Seele durch die Dysfunktion der vier Körper so eingeschränkt, dass sie nicht in der Lage ist, diese Chance zu ergreifen, sondern weiterhin in den Begrenzungen handelt, die sie durch die vier Körper auferlegt bekommt. In solch einem Fall hat der Stellvertreter bei der Aufstellung das Gefühl, verrückt zu werden. In anderen Fällen hingegen wird die Seele einer geistig gestörten Person bei ihrer Aufstellung aufblühen und sich zu dem Stellvertreter, der eine geliebte Person darstellt, mit einer reinen Bewegung ausdehnen, die im echten Leben bisher nie möglich war. Eine solche Gelegenheit ist zwar sehr wertvoll, da hierdurch die Spannungen zwischen einer Seele und der Familie weggenommen werden, aber sie führt nicht zu einer Veränderung im alltäglichen Leben der repräsentierten Person. Die vier Körper, die die Behinderung verursacht haben, können sich nicht verändern. Sie können die durch die Aufstellung neu gewonnene Kraft der Seele nicht verwenden.

Unabhängig von der Hilfe, die eine Seele während einer Aufstellung zeitweilig erfahren kann, schafft das Familien-Stellen mit der Aufstellung von geistig behinderten Familienmitgliedern ein kraftvolles Heilungsbild für den Klienten. Man stelle sich zum Beispiel ein Kind vor, das durch einen Unfall einen Gehirnschaden erlitten hat und dadurch vollständig gelähmt ist, sodass es auch nicht mehr sprechen kann. Dieses Kind wird nun durch einen Stellvertreter in einer Aufstellung repräsentiert, die von den Eltern aufgestellt wurde. Der Stellvertreter des Kindes kann jetzt zu den Stellvertretern der Eltern sprechen und das ausdrücken, was ihm auf dem Herzen liegt. Die drei sind wenigstens für diesen einen Moment in der Lage, sich gegenseitig zu halten und zu trösten. Durch die Aufstellung wird eine tiefe heilende Bewegung sowohl für die Seelen der Eltern als auch für die Seele des Kindes ermöglicht. Aber trotzdem ist es unwahrscheinlich, dass durch die Aufstellung das Kind wieder sprechen kann.

Ein anderes Beispiel ist ein Vater, der einige Jahre nach dem Krieg vollständig verrückt geworden ist, da seine Persönlichkeit den Schrecken, den er als Soldat erlitten hatte, nicht mehr ertragen konnte. Seine Kinder kannten ihn nur als gewalttätigen und gefährlichen Mann, der schließlich in der geschlossenen Abteilung einer Psychiatrie sichergestellt wurde. Die Seele dieses Mannes kann jedoch seine Kinder noch immer bedingungslos lieben, und wenn der Stellvertreter des Vaters diese Liebe bei einer Aufstellung nur ein einziges Mal zum Ausdruck bringen kann, ohne irre zu werden, so können dadurch viele Wunden, sowohl beim Vater als auch bei den Kindern, geheilt werden. Aber auch hier kann man davon ausgehen, dass der Vater weiterhin so verrückt bleibt wie zuvor, da nur sehr selten eine Aufstellung dazu führt, dass verrückte Menschen wieder gesund werden.

Derartige Aufstellungen, wie ich sie gerade beschrieben habe, sollten einfach nur in der Seele des Klienten als heilendes Bild bewahrt werden, ohne dass man eine Verbesserung der äußerlichen Umstände erwartet. Wenn eine Aufstellung auf diese Weise respektvoll lebendig erhalten wird, kann sie viel innere Kraft geben.

Das Familien-Stellen hat nicht nur eine Wirkung auf den Klienten und seine Familie, sondern auch auf die Stellvertreter. Wenn ein Stellvertreter sich für eine andere Person aufstellen lässt, erlebt er während der Aufstellung in sich eine Veränderung. Dieser Bewusstseinswechsel kann sich in manchen Fällen sehr subtil vollziehen, in anderen Fällen dagegen sehr kraftvoll und sogar dramatisch. Die repräsentierte Seele hat eine spezielle Wahrnehmung der Wirklichkeit, und in den kurzen Momenten der Aufstellung öffnet die Gegenwart dieser anderen Seele automatisch gewisse unbenutzte Kanäle in den vier Körpern des Stellvertreters. Viele Stellvertreter beschreiben während der Aufstellung verschiedene Arten deutlicher physischer Wahrnehmungen. Ebenso wie der physische Körper durch die Seele der repräsentierten Person beeinflusst wird, so ergeht es auch den subtileren Körpern.

Hierfür kann man sich die Energie der Seele als elektrischen Strom vorstellen, der durch bestimmte Drähte in den vier Körpern fließt. Einige Drähte und Leitungen stehen immer unter Strom, andere dagegen erhalten nur ein wenig oder gar keinen Strom. Während der Aufstellung öffnet sich die Seele des Stellvertreters für eine andere Seele, und die Energie dieser anderen Seele beginnt somit, durch seine vier Körper zu fließen. Die Energie macht dann teilweise von anderen Leitungen Gebrauch als von denjenigen, die normalerweise benutzt werden. Das wiederum hat eine Wirkung auf die vier Körper, sodass wahrscheinlich verschiedene subtile oder deutlich ungewohnte Wahrnehmungen spürbar werden.

Wenn eine Person regelmäßig bei den Aufstellungen als Stellvertreter fungiert, erfolgt automatisch eine subtile Reinigung und Neuordnung ihrer energetischen Struktur. In den meisten Fällen werden die Effekte davon nicht als offensichtliche, direkte Veränderungen in den vier Körpern wahrgenommen. Doch die Person merkt möglicherweise, dass sich ihre Einstellung gegenüber bestimmten Dingen verändert, dass gewisse Dinge beispielsweise jetzt weniger wichtig oder viel wichtiger erscheinen als zuvor. Schmerzhafte Erinnerungen, die bisher viel Spannung mit sich brachten, können plötzlich zu normalen Erinnerungen werden, ohne besonders starke Gefühle oder Emotionen hervorzurufen. Auch können alte Themen wieder an die Oberfläche kommen und Aufmerksamkeit fordern. Sie werden durch die Kraft der anderen Seele aus den subtilen Körpern hervorgebracht.

Im Schamanismus wurde, gerade wegen dessen reinigender Wirkung, das Repräsentieren anderer als spirituelle Praxis entwikkelt. In der Aufstellung repräsentiert ein Stellvertreter nur einmalig eine gewisse Person. Im Schamanismus dagegen vereint sich der Schamane immer wieder aufs Neue mit dem gleichen individuellen Hilfsgeist. In den meisten Fällen handelt es sich dabei um einen Tiergeist. Der Schamane singt und tanzt für ihn und vereint sich auf diese Weise mit diesem Tiergeist. Langsam, im Laufe der Jahre, werden dadurch die vier Körper des Schamanen gereinigt, neu strukturiert und durch den Hilfsgeist gestärkt. Im nächsten Kapitel werde ich detaillierter auf die Natur und die Wirkung dieser traditionell schamanischen Form eingehen, den Geist zu repräsentieren.

In den meisten Fällen wird ein Stellvertreter, der eine andere Person repräsentiert hat, nur minimal von den Folgen betroffen sein und nicht darunter leiden, da er mit den Resultaten nicht umgehen muss. Vom schamanischen Standpunkt aus gesehen sollten jedoch in einigen Fällen besser Vorsorgemaßnahmen getroffen werden, zum Beispiel, wenn eine Person repräsentiert wird, die erst vor kurzem gestorben ist, wenn es sich um einen Menschen handelt, der in einem Schockzustand gestorben ist, oder durch Gewalt, Mord oder einen Unfall ums Leben gekommen ist.

Vor einiger Zeit begleitete ich eine Aufstellung, in der ein Mann den Onkel eines Klienten repräsentierte, der vor weniger als einem Jahr verstorben war. Als er den verstorbenen Mann repräsentierte, fühlte der Stellvertreter einen unkontrollierbaren, stechenden Schmerz in seiner Seite, der sogar noch nach dem Ende der Aufstellung spürbar war. Der Klient berichtete, dass der Onkel unter einer Krankheit litt, die einen künstlichen Darmausgang nötig machte. Das Stechen, das der Stellvertreter spürte, war genau an der Stelle, an der der Plastikschlauch durch die Haut des Onkels geführt war. Ich vermutete, dass der anhaltende Schmerz ein Zeichen dafür war, dass der Stellvertreter auch nach der Aufstellung immer noch mit der Seele des Onkels verbunden war. Das wurde auch von dem Stellvertreter bestätigt. Er hatte das Gefühl, der Onkel des Klienten würde quasi hinter ihm stehen. Ich machte dem Stellvertreter den Vorschlag, den Raum zu verlassen und sich einen ungestörten Platz zu suchen. Dort könnte er für einige Minuten mit dem toten Onkel sprechen und ihn bitten, jetzt zu gehen und sich in die Welt der Geister zurückzuziehen.

Nach diesem Ritual war der Schmerz für eine halbe Stunde verschwunden, kehrte aber nach einiger Zeit wieder zurück. Ich sah den toten Onkel nun deutlich neben dem Klienten stehen. Offensichtlich fand er es sehr schwierig, sich zu verabschieden. Darum forderte ich nun den Klienten zu einem kleinen Ritual auf, in dem er sich seinem Onkel zuwenden sollte. Ich gab ihm den Rat, seinen Onkel einzuladen, diese Nacht in seine Träume zu kommen, und dem Onkel auf diese Weise eine Gelegenheit zu bieten, ihm alles mitzuteilen, was er noch als wichtig und notwendig empfinden würde.

Der Stellvertreter mit dem stechenden Schmerz wiederholte zur selben Zeit noch einmal das kleine Ritual, das er schon davor ausgeführt hatte. Dieses Mal teilte er dem Onkel aber sehr nachdrücklich mit, dass der Versuch, sich mit ihm zu verschmelzen, keine Lösung wäre. Wenn es etwas gäbe, das er notwendigerweise noch zu sagen oder zu tun hätte, könnte er dafür besser im Traum des Klienten erscheinen und es direkt mit ihm klären. Nach diesen Worten hörte das Stechen unmittelbar auf und kehrte auch nicht wieder zurück.

Wenn ein Stellvertreter nach der Aufstellung unerwartete Gefühle oder Reaktionen bemerkt, bedeutet das allerdings nicht immer, dass die Verbindung zu einer anderen Person vorhanden ist. In den meisten Fällen handelt es sich dabei um die Begleiterscheinungen der Veränderungen in den vier Körpern des Stellvertreters selbst, ein Effekt der zeitbefristeten Vereinigung mit der anderen Seele.

Am besten kann die Verbindung zwischen dem Stellvertreter und der anderen Seele direkt nach der Aufstellung unterbrochen werden. Jedoch ist das vom schamanischen Standpunkt nicht immer die richtige Entscheidung. Hin und wieder kann das Fortdauern einer Verbindung noch zu einer zusätzlichen, notwendigen Heilung der Person führen, die aufgestellt wurde. Wenn eine Person durch Gewalt oder unter verwirrenden Umständen stirbt, kann der Schamane ihr helfen, indem er ihrer Seele mit allen Traumata und Verwirrungen gestattet, für eine bestimmte Zeit Teil seiner eigenen Seele zu sein.

Fortgeschrittene Schamanen erlauben dem astralen Körper des Opfers möglicherweise sogar, sich vollständig mit ihrem eigenen astralen Körper zu vereinen. Für einen Anfänger ist das allerdings eine überwältigende Erfahrung, die sich als eine Überforderung herausstellen kann. Ein erfahrener Schamane wird jedoch die andere Seele einfach vollständig umarmen und anschließend durch seine eigene emotionale Beherrschung schrittweise Schmerzen und Ängste lindern. Bei einem derartigen Heilungsritual für die Toten kann es zu heftigen Reaktionen kommen, zum Beispiel dass ein Schamane zu Beginn weint und sein Körper bebt, wenn er dem anderen gestattet, in seine subtilen Körper und seine Seele einzutreten. Schließlich erfährt er selbst auch die gesamte Wirkung der Traumata, unter denen die Seele leidet.

Der Schamane gestattet der Seele für eine gewisse Zeit, ein Teil von ihm zu sein, und obwohl er die Schmerzen und die Verwirrung fühlt, identifiziert er sich nicht damit. Stattdessen wird er dem anderen helfen, ihm friedliche, stärkende und klar geordnete Gedanken und Gefühle zu übermitteln. Innerlich wird er dafür folgende Sätze wiederholen: „Die Schmerzen sind aus der Vergangenheit. Alles, wodurch sie verursacht wurden, ist jetzt vorbei. Hinter den Tränen, die ich weine, liegt die reine Kraft unserer Seele. Die Seele ist gesund und frei, das Leiden existierte nur in deinem Leben. Doch jetzt bist du tot. Du lebst jetzt als Geist, die Schmerzen sind beendet."

Nach einiger Zeit wird die andere Seele aufnahmefähig und beginnt das wahrzunehmen, was man ihr anbietet. Normalerweise wird sie es dann langsam akzeptieren. Wenn die Seele einen relativ friedlichen Zustand erreicht hat, wird der Schamane sie wieder loslassen und sie entweder selbst an einen Platz in der Geisterwelt bringen, an dem weitere Heilung gefunden werden kann, oder sie den Hilfsgeistern übergeben, die die Seele an einen passenden Platz in der Geisterwelt bringen.

Derartige Praktiken sind sehr anspruchsvoll und stehen im engen Zusammenhang mit den Dynamiken, die im Kapitel 4 über das Auf-sich-Nehmen von Leiden zugunsten anderer beschrieben wurden. Sie sind auch den Dynamiken bei den Aufstellungen ähnlich, in denen die Stellvertreter die Folgen von schweren Traumata erfahren und ausdrücken, allerdings mit einem wesentlichen Unterschied: Ein Schamane tut beides, er spürt und begleitet die andere Seele, während bei einer Aufstellung der Stellvertreter die Gefühle wahrnimmt und die Begleitung der anderen Seele in den Händen des Begleiters liegt.

Nachdem man so intensiv mit einer anderen Seele vereint war, vor allem wenn diese traumatisiert war, ist vom schamanischen Standpunkt aus eine spirituelle Reinigung notwendig. Mithilfe von reinigenden und harmonisierenden Handlungen kann man den starken Einfluss der Traumata der anderen Person neutralisieren. Reinigung ist in diesem Falle nicht das richtige Wort, da der Schamane – oder im Falle einer Aufstellung der Stellvertreter – vielmehr eine Möglichkeit finden muss, das Gefühl für seine eigene Seele zurückzugewinnen. Auf diese Weise kann er dann zu seiner gewohnten Identität zurückkehren, zu seiner Kraft. Auch seine vier Körper müssen die auferlegte Spannung wieder loslassen und benötigen möglicherweise etwas Ruhe oder müssen in extremen Fällen sogar wiederhergestellt werden.

Die traditionellen Methoden, die nach solch einer Arbeit angewendet werden, sind Reinigungen mit Räucherwerk durch Kräuter mit reinigenden Eigenschaften, Baden in speziell bereitetem Wasser, Essen oder Singen. Für westliche schamanische Praktiker oder Personen, die als Stellvertreter in Aufstellungen teilgenommen haben, sind auch die folgenden Möglichkeiten gute Alternativen: ein inspirierendes Buch lesen, spazieren gehen, Musik hören, ein Gespräch mit einem guten Freund oder ein heißes Bad nehmen. Nachdem der Stellvertreter eine Person mit einem besonders intensiven emotionalen Trauma repräsentiert hat, benötigt er normalerweise etwas Zeit, sich zu stabilisieren. Deshalb entscheidet er sich möglicherweise dafür, sich für die folgenden Stunden oder Tage nicht mehr als Stellvertreter aufstellen zu lassen, bis er sich wieder vollständig geerdet und in sich zentriert fühlt.

Der Klient, die repräsentierten Familienmitglieder und die Stellvertreter werden durch die systemische Arbeit betroffen. Aber das Gleiche gilt auch für die anderen Menschen, die während einer Aufstellung anwesend sind: die Teilnehmer des Seminars. Normalerweise sitzen sie im Kreis, in dessen Zentrum die Aufstellungen durchgeführt werden. Während eines Seminars werden die verschiedenen Teilnehmer meistens mehrere Male gebeten, als Stellvertreter zu fungieren. Aber die meisten Teilnehmer verbringen den größten Teil des Seminars damit, um den Platz der Aufstellung herum zu sitzen und die Geschehnisse zu beobachten. Bei einer Aufstellung kommt es zu einer Interaktion zwischen den Stellvertretern und den anderen Teilnehmern: Während der Prozess, den die Stellvertreter erleben, die anderen Teilnehmer als Zuschauer berührt, vertieft die spürbare Betroffenheit und Anteilnahme der Zuschauer wiederum die Erfahrung der Stellvertreter. In diesem Sinne sind die Zuschauer Teil der sich entfaltenden Dynamik der Aufstellung. Sie weinen, wenn die Stellvertreter weinen, und atmen auf und fühlen sich erleichtert, wenn eine gute Lösung gefunden wird.

Ganz besonders gehen die archaischen Bewegungen allen Teilnehmern ans Herz: wenn zum Beispiel jemand dem Tod begegnet, ein schwer wiegendes Schicksal akzeptiert, tiefe Dankbarkeit darüber äußert, dass ihm das Leben geschenkt wurde, oder am Ende einer Beziehung respektvoll Abschied vom Partner genommen wird. Jede Aufstellung bietet Möglichkeiten, neue und tiefere Einsichten zu finden, und hilft den Teilnehmern, die Komplexität der menschlichen Erfahrung zu akzeptieren. Selbst ein Teilnehmer, der nicht die Möglichkeit hatte, Stellvertreter zu sein, wird doch als veränderte Person nach Hause gehen.

13. Entwicklungen der Seele

Im traditionellen Schamanismus werden die Geister auf verschiedene Arten repräsentiert. Sie sind sowohl in den Liedern anwesend, die ihre Anweisungen enthalten und ihre Betroffenheit den Menschen gegenüber zum Ausdruck bringen, als auch in den ihnen geweihten Altären und zeremoniellen Objekten. Die Geister sind auch dann anwesend, wenn der Schamane sie repräsentiert, indem er ihren Platz einnimmt und mit ihren Bewegungen tanzt und ihre Lieder singt. Die rituellen Tänze der Schamanen, in denen die Geister vertreten werden, sind nicht einfach nur Imitationen der Bewegungen und Laute der Geister, sondern sie beruhen vielmehr auf den gleichen Prinzipien, die auch das Familien-Stellen ermöglichen. Sowohl der Schamane als auch der Stellvertreter in einer Aufstellung nehmen den Platz eines anderen ein. Auf diese Weise fühlen sie das Wesen des anderen in ihrer eigenen Seele und können alles mit seinen Augen sehen. Das Repräsentieren ist eigentlich ein spiritueller Weg: ein Weg, der dazu führt, dass die Seele gereinigt wird und sich ausdehnen kann.

Im Schamanismus können die verschiedenen Geister in vier Gruppen unterteilt werden, wobei es für jede Gruppe eine andere Herangehensweise gibt. An erster Stelle steht der Schöpfer in seiner reinen Art, der ein einzelnes Kraftfeld formt. Nach ihm kommen die Großväter und Großmütter der Geisterwelt, die die unermesslichen Kräfte der Natur verkörpern. Danach gibt es die Geister, wie beispielsweise die Geister der Toten oder die Geister der Tiere, die mehr oder weniger auf dem gleichen Niveau stehen wie wir Menschen. Und schließlich existieren noch die kleineren Geister der Natur. Der Schamane verhält sich zu jeder spezifischen Gruppe von Geistern auf eine andere Weise.

Die erste und großartigste und im wahrsten Sinne des Wortes auch größte aller anerkannten Manifestationen des Geistes ist der

Schöpfer, ist Gott. Er ist der Schöpfer des Universums. Auch wenn ihm ein Namen zugeschrieben wird wie „Großer Geist" oder man ihm manchmal ein Gesicht verleiht, sodass man ihn abbilden kann – dabei bleibt es dann auch. In der schamanischen Arbeit bleibt diese ursprüngliche Kraft im Großen und Ganzen unberührt und ohne weitere Interpretationen, da es keine Möglichkeit gibt, mit solch einer immensen Kraft wirklich zu kommunizieren. Gott in seinem essenziellen Zustand ist für uns spirituell zu immens, um ihn zu begreifen oder zu verstehen. Er ist zu weit entfernt von uns. Der Schöpfergeist wird in Gebeten zwar angerufen und erwähnt, aber nur selten übernimmt er eine praktische Aufgabe bei einem Heilungs- oder einem anderen Ritual. Alle Kraft kommt von ihm – das ist eine Tatsache und wird auch so anerkannt. Aber wir sind einfach nicht in der Lage, mit der Quelle aller Kraft direkt umzugehen.

Die einzige mögliche Beziehung, die wir zu diesem Aspekt der Schöpfung haben können, ist von tiefem Respekt und Achtung geprägt, aber gleichzeitig von Einfachheit. Indem der Schamane in jedem Gebet dem Schöpfer als der Quelle für alles, was existiert, gedenkt, beugt er sich vor seiner Gegenwärtigkeit und zeigt seine Anerkennung, dass sie jenseits des menschlichen Verständnisses liegt. Diese reinste und höchste Ebene des Geistes, Gott der Schöpfer, reicht nicht bis zu den Menschen. Darum ist man im Schamanismus auch normalerweise nicht daran interessiert, eine direkte Erfahrung dieser Energie zu machen und sich darum zu bemühen, wie es zum Beispiel bei einigen östlichen Meditationstechniken wohl der Fall ist.

Im Schamanismus bleibt Spiritualität in menschlichen Dimensionen. Trotzdem kommt es vor, dass weiterentwickelte Schamanen zeitweise einen Schimmer dieser Kraft erblicken, aber das ist dann mehr der Verdienst ihrer weitentwickelten spirituellen Art. Es kann auch in einigen Fällen dazu kommen, dass sehr kraftvolle Geister, wie zum Beispiel der Peyote-Großvater, die Seele eines Schamanen absichtlich und bewusst mit dem Schöpfer vereint. Aber selbst dann ist es niemals der Schöpfergeist selbst, der aus sich selbst heraus zu uns Kontakt aufnimmt. Er existiert einfach nur, mysteriös und unvorstellbar.

An erster Stelle steht also der Schöpfergeist. Nach ihm kommen die Großväter und Großmütter der Geisterwelt. Auch ihr Wesen ist noch unergründlich und unvorstellbar, aber immerhin verkörpern sie spezifische, definierte und damit begrenzte Kräfte. Die Großväter und Großmütter sind nicht im Geringsten so umfassend wie der Schöpfergeist. Je nach Tradition sind sie zum Beispiel die Sonne, der Mond oder eventuell auch die Erde oder der Himmel. Auch andere große Kräfte der Natur wie das Meer, der Donner oder der Wirbelwind gehören in diese Kategorie.

Ein Schamane kann zwar mit den Großvätern und Großmüttern des Geistes kommunizieren, aber das ist nicht ohne Risiko für ihn: Ihre Berührung kann jemanden ebenso gut töten wie transformieren oder heilen. Laut den Traditionen antworten die Großväter und Großmütter auf die Gebete der Menschen, die spirituell geläutert sind. Wenn sie jemanden bemerken, der sie um Hilfe anruft, übermitteln sie einen Teil ihrer Kraft zusammen mit einem bestimmten Ritual oder Lied. Ein solches Lied oder Ritual wird dann wiederum vom Schamanen bei einer Heilungszeremonie verwendet, um Großvater oder Großmutter herbeizurufen und ihre Kraft zu erwecken, die ihm von ihnen übertragen worden ist. Im Wesentlichen gehen wir mit den Großvätern und Großmüttern auf die gleiche Weise um, wie wir auch auf unsere Eltern oder Großeltern reagierten, als wir klein waren. In Anwesenheit der Großväter und Großmütter werden wir zu kleinen hilflosen Kindern, die noch nicht viel verstehen und nicht in der Lage sind, für sich zu sorgen.

Die Großväter und Großmütter sind viel älter als die Menschheit, reiner als alle anderen Geister und viel weiter entwickelt als wir Menschen. Der Schamane wird diese Geister grundsätzlich um Hilfe anrufen, wenn er um Kraft bittet, Kraft für andere bedürftige Menschen wie auch für sich selbst, sodass er genug Kraft hat, das Ziel des Lebens zu sehen und zu erfüllen. Um die Aufmerksamkeit und den Segen der Großväter und Großmütter zu erhalten, setzen Menschen sich sehr extremen Ritualen und Situationen aus. Die Visionssuche („Vision Quest") ist das bekannteste Ritual für diesen Zweck.

Während einer Visionssuche zieht sich ein Mensch in die Natur zurück und fastet für drei oder vier Tage und Nächte. Kraftvolle Medizinmänner fasten für viel längere Perioden, teilweise bis zu einer Woche oder länger. In dieser gesamten Zeit bleibt der Suchende wach und betet zu den Großvätern und Großmüttern. Manche Menschen führen dieses Ritual nackt, d.h. ganz ohne Kleidung oder nur mit einer Decke behängt aus.

158

Wenn der Visionssuchende für mehrere Tage an einer einzigen Stelle mitten in der Natur bleibt, ohne Wasser und Nahrung, und tage- und nächtelang betet, so wird er zu einem hilflosen Kind, das vor lauter Leiden zu weinen beginnt. Die Sprache der Gebete ist im Wesentlichen wie die Sprache eines Kindes, das zu seinen Eltern spricht: „Großväter, ich bin in euren Augen erbarmungsbedürftig und kann nicht ohne eure Unterstützung leben. Gebt mir die Kraft zu verstehen, gewährt mir die Kraft, damit ich leben kann! Helft mir zu verstehen, helft mir mit eurer Kraft, damit ich stark werde! Ohne eure Kraft kann ich nicht leben, bekomme ich keine Luft zum Atmen. Kräfte, macht mich stark!"

Derartige Rituale sind sehr anstrengend. Eine Periode von vier Tagen und vier Nächten ist eine sehr lange Zeit, wenn man alleine ist und nur fastet und betet. Die Menschen werden in dieser Zeit mit ihren Schwächen konfrontiert, besonders mit ihren Ängsten und Zweifeln. Hier liegt dann auch die Herausforderung, diese zu überwinden, sodass man sich für die Großväter und Großmütter öffnen kann.

Die Visionssuche und andere ähnliche Rituale werden eingesetzt, um beim Anblick der größeren Geister frei von Ängsten zu werden. Schamanische Traditionen haben vom grundlegenden Thema des Fastens und Betens eine Vielzahl an Variationen entwickelt. Aus symbolischen Gründen legen sich manchmal die Visionssuchenden in eine seichte Kuhle in der Erde, die mit einer Decke abgedeckt wird, andere wiederum werden für die Dauer des Rituals tief in die Erde eingegraben. Solch eine Grube kann sogar einige Meter tief sein, und die Öffnung wird dann mit Holzplatten und Erde abgedeckt. Wieder andere suchende Menschen klettern hingegen auf einen Baum.

Die extremste Variation, die ich selbst persönlich zu hören bekommen habe, wurde von einem Lakota-Ältesten und Medizinmann beschrieben, der einmal neun Tage und Nächte ohne Nahrung und Wasser in einer abgeschlossenen dunklen Höhle verbrachte. Seine Brust und sein Rücken waren von den Krallen eines Adlers durchbohrt. Außerdem hing er während der gesamten Zeit in der Luft: Er baumelte von der Decke an Stricken, an denen diese Krallen befestigt waren! Ich bin nicht die geeignete Person, um zu beschreiben, was für eine Begegnung er während dieser Tage mit den Großvätern hatte. Aber ohne Zweifel ist: Die Großväter beantworteten seine Gebete; sie kamen zu ihm und zeigten ihm bestimmte Kräfte.

Solche Extreme werden selbstverständlich nur von erfahrenen Schamanen oder Medizinmännern gewählt. Andere Visionssuchende werden eher in der Natur sitzen und das Ritual nur für einige Tage ausführen, was normalerweise auch schon eine intensive Erfahrung bringt. Für die außergewöhnlichen Rituale entscheiden sich die Medizinmänner, weil sich die menschliche Persönlichkeit nur während extrem starker Leiden für die Kräfte der Geister öffnen kann. Die Heilkraft des Geistes ist so stark, dass sie nur aufgenommen werden kann, wenn die Persönlichkeit total aus ihren normalen Begrenzungen und die vier Körper aus ihren gewohnten Mustern gerissen werden.

Gelegentlich kommt es auch vor, dass kein Ritual notwendig ist, um die Kraft der Großväter zu erhalten. In seltenen Fällen wählen sie aus eigener Initiative eine Person aus, der sie sich dann nähern. In solch einem Fall ist die gewisse Person den Großvätern ähnlich, das heißt, dass ihre Wesen auf bestimmte Weise ähnlich sind. Durch diese Übereinstimmung kann die Kraft des Geistes relativ leicht absorbiert werden, ohne dass der Geist und die Seele der betreffenden Person erst durch tage- und nächtelanges Leiden und Gebete geöffnet werden müssen.

Neben den beiden bisher genannten Gruppen gibt es eine dritte Gruppe Geister, die mehr oder weniger uns Menschen gleichgestellt sind. Zumindest sind sie uns ähnlich und leben in unserer unmittelbaren Nähe, sodass wir relativ einfach mit ihnen sprechen können. Die Geister, die in diese Gruppe gehören, sind zum Beispiel die Tiergeister, Geister von einzelnen Bergen oder Flüssen und auch die Geister oder Seelen der Toten. Ihre Welt und unsere Welt liegen nahe nebeneinander, sodass man spirituell sagen könnte, dass wir Nachbarn sind. Wir müssen uns mit ihnen arrangieren, wie wir das mit unseren wirklichen Nachbarn in der physischen Welt auch tun: Wir versuchen eine gute Beziehung mit ihnen aufzubauen, kommunizieren einfach, aber wirkungsvoll mit ihnen und, wenn es nötig ist, verhandeln wir auch mit ihnen.

Sowohl die Geister als auch die Menschen profitieren von einer guten Beziehung, sodass bestimmte Gaben und Informationen miteinander ausgetauscht werden können. Den Geistern wird ein Altar gegeben und regelmäßige Opfer von Nahrungsmitteln, Räucherwerk, Wasser begleitet von Liedern. Demgegenüber helfen die Geister dem Schamanen bei seinen Zeremonien und geben ihm wertvolle Informationen. Da sie mehr oder weniger auf der gleichen Ebene wie wir Menschen stehen, sehen sie auch die Welt auf eine ähnliche Weise, wie wir sie wahrnehmen. Dadurch ist die Kommunikation mit ihnen relativ einfach. Diese Geister sind die wichtigsten für die schamanischen Heilungsrituale, da sie direkte und praktische Hilfe geben können. Ein Schamane, der gelernt hat, sie zu erreichen, kann mit ihnen mühelos zu jeder Zeit kommunizieren, wann immer er will. Die meisten der Hilfsgeister des Schamanen kommen auch von dieser Ebene, und mit ihnen entwickelt der Schamane eine sehr enge Beziehung und Freundschaft. Trotzdem gibt es auch hier Geister, die geheimnisvoll und mächtig sind, und man wird davor gewarnt, mit ihnen zu kommunizieren, da es für nicht Eingeweihte zu gefährlich sein kann.

In meiner eigenen schamanischen Arbeit werde ich von verschiedenen Hilfsgeistern unterstützt. Der Geist des Bären ist einer von ihnen. Er wird als stärkster Geist gesehen in der Kategorie der Geister, die uns Menschen nahe stehen. Er wählte mich seinerseits aus, indem er sich mir regelmäßig in meinen Träumen zeigte und mir eine Reihe Anweisungen und Lehren gab, wie ich mich auf ihn einstellen könnte. Seit vielen Jahren erlebe ich einen kontinuierlichen Reinigungsprozess und eine Neuordnung der vier Körper, da ich diesen Geist immer wieder in Heilungsritualen und Tänzen repräsentiere. Diese Umstrukturierung geschieht auf allen Ebenen, selbst mein physischer Körper erfährt gewisse subtile Veränderungen durch den Kontakt mit dem Bärengeist. Natürlich ist es nicht so, dass ich plötzlich stärker behaart bin oder meine Nägel zu Klauen geworden sind, ich bin noch immer der Gleiche, der ich zuvor war.

Aber indem ich dem Bärengeist gestatte, meine Stimme zu benutzen, kann ich jetzt das Brummen und die Geräusche eines Bären imitieren. Zeitweise kann ich auch durch die Augen des Bärengeistes schauen: Wenn ich beim Tanzen den Bärengeist einlade und ihn repräsentiere, kann ich, nachdem er zu mir gekommen ist und ich mit ihm eins werde, direkt das Skelett von Menschen durch ihre Haut hindurch sehen. Dabei rate ich nicht, wo welche Knochen sind, sondern in diesem Trancezustand, verschmolzen mit dem Bärengeist, kann ich genau sagen, welche Knochen gebrochen oder beschädigt sind und ob sie gut verheilt sind oder nicht.

Als diese Fähigkeit sich in mir zu entwickeln begann, wollte ich prüfen, ob die Dinge, die ich sah, auch wirklich der Wahrheit entsprachen. Dafür bat ich in mehreren meiner Gruppen ungefähr zwanzig Freiwillige, sich in einem Kreis aufzustellen. Danach rief ich den Bärengeist herbei, indem ich um den Kreis herum tanzte. Als ich dann mit dem Geist vereint war, ihn repräsentierte, schaute ich mir die Knochen der anwesenden Menschen an, und teilte ihnen mit, was ich sah. Da die Teilnehmer dieser Experimente mir bestätigten, dass meine Beobachtungen richtig waren, brauchte ich meine Fähigkeiten schon bald nicht weiter zu prüfen.

Die schrittweise Läuterung und Neustrukturierung meiner vier Körper durch den Geist des Bären hat sich, über die Jahre hinweg, bis zum heutigen Tag fortgesetzt. Vereint mit diesem kraftvollen Hilfsgeist, konnte ich verschiedene Arten von Knochenschäden heilen. Besser gesagt: Der Bärengeist führte die eigentliche Heilung aus, und ich war nur der Assistent, der den Rahmen für das Heilungsritual schaffte und aufrechterhielt. Ich begann diese Heilungsarbeit zusammen mit dem Bärengeist vor fünf oder sechs Jahren. Seitdem habe ich die Prozesse einiger Klienten beobachtet, denen ich zu Beginn geholfen hatte, um zu schauen, ob die Heilung anhalten würde oder nicht. Bis zum heutigen Tag sind diese Klienten schmerzfrei und können sich immer noch ausgezeichnet bewegen, was vor der Arbeit mit dem Bärengeist nicht möglich war.

Für Menschen, die nicht mit dem Schamanismus vertraut sind, klingen diese Geschichten wahrscheinlich sehr unglaubwürdig und höchst merkwürdig. Doch meine Erlebnisse mit dem Bärengeist sind nicht im Geringsten ungewöhnlich oder Ausnahmen. Es gibt viele erfahrene Schamanen, die ähnliche Geschichten erzählen können. An dieser Stelle will ich aber darauf hinweisen, dass es zwar relativ einfach ist, mit einem Geist wie dem Bärengeist zu kommunizieren, aber man kann nie vorhersagen, wie ein Geist sich verhalten wird. Wenn ich zum Beispiel einen Vortrag halte, singe ich zu Beginn und am Ende meiner Rede ein Lied für den Bärengeist. Anschließend passiert es immer wieder, dass ich einige Tage nach dem Vortrag einen Anruf eines Zuhörers erhalte, der mir berichtet, dass während meines Singens etwas mit ihm passiert sei. Er fühlte beispielsweise während des Liedes einen seiner Wirbel sich in eine andere Position verschieben, und seitdem seien seine chronischen Rückenschmerzen verschwunden. Auf der anderen Seite kann es aber auch passieren, dass während eines Heilungsrituals der Bärengeist, unmittelbar nachdem er gekommen ist, wieder verschwindet. Offensichtlich ist er dann nicht in der Lage oder nicht dazu bereit, dem Klienten zu helfen, der um das Ritual gebeten hat.

Nach den Geistern, die uns sehr nahe sind, kommen schließlich die kleineren oder geringeren Geister. Um mit ihnen zu kommunizieren, muss der Schamane eine gewisse Kontrolle ausüben. Die Beziehung zu diesen Geistern entspricht der Art, wie wir mit Kindern umgehen. Von dieser Gruppe kleinerer Geister sind die Geister der Natur die bekanntesten, da sie eine beinahe physische Art der Existenz führen. Die verschiedenen Kulturen beschreiben solche Geister als Zwerge, Gnome, Elfen und so weiter. Sie sind in jeder natürlichen Umgebung anwesend, auch in größeren Parks, dagegen werden sie selten in den Städten gesehen. Manchmal dienen sie als Heilgeister oder übermitteln Botschaften von Geistern der höheren Ebenen. Manche dieser Geister werden auch dazu gebracht, als böse Geister zu handeln, woraufhin sie in der Lage sind, Schwierigkeiten zu verursachen. Nach den verschiedenen schamanischen Traditionen müssen die kleineren Geister vom Schamanen besänftigt werden, indem er ihnen regelmäßig Geschenke und Opfergaben gibt. Normalerweise sind die kleineren Geister nicht wirklich an uns interessiert. Sie versuchen nur, unsere Aufmerksamkeit auf sich zu ziehen, wenn wir sie gestört haben, um uns dann mitzuteilen, dass wir einen anderen Weg einschlagen müssen.

Die Bezeichnung „Geist" wird für alle diese unterschiedlichen Kräfte verwendet, von der höchsten bis zur kleinsten. Sie werden als Manifestationen des gleichen Mysteriums gesehen, als bewusste Aspekte der Schöpfung. Die Schamanen und Medizinmänner, die ich getroffen habe, sagen dann auch eher „Geist sagt mir …" anstelle von „dieser gewisse Geist sagt mir". Anstelle von „die Geister sind anwesend", verwenden sie eher den Ausdruck „Geist ist anwesend". Das Wort Geist bezeichnet gleichzeitig sowohl einen einzelnen, individuellen Geist als auch den gesamten undefinierbaren Bereich der Schöpfung.

Aus einer bestimmten Perspektive gesehen, ist eine Unterteilung der verschiedenen Arten von Geistern auch nicht wirklich wichtig, da der Unterschied nur oberflächlich ist. Im Vergleich der Geister zu den Menschen sind die Unterschiede zwischen den verschiedenen Geistern selbst nicht so groß. Die Geister können groß oder klein sein, aber alle leben in den gleichen subtilen Welten und besitzen keine physischen Körper wie wir. Trotzdem lernt man in der schamanischen Ausbildung, wie sie zu unterscheiden sind und wie man sich gegenüber jeder der unterschiedlichen Gruppen von Geistern verhält. Bei einigen Geistern erfährt man eine Hingabe und Achtung, mit anderen verhandelt man und bei einer weiteren Gruppe bleibt man wachsam und behält die Kontrolle. In der schamanischen Arbeit sind alle diese verschiedenen Beziehungsdynamiken Teil des Umgangs mit dem Mysterium des Lebens. Jede von ihnen ist passend und angemessen, wenn sie im richtigen Kontext verwendet wird. Es ist jedoch wichtig, dass alle Umgangsformen beherrscht werden.

Die verschiedenen Arten, wie man mit spirituellen Kräften in Form von Geistern umgeht, bilden Entwicklungsschritte in einem spirituellen Reifungsprozess. Anfänglich fühlt man sich sehr groß und mächtig, aber mit jedem Schritt in der Ausbildung wird man zunehmend kleiner. Der erste Schritt entspricht der Fähigkeit, konstruktiv mit Kräften umzugehen, die kleiner sind als man selbst. Man behandelt sie mit Respekt, aber ist sich weiterhin seines eigenen Willens bewusst, während man mit ihnen kommuniziert. Der nächste Schritt besteht darin zu erkennen, dass der andere einem gleichwertig ist und ähnliche Fähigkeiten besitzt wie man selbst. Der Geist wird dann zu einem Freund. Man hört auf, ihn herumzukommandieren, und beginnt, sich mit ihm zu unterhalten. Man lernt, mit ihm zusammenzuarbeiten, und erkennt, dass beide davon profitieren, wenn man als Team zusammenhält. In diesem Sinne hat man schon an Größe verloren: Man ist nicht mehr größer als die Geister, sondern ist jetzt gleich groß.

Beim nächsten Schritt geht es um die Beziehung zu den Großvätern und Großmüttern des Geistes, den Kräften, die wahrlich viel mächtiger sind als wir Menschen. Um eine gute Beziehung mit ihnen zu entwickeln, schrumpft man weiter an Größe durch ständige intensive Reinigung. Solange man nicht von Meinungen, Ideen und Gefühlen geläutert ist, nehmen diese weiterhin viel Raum in uns ein, sodass kaum Platz für die stärkeren Kräfte des Geistes bleibt. Dies ist eine schwierige Phase, da beispielsweise alle versteckten Minderwertigkeits- oder Überlegenheitsgefühle ans Licht kommen und aufgearbeitet werden müssen. Um vertrauensvoll einen Bezug zu den Kräften herzustellen, die um vieles größer sind als man selbst, muss man den Mut haben, sehr klein zu werden. Ist man dann schließlich in der Lage, im Beisein der größeren Kräfte zu entspannen und sich von ihnen führen zu lassen, kann man den nächsten Schritt machen.

In dieser letzten Phase schrumpft man in einem so großen Maße, dass man aufhört, sich selbst getrennt von der Schöpfung zu sehen. Das Einzige, was im Bewusstsein bleibt, ist der Schöpfergeist. Wenn ein Schamane in der Lage ist, diesen Punkt zu erreichen, macht es keinen Unterschied mehr, ob er seine persönliche Meinung vertritt oder die Geister durch ihn sprechen. An diesem Punkt ist er so rein geworden, dass alle Unterschiede verschwinden. Er ist einfach in Frieden mit sich selbst, und die Grenzen zwischen ihm und der Schöpfung sind zur selben Zeit aufgelöst und doch noch da.

Meines Wissens gab es bislang nur einige wenige Schamanen oder Medizinmänner, die in der Lage waren, sich dermaßen zu reinigen und an Größe zu verlieren, bis sich ihre Seele so weit ausdehnte, dass sie die Schöpfungskraft des Lebens selbst umfassen konnten. Die wenigen, die diesen Zustand erreicht haben, werden als heilige Menschen gesehen. In ihrer Gemeinschaft werden sie als ethische Führer anerkannt, und viele Menschen suchen ihren Rat und ihre Hilfe. Ihr Leben und ihre Gebete dienen allen Menschen als ständiges Beispiel.

Die vier Schritte des schamanischen Pfads sind nicht immer einfach voneinander zu unterscheiden. Auch gibt es für nahezu alle Praktizierenden kein Ende der schamanischen Ausbildung. Jeder Student versucht fortwährend, verschiedene Aspekte aller Schritte gleichzeitig zu meistern. Im selben Moment, indem er sich zum Beispiel darin übt, die Kontrolle über die niedrigeren Kräfte und die kleineren Geister zu halten, lernt er möglicherweise ebenso, demütig zu werden, um den Großvätern zu begegnen.

Viele traditionelle Schamanen und Medizinmänner begannen ihre Ausbildung, weil sie als Kinder schon in der Lage waren, die Geister der Toten wahrzunehmen. Darum lernten sie notwendigerweise erst, mit den Geistern dieser Kategorie umzugehen, bevor ihnen beigebracht wurde, mit anderen Geistern zu kommunizieren. Aber es ist unbedeutend, in welcher Reihenfolge die Schritte durchlaufen werden. Alle Schritte müssen unternommen werden, um das volle spirituelle Potenzial des schamanischen Wegs zu erreichen.

Der Kontakt mit den Geistern öffnet die vier Körper, sodass sie stets mehr Kraft der Seele durchlassen können. Und je durchlässiger und subtiler die vier Körper werden, desto mehr können sie nicht nur von der kleinen Seele gefüllt werden, sondern auch immer mehr von der großen Seele. Bei einem Schamanen, der sich immer wieder mit seinen Hilfsgeistern vereint, sie in Tänzen und Ritualen repräsentiert, ist solch ein allmählicher Reinigungsprozess und eine Neustrukturierung unvermeidlich. Seine vier Körper öffnen sich für stärkere und größere Energiemuster, und je mehr diese neuen Muster sich in ihm vertiefen, desto mehr werden alte Muster herausgedrängt und losgelassen.

Vor einiger Zeit hatte ich eine Erfahrung, die verdeutlicht, auf welche Weise die Anwesenheit des Geistes eine reinigende Wirkung hat. Bei einer Veranstaltung in Holland leitete ich zwölf Workshops von je zwei Stunden innerhalb eines Zeitraums von drei Tagen. Am Ende eines jeden einzelnen Workshops legte ich mein Bärenfell, das ich aus Sibirien bekommen habe, vor mich auf den Boden und hielt ein einfaches kleines Ritual ab, indem ich Kontakt mit meinem Bärengeist aufnahm. Während meines Tanzes sang und betete ich für die Menschen, die anwesend waren, und vereinte mich so allmählich mit dem Geist des Bären.

Normalerweise arbeite ich mit dem Bärengeist nur einmal und mache danach eine Pause von mehreren Stunden, um mich zu erholen. Auch wenn ich nur ein einziges Mal tanze, benötige ich etwas Zeit, um die Wirkung auf meine subtilen Körper zu integrieren. Während der Veranstaltung leitete ich jedoch mehr als zehn Sitzungen hintereinander, ohne mir zwischendurch ausreichende Pausen zu nehmen und wieder aufzutanken. Noch einige Tage nach der Veranstaltung fühlte ich mich unruhig und hatte das Gefühl, mich ständig bewegen zu müssen. Ich hatte Schwierigkeiten mit dem Schlafengehen und wollte am liebsten direkt wieder aufstehen, nachdem ich mich hingelegt hatte. Ich lief ziellos durchs Haus, genervt und gestresst. Nach fünf Tagen verschlechterte sich die Situation dermaßen, dass ich nicht mehr die Ruhe fand, mich hinzusetzen und zu essen. An diesem Punkt griff mein Partner ein und fragte mich, was ich genau spürte. Fühlten sich meine Wahrnehmungen heiß, kalt oder wie elektrisiert an? Bewegten sie sich durch meinen Körper oder waren sie statisch? Konnte ich entdecken, wo meine Unruhe ihren Ursprung hatte oder wo sie genau lokalisiert war?

Durch diese Fragen wurde mir deutlicher, dass das Gefühl der Unruhe in meinen Oberarmen lokalisiert war. Als ich versuchte, meine Arme auf eine Weise zu bewegen, dass sie genau ausdrückten, was sie fühlten, hielt ich meine Oberarme dicht an meinen Körper gepresst, unbeweglich und angespannt. Meine Unterarme bewegte ich so schnell ich konnte in alle Richtungen, als wollte ich hilflos versuchen, mich von etwas zu befreien, was hinter mir stand. In kürzester Zeit fühlte ich mich vollkommen erschöpft, und ein absterbendes Gefühl beschlich meinen gesamten Körper. Als ich mir selbst gestattete, für einen Moment so dazusitzen und dabei meine Unterarme erbärmlich umherzubewegen, tauchte plötzlich das Bild eines Krankenhauses in mir auf. Ich erinnerte mich, dass ich als einjähriges Kind für mehrere Monate im Krankenhaus lag, da ich ernsthaft krank war, und dabei durch eine verkomplizierte Infektion beinahe gestorben wäre.

Als ich mich an die Geschichten von meiner Zeit im Krankenhaus erinnerte, sprang ich auf und rief sofort meine Mutter an, um sie zu fragen, ob ich in dieser Zeit an das Bett festgebunden worden war. Meine Mutter bestätigte meine Vermutung. Als ich sie fragte, wie sie mich genau festgebunden hatten, sagte sie mir, dass ich mit Fesseln an meinen Oberarmen an das Bett gebunden war. Jetzt begriff ich, was die Unruhe der letzten Tage bedeutete und warum ich mich nachts nicht ins Bett legen wollte. Die Folgen der andauernden Bärentänze verursachten eine stärkere Vereinigung mit dem Bärengeist als gewöhnlich. Und durch die Kraft des Geistes wurden offensichtlich, um es mal so auszudrücken, einige alte Spinnweben in den Ecken meiner energetischen und physischen Struktur beseitigt. Das bewirkte, dass alte physische Muster meiner Kindheit losgelassen wurden.

Da ich nun die genaue Ursache meiner Unruhe kannte, konnte ich mir gestatten, sie zu fühlen. Dann atmete ich tief und bewegte meine Arme und meinen Körper sehr bewusst. Ich sprach zu mir selbst, dass ich jetzt frei wäre und nicht weiter darum kämpfen müsste, von den Fesseln erlöst zu werden. Eine oder zwei Stunden danach steigerte sich meine Unruhe noch, aber indem ich mich immer mehr auf die jetzige Kraft in meinen Armen als erwachsener Mann ausrichtete, begann mein Körper sich zu entspannen. Die Unruhe wurde weniger, und ungefähr einen Tag später waren die Symptome verschwunden.

Durch die Ausübung der Rituale und Tänze zeigt der Schamanismus einen deutlich strukturierten Weg auf, eine spezifische Art der spirituellen Entwicklung. Die Folge einer schamanischen Ausbildung ist eine langsame und allmähliche Ausdehnung der Seele. Besser gesagt, man schafft mehr Raum in den vier Körpern für die Seele. Diese Entwicklung wird häufig nicht als echter spiritueller Weg anerkannt, da ihre Methode von vielen anderen und bekannteren spirituellen Disziplinen und Religionen abweicht. Die schamanische Ausbildung ist, verglichen mit den anderen Praktiken, eher seltsam.

Der Yogi zum Beispiel bemüht sich, das „innere Feuer" seiner Leidenschaften und Gefühle zu beruhigen, während der Schamane lernt, das wirkliche Feuer zu kontrollieren. Der Yogi versucht, seine inneren Dämonen unter Kontrolle zu halten, wohingegen der Schamane mit den Geistern um sich herum spricht. Der Schamane praktiziert keine Meditationen oder anderen Techniken, um einen Zustand vollständiger innerer Stille zu erreichen. Im Gegenteil: Anstatt zu schweigen, redet er ununterbrochen. Weiterentwickelte Schamanenpraxis besteht aus fortwährenden improvisierten Gebeten, die nie aufhören: ein ununterbrochener Dialog mit der Natur und der spirituellen Umwelt. Und genauso, wie es viele Jahre dauert, echte Meditation zu lernen, braucht man auch viele Lehrjahre, um auf eine solche Weise beten zu können, dass es zu wirklich spiritueller Reife führt.

Im kleinen und gemäßigten Rahmen kann die Teilnahme beim Familien-Stellen auch ein Weg der Läuterung und spirituellen Reifung sein. Der Stellvertreter, der seine Seele für andere öffnet, reinigt und strukturiert auf diese Weise seine vier Körper neu, wodurch sowohl seine Seele als auch die Persönlichkeit sich ausdehnen können. Die regelmäßige Teilnahme als Stellvertreter in einer Aufstellung öffnet uns für die totale „menschliche Erfahrung" mit all ihren vielseitigen Facetten. Ein kinderloser Mann kann einen Vater von sieben Kindern repräsentieren, und etwas wird sich in ihm dadurch verändern. Eine gesunde Frau, die noch nie in ihrem Leben krank war, wird ihr Leben anders sehen, nachdem sie verschiedene behinderte Personen repräsentiert hat, die mit permanenten physischen Schmerzen und Beschwerden leben.

Die unterschiedlichen Schritte einer schamanischen Ausbildung können auch bei den Aufstellungen wahrgenommen werden: In einigen Fällen verbeugt sich der Stellvertreter tief vor den Kräften, die sein Schicksal beeinflussen, zum Beispiel vor historischen Kräften, die viel mächtiger sind als die individuelle Person. Ein anderes

Mal muss der Stellvertreter dahingegen sein Leben unter Kontrolle haben und als voll verantwortliche, eigenständige Person handeln, die, fest verwurzelt mit der Erde, „Nein" zu gewissen Kräften und Entwicklungen sagen kann. In den meisten Fällen jedoch begegnen sich die Stellvertreter und lassen dabei alle Unterschiede fallen. Sie erkennen, dass sie alle völlig gleichwertig sind, jeder mit der gleichen Daseinsberechtigung und sowohl am Leben als auch am Tod teilnehmend. Obwohl ein Unterschied besteht zwischen dem Repräsentieren von anderen in den Aufstellungen und dem Repräsentieren der Geister in traditionell schamanischen Tänzen, macht das Repräsentieren uns auf eine bestimmte Weise größer. Wir fühlen uns dadurch mehr verbunden und entwickeln Wertschätzung und Verständnis für die Menschheit. Wenn wir andere mit Bewusstheit repräsentieren, übersteigen wir unsere Begrenzungen und werden größer.

14. Gefahrenzonen

Sowohl der Schamanismus als auch die systemische Arbeit besitzen ein großes Heilungsvermögen, aber beide bergen auch gewisse Gefahren in sich. Die zwei Praktiken können auf verschiedene Weise sowohl positiv gebraucht als auch negativ missbraucht werden. Eine Gemeinsamkeit liegt darin, dass der Schamane und der Begleiter der systemischen Arbeit nur dann ein Ritual durchführen, wenn der Klient sich tatsächlich Heilung wünscht. Außerdem müssen sich beide darüber bewusst sein, dass ihre Arbeit die Seele sowohl heilen als auch verletzen kann.

Im schamanischen Ritual ist, genau wie bei der Aufstellung auch, der Ursprung der Informationen mysteriös. Auch wenn man begreift, dass im Schamanismus Geister die Informationen geben und bei einer Aufstellung die Seele eines Stellvertreters in der Lage ist, Wahrnehmungen einer anderen Seele aufzunehmen, so nimmt dieses Verständnis noch nicht das Geheime dieses Prozesses. Manche Menschen sind der Meinung, dass nicht berührt oder hinterfragt werden sollte, was immer aus dem Verborgenen hochkommt. Obwohl Respekt vor dem Geist und der Seele ein wesentlicher Teil der schamanischen Praxis und der systemischen Arbeit ist, so sollte sich diese Achtung nicht in blinde Gehorsamkeit verwandeln.

Im Schamanismus führt blindes Vertrauen zu Abhängigkeit: Eine Person fühlt möglicherweise, dass die Geister viel weiser und mächtiger sind als sie selbst. Für eine solche Person kann, spirituell gesehen, die Hilfe der Geister sehr wichtig sein, wenn sie in Schwierigkeiten kommt. Aber es ist sehr verführerisch, die Geister bei jeder Kleinigkeit um Hilfe zu bitten, wodurch der eigene Wille und das eigene Urteilsvermögen einer Person allmählich geschwächt werden. Das Gleiche passiert mit Menschen, die mit der systemischen Arbeit auf zwanghafte Weise umgehen: Sobald eine Frage über die Familie oder ihre Arbeit auftaucht, wollen sie eine Aufstellung machen, um auf diese Weise Informationen darüber zu bekommen, welchen Weg sie gehen sollen.

Das Aufstellen zu dem Zweck, etwas über die Vergangenheit oder die Gegenwart „herauszufinden", kann schnell zu ernsthaften Verzerrungen der Wahrheit führen. Man stelle sich vor, jemand hat in einer Therapie gerade Erinnerungen an einen Inzest „zurückgefunden". Aber irgendwie zweifelt er immer noch daran, ob er in seiner Kindheit wirklich sexuell missbraucht wurde. Jetzt will er eine Familienaufstellung machen, um herauszufinden, ob die Erinnerungen wahr sind oder nicht. Er wird seinen Fall dem Begleiter schildern, und die Teilnehmer der Aufstellung sind Zeugen dieses Gesprächs. Wenn der Begleiter zustimmt, die Familie aufzustellen, um auf diese Art herauszufinden, was in der Vergangenheit passiert ist, so sind die Personen, die als Stellvertreter für die verschiedenen Familienmitglieder ausgewählt werden, nicht mehr frei in ihren Handlungen. Sie wissen, dass ihre Gefühle und Erfahrungen während der Aufstellung über das Ergebnis entscheiden, ob die Antwort Ja oder Nein ist. Das ist eine sehr große Verantwortung.

Wenn die Stellvertreter in einer solchen Situation aufgestellt werden, fühlen sie sich bewusst oder unbewusst unter Druck und nehmen möglicherweise ein gewisses Unbehagen wahr. Das unbehagliche Gefühl kann durch die Spannung verursacht werden, die sich aus dem Kontext ergibt, in dem die Aufstellung durchgeführt wird. Der Ursprung liegt höchstwahrscheinlich nicht in den Seelen der Personen, die die Stellvertreter repräsentieren. Doch können durch diese unangenehme Spannung die Stellvertreter trotzdem zu der Überzeugung kommen, dass sich etwas Unangenehmes in der Vergangenheit des Klienten ereignet hat.

Aber selbst wenn das Unbehagen doch aus der Seele des anderen käme, kann daraus keine Schlussfolgerung gezogen werden, da die Seele keine wirklichkeitsgetreuen Erinnerungen, keine Geschichten oder wahren Erlebnisse aufbewahrt. Die Seele trägt nur die Wirkungen, den Eindruck und die Strukturen, die die Folgen einer Erfahrung sind, aber nicht die Erfahrung selbst. Die Seele betrachtet die Welt aus dem Hier und Jetzt, sie lebt nicht in der Erinnerung.

In einer Aufstellung kann ein Stellvertreter Liebe, Hass oder Angst einer anderen Person gegenüber empfinden, ohne zu wissen, warum er diese Gefühle eigentlich hat. Die Informationen über die

Geschehnisse in der Vergangenheit können nicht in der Seele gefunden werden, sondern nur im astralen Körper und in der Persönlichkeit der Person, die repräsentiert wird. Doch selbst dann handelt es sich um eine verzerrte Form der Wirklichkeit. Einige Tatsachen können von der Körpersprache der Stellvertreter abgeleitet werden und von der Art, wie sie miteinander umgehen. Aber auch hieraus sollten keine definitiven Schlüsse über detaillierte Ereignisse im realen Leben gezogen werden.

Falls eine Aufstellung durchgeführt wird, in der alle Teilnehmer wissen, dass eine bestimmte Frage geklärt werden soll, zum Beispiel ob Inzest in der Vergangenheit wirklich vorgekommen ist, so wird die Aufstellung in eine Projektionsfläche verwandelt. Statt dass die Stellvertreter frei erfahren können, was sie wahrnehmen, wird nun alles in dem Licht einer gewissen Fragestellung gesehen. Hierdurch werden möglicherweise Schlüsse gezogen, die unangemessen sind.

Ich habe selbst einige Aufstellungen gesehen, in denen Klienten etwas über ihre Vergangenheit herausfinden wollten. Es handelte sich dabei nicht nur um Inzest, sondern auch um anderes, zum Beispiel ob der Vater einer Person auch dessen wirklicher biologischer Vater wäre oder nicht oder ob die Eltern eines Klienten im Krieg auch aktiv gehandelt und Menschen ermordet hätten. Wenn eine Familie unter solchen Bedingungen aufgestellt wird, sind die Antworten der Stellvertreter verwirrend und undeutlich. Das ist verständlich, da die Seelen der Personen, die repräsentiert werden, nicht offenherzig und bedingungslos herbeigerufen werden und darum auf Abstand bleiben. Die Stellvertreter können deshalb die anderen Seelen nicht so deutlich wahrnehmen, und folglich beginnen sie, ihre Aufmerksamkeit auf ihre eigenen, unbewussten Antworten auf die Frage des Klienten zu richten. Je mehr sich die Stellvertreter dann auf ihre eigenen Impulse einstimmen, desto stärker werden die Signale der anderen Seelen vernachlässigt, bis sie schließlich ganz verloren gehen.

Auch schamanische Heiler werden regelmäßig gebeten, klarzustellen und zu entscheiden, ob bestimmte Dinge wahr sind oder nicht oder ob bestimmte Entscheidungen die richtigen sind oder nicht und so weiter. Nach meinen eigenen persönlichen Richtlinien sollte ein schamanischer Heiler keine Antworten auf derartige Fragen geben: Ob eine Person ihren Partner verlassen muss oder nicht, ob sie ein bestimmtes Haus kaufen soll oder besser ein anderes oder ob sie eine bestimmte Arbeit annehmen muss, während eine andere Arbeitsstelle gekündigt werden soll. Anstatt einer Person zeitweilig ihre Entscheidungen abzunehmen, sollte die Hilfe besser darin bestehen, sie zu befähigen, ihre eigenen Entscheidungen mit mehr Kraft und Bewusstsein zu treffen. Bestimmte Fragen können sogar nur von der Person selbst beantwortet werden und nicht durch den schamanischen Heiler oder den Begleiter beim Familien-Stellen.

Wie der Begleiter einer Aufstellung, so muss auch der schamanische Heiler sehr sorgfältig abwägen, ob er einen Klienten akzeptiert oder nicht. Ein Faktor, der dabei eine Rolle spielt, ist die Motivation des Klienten. Will eine Person wirklich Heilung erfahren oder will sie einfach nur, dass Schwierigkeiten beseitigt werden, ohne dabei wirklich die Geister und die eigene Seele zu respektieren? Wenn die Geister um Hilfe gebeten wurden und diese dann ihre Informationen übermittelt und zur Heilung beigetragen haben, können sie sich leicht missbraucht fühlen, wenn der Klient gedankenlos das wegfegt, was er von ihnen erhalten hat. Ihre verletzten Gefühle teilen sie jedoch nicht dem Klienten mit, wohl aber dem Schamanen oder Medizinmann, der sie in erster Instanz gefragt hat, diesem gewissen Klienten zu helfen. Wenn ein Schamane regelmäßig die Geister zur Unterstützung für seine Klienten anruft, diese die Heilung aber nicht annehmen, so werden die Geister früher oder später nicht mehr auf seine Anrufung reagieren.

Ein Klient kann die Heilkraft nur annehmen, wenn er mit offenem Geist und Herzen einer Zeremonie beiwohnt und zumindest dazu bereit ist, eine andere Lösung zu akzeptieren als die, die er sich schon in seinen Phantasien zurechtgelegt hat. Aus diesem Grund benötigt es auch so viel Zeit und Einsatz, ein schamanisches Heilungsritual vorzubereiten: Der Schamane versichert sich auf diese Weise, dass der Klient wirklich das Ziel hat, auf allen Ebenen gesund zu werden. Ist das nicht der Fall, kann sich die Beziehung des Schamanen zu den Geistern allmählich verschlechtern.

Ein Begleiter, der die Aufstellungen anleitet, muss ebenso sorgfältig die Klienten beobachten, die eine Aufstellung machen wollen. Auch er muss bestimmen, was ihre Motivation dahinter ist: Bitten sie um Heilung oder wollen sie nur, dass ihre Schwierigkeiten beseitigt werden? Haben sie den Mut, sich das anzuschauen, was die größere Seele ihnen zeigen will, und können sie das annehmen?

Wenn jemand seine Familie aufstellen möchte, um herauszufinden, ob er in seiner Kindheit sexuell missbraucht wurde oder nicht, so wünscht er normalerweise nicht Heilung, sondern will seine Zweifel klären. Wenn eine Person die Aufstellung dazu verwendet herauszufinden, ob ihr jetziger Vater wirklich ihr leiblicher Vater ist oder nicht, will sie wahrscheinlich eigentlich wissen, welchen Respekt sie ihm schuldet. Oder sie sucht nach möglichen Gründen, über ihre Eltern zu urteilen oder sie zu verstoßen. Wenn jemand wissen will, ob seine Eltern im Krieg – seiner Meinung nach – schlecht gehandelt haben, sucht er eigentlich keine Heilung für sich selbst oder für seine Eltern. Vielmehr sucht er wahrscheinlich nach einer Art Zustimmung, sein überlegenes, distanziertes Handeln ihnen gegenüber zu rechtfertigen.

Die Antworten auf solche Fragen sind zwar von Bedeutung für die Persönlichkeit und können im Kontext bestimmter psychotherapeutischer Prozesse auch wichtig sein. Doch wenn man diese Fragen im Rahmen einer Aufstellung oder eines schamanischen Rituals untersuchen will, verhilft es der Seele grundsätzlich nicht zur Heilung. Die Seelen und Geister einer Familie können nur mit Achtung und Respekt eingeladen werden und nicht einfach nur, um Menschen Recht zu geben, die sich ihnen überlegen fühlen.

Die Seele ist sehr kraftvoll, aber gleichzeitig auch sehr zerbrechlich. Sie kann sowohl geheilt als auch verletzt werden. Der schamanische Heiler und der Begleiter einer Aufstellung schaffen beide die Möglichkeiten für die Seele, einen Schritt nach vorne zu gehen und sich selbst auszudrücken. Wenn eine Seele in einer schamanischen Zeremonie gegenwärtig ist, ist sie in einem temporären Körper verankert. Solange sie dann verankert bleibt, kann sie geheilt, aber auch angegriffen werden. Wenn es zu einem Angriff kommt, wird die Seele desorientiert und völlig kraftlos. Im Schamanismus wird dieses Prinzip manchmal bewusst eingesetzt, um Menschen zu schwächen: Ein Schamane, der eine Person verletzen will, schafft einen Träger für die Seele dieser Person und lädt dann die Seele ein. Wenn die Seele auf seine Einladung eingeht und herbeikommt, wird sie plötzlich mit Gewalt attackiert. Das bekannte Bild eines Voodoo-Zauberers, der Nadeln in eine kleine Voodoo-Puppe steckt, ist ein typisches Beispiel für ein Ritual, das in verschiedenen Traditionen mit der Absicht verwendet wird, die Seele einer anderen Person zu schädigen.

Bisher habe ich bei der systemischen Arbeit keine bewussten Ansätze entdecken können, dass Menschen mit Absicht eine Seele schädigen wollen. Aber eine Seele kann bei einer Aufstellung auch unbeabsichtigt verletzt werden. Ich repräsentierte bei einer Aufstellung einmal einen Mann, der in der Reichspogromnacht 1938 ermordet wurde. Ich stand in einer Reihe mit zwei oder drei anderen Stellvertretern, die die Mitglieder einer jüdischen Familie darstellten, die ebenfalls ermordet worden sind. Vor jedem von uns stand jeweils ein Mann, der eine Person repräsentierte, die an der Ermordung schuldig war. Der Stellvertreter, der unmittelbar vor mir stand, sprach die ganze Zeit mit sich selbst, aber so leise, dass ich wahrscheinlich der Einzige war, der ihn hören konnte: „Ich war ein Soldat, ich hatte keine Verantwortung. Ich folgte nur den Befehlen. Es gab nichts, was ich anders hätte tun können oder müssen. Es war alles so, wie es war. So waren halt die Zeiten."

Als ich gebeten wurde, den ermordeten Mann zu repräsentieren, hatte ich mich weit für seine Seele geöffnet. Als ich nun dort stand, vereint mit seiner Seele, fühlte ich mich sehr verletzlich. Der Mann vor mir handelte noch stets wie ein Gewalttäter, obwohl er das wahrscheinlich abgestritten hätte, wenn ich ihn damit konfrontiert hätte. Ich wusste nicht, wie ich damit umgehen sollte. Das abwehrende, sich ständig wiederholende Gemurmel des Mannes nahm ich wie eine Serie gegen mich gerichteter Schläge wahr. Sein Gemurmel und seine aggressiven Entschuldigungen klangen wie Schreie in meinen Ohren, und ich fühlte mich immer schwächer werden, bis ich selbst nicht mehr in der Lage war, zu sprechen oder mich zu bewegen.

Der Begleiter widmete dem Geschehen, das sich bei den einzelnen Stellvertretern abspielte, offensichtlich nicht viel Aufmerksamkeit. Als die anderen Stellvertreter in meiner Reihe schon langsam zu einer Lösung kamen, stand ich immer noch desorientiert und wie erfroren da, während der Stellvertreter unmittelbar vor mir seine Monologe fortsetzte, dass er unschuldig sei und nichts mit mir zu schaffen habe. Schließlich wurde die Aufstellung zu Ende gebracht, ohne dass den einzelnen Stellvertretern auch nur eine Frage gestellt wurde. Ich fühlte mich übel im Magen, war völlig bleich und musste mich beinahe übergeben. Dieser Zustand hielt einige Stunden an.

Vom schamanischen Standpunkt aus betrachtet, hat die Seele einen ziemlichen Schlag bekommen und war buchstäblich traumatisiert durch die Aufstellung. Ich sage hier mit Absicht „die Seele" und nicht „meine Seele" oder „die Seele des jüdischen Mannes". Wenn sich während der Aufstellung ein Stellvertreter verletzt fühlt, kann nur schwer zwischen den zwei Aspekten der größeren Seele unterschieden werden. Aber tatsächlich wurde sowohl meiner Seele als auch der Seele des ermordeten Mannes Gewalt angetan. Jeder Stellvertreter wird sich nach einer ähnlichen, verletzenden Erfahrung schlecht fühlen und so schnell wie möglich versuchen, seine negativen Gefühle loszuwerden, indem er die Verbindung mit der Seele der anderen Person abrupt abbricht. Wenn es allerdings dazu kommt, fühlt sich die Seele dieser anderen Person noch verlorener, als sie es vor der Aufstellung schon war.

Wenn ein Begleiter nicht in der Lage ist zu erkennen, dass eine Seele nach Ablauf einer Aufstellung desorientiert oder verletzt ist, kann er auch keine heilende Bewegung anbieten. Auf diese Weise werden sowohl der Stellvertreter als auch der Repräsentierte danach noch eine bestimmte Zeit lang leiden. Im letzten Teil von Kapitel 10 „Die Gegenwart der Toten" und in Kapitel 12 „Die Wirkung der Aufstellung" habe ich verschiedene schamanische Ansätze beschrieben, um einer Seele in Schwierigkeiten zu helfen. Diese Methoden können ebenso auch von einer Person angewendet werden, die eine Seele repräsentiert hat, die während einer Aufstellung verletzt wurde.

In der gerade geschilderten persönlichen Erfahrung wurde die Seele des Mannes, den ich repräsentierte, durch die Art, wie ein anderer Stellvertreter handelte, verletzt. Es ist wohl wahr, dass in der systemischen Arbeit ein Soldat, der im Krieg einen anderen Soldaten getötet hat, nicht als Mörder gesehen wird. Doch der Mann vor mir repräsentierte keinen Soldaten im Krieg. Er war ein einfacher Mann, der aus eigenem Willen und nicht im Kampf an der Ermordung von jüdischen Menschen teilgenommen hatte. Deshalb gilt er als echter Mörder. Der Stellvertreter verdrehte jedoch eine allgemeine Beobachtung der systemischen Arbeit in eine dogmatische Regel, die er im falschen Kontext benutzte. Auf diese Weise verlor die Aufstellung an Heilkraft, zumindest für mich als Stellvertreter und für die Seele, die ich repräsentierte.

Für den Begleiter einer Aufstellung, wie auch als Unterstützung für die Stellvertreter, ist es wesentlich, die Gesetze zu verstehen, die systemischen Verstrickungen zugrunde liegen. Aber dies kann offensichtlich auch zu einer Gefahr werden. Die Gefühle, Körperhaltungen und Bemerkungen der Stellvertreter können zu schnell interpretiert werden, und bestimmte Ideen oder Dogmen dominieren über die eigentlich gespürten Wahrnehmungen. Man muss damit rechnen, dass alle – der Klient, die Zuschauer und die Stellvertreter – in einem leichten Trancezustand sind, wie ich im Kapitel 6 über die Zeitlosigkeit beschrieben habe. Was immer ein Begleiter während einer Aufstellung sagt, hat eine unmittelbare Wirkung auf die Interpretation der eigenen Erfahrungen der Stellvertreter. Die meisten Menschen, die an einer Aufstellung teilnehmen, versuchen unbewusst, sich dem Begleiter anzupassen, und werden seinen bewusst oder unbewusst mitgeteilten Richtlinien folgen. Darum ist es so wichtig, während einer Aufstellung ausreichend Zeit zur Verfügung zu haben, um den Stellvertretern die Möglichkeit zu geben, in aller Ruhe ihre Wahrnehmungen zu erspüren und zu beschreiben, ohne direkte Schlussfolgerungen daraus zu ziehen.

Sowohl die schamanische als auch die systemische Arbeit bieten Möglichkeiten zur Heilung der Seele, und es liegt an dem Schamanen oder Begleiter, das Beste daraus zu machen. Die Methoden können gebraucht, aber auch missbraucht werden – bewusst oder unbewusst. Ein kompetenter und respektvoller Begleiter kann die systemische Arbeit als eine eindrucksvolle und effektive Heilmethode einsetzen. Das Gegenteil ist der Fall, wenn die Klienten frustriert oder verwirrt zurückbleiben. Schamanische Rituale können inspirierend und stärkend sein, können aber auch auf eine unangemessene und erniedrigende Weise gebraucht werden.

Ich denke, es ist nur möglich, die Kraft, den Mut und das Feingefühl zu entwickeln, die zur Unterstützung einer Heilung der Seele einer anderen Person notwendig sind, wenn wir uns wirklich für die Kraft und Verletzlichkeit unserer eigenen Seele öffnen. Dabei werden Fehler gemacht, und es wird auch in Zukunft zu Fehlern kommen. Und vielleicht sollte es auch hin und wieder zu Fehlern kommen, damit wir daran erinnert werden, dass unser Ziel nicht in der Perfektion liegt. Wenn die Seele des Schamanen oder des Begleiters der Aufstellung ihr Licht auf den Prozess scheinen lassen kann, so wird von dessen Arbeit eine einfache und natürliche Kraft und Schönheit ausgehen. Auf diese Weise ist die Möglichkeit für Gefahrenzonen auf ein Minimum begrenzt.

15. Rituale

Im Laufe der Jahre habe ich in meiner Arbeit viele verschiedene Heilungsrituale entwickelt und angewendet. Einige zielen auf bestimmte Probleme oder Fragen, während andere dazu dienen, ein Gleichgewicht der allgemeineren Muster und Strukturen herzustellen. Von den Ritualen, die ich verwende, bauen sich einige auch auf den Prinzipien einer Aufstellung auf, wie sie beim Familien-Stellen benutzt werden, oder sind auf eine andere Weise mit der systemischen Arbeit zu vergleichen. In diesem Kapitel möchte ich eine Auswahl dieser Rituale vorstellen, die möglicherweise für die Leser dieses Buchs hilfreich sein können – entweder für sich selbst oder für ihre Klienten oder Gruppen.

Die folgenden Beschreibungen beziehen sich vor allem auf die Organisation des Raums und der Bewegungen, die Menschen darin machen können. Liest man die Anweisungen, kann man sie für einfache Übungen halten. Doch ich nenne sie absichtlich „Rituale": Wenn ich diese Art der Arbeit mit den Teilnehmern in meinen Seminaren durchführe, werden alle Bewegungen von einem kontinuierlichen Trommeln und lang anhaltenden, improvisierten Gebeten und Liedern begleitet. Gebete und Anrufungen werden außerdem vor, während und nach den eigentlichen Bewegungen von allen Teilnehmern ausgesprochen. In Verbindung mit dem Trommeln und Singen wird auf diese Weise ein leichter Trancezustand erreicht. Das hilft den Teilnehmern, sich auf die Bedeutung und das Ziel der Arbeit auszurichten. Da ich mit dem Wort „Übungen" eher Praktiken mit weniger Tiefe assoziiere, verwende ich das Wort hier lieber nicht.

Derartige Rituale, die ich hier beschreibe, sollten nicht als Ersatz für Psychotherapie, Familien-Stellen oder andere Maßnahmen erfahrener und professioneller Therapeuten oder Trainer gesehen werden. Meiner Ansicht nach sind die folgenden Rituale ergänzende Heilpraktiken, die helfen können, einen positiven Eindruck auf die Seele, die vier Körper und die Persönlichkeit zu hinterlassen. Wenn sie mit Verständnis und Respekt angewendet werden, können sie die Effekte der systemischen Arbeit zusätzlich verstärken.

GENERATIONEN ÜBERGREIFENDE KRANKHEITEN ZU IHREM URSPRUNG ZURÜCKKEHREN LASSEN

Wenn du unter einem Problem oder an einer Krankheit leidest, die sich scheinbar durch die ganze Familie zieht, versuche, die Verbindungslinie so weit wie möglich zurückzuverfolgen. Vielleicht findest du heraus, dass nicht nur dein Vater, sondern auch dein Großvater oder gar der Urgroßvater unter dem gleichen Problem gelitten haben.

Stelle dir nun dich selbst, deinen Vater, Großvater und mögliche andere Familienmitglieder vor, die das gleiche Schicksal im Zusammenhang mit diesem speziellen Problem oder der Krankheit mit dir teilen. Sehe dich selbst vor diesem Elternteil stehen, der vor seinem Elternteil steht, der wiederum vor einem seiner Eltern steht, und so weiter. Am Ende dieser Ahnenreihe stelle dir den Ursprung der Krankheit vor, wodurch die Probleme verursacht wurden. Hierbei kann es sich möglicherweise um eine genetische Abweichung, eine Verstrickung, ein spezifisches emotionales Leiden, Schmerzen oder einen Unfall handeln. Es ist dabei nicht notwendig zu wissen, was genau der Auslöser dieser Kette war. Stelle dir einfach einen gewissen Bereich, eine Substanz am Ende der Ahnenreihe vor.

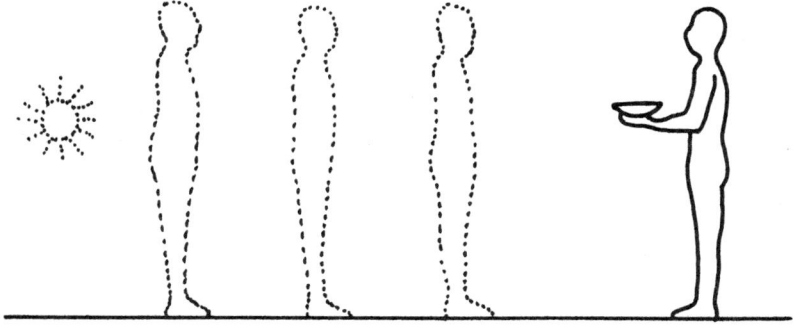

Stelle dich jetzt vor diese Ahnenreihe, sodass du dir in deiner Vorstellung selbst gegenüberstehst. Nun benötigst du eine Schale mit Wasser, in das reichlich Salz aufgelöst wurde. Halte die Schale mit dem Salzwasser in deinen Händen. Sprich nun zu deinem visualisierten Selbst etwas im Sinne von: „Die Krankheit, die du trägst, ist zumindest zu einem gewissen Teil durch Ursachen ausgelöst worden, die ihren Ursprung im Leben anderer Menschen haben. Die Energie, die du trägst, ist nicht alleine von dir. Du kannst diesen Teil loslassen."

Stelle dir nun vor, dass der Aspekt der Krankheit, der nicht von dir selbst stammt, vom Salz im Wasser absorbiert wird. Bilde dir ein, wie dein visualisiertes Selbst jetzt durchsichtig wird, und sehe alle transgenerationale Energie, die deine Krankheit verursacht hat, in die Schale mit Wasser strömen. Anschließend löst sich auch das Bild von dir selbst auf.

Mache nun einen Schritt vorwärts zu deinem Vater (oder Mutter, je nach Aufstellung). Folge der gleichen Prozedur: Sage ihm, dass er alle transgenerationalen Muster, die seine Krankheit verursacht haben, loslassen kann. Stelle dir wieder die Energie vor, wie sie in die Schale mit Wasser gesogen wird. Lasse danach auch sein Bild verblassen und mache einen Schritt vorwärts, sodass du deinem Großvater (oder Großmutter) gegenüberstehst. Wiederhole die gleiche Prozedur, bis du am Ende der Ahnenreihe angekommen bist und alle vorgestellten Bilder deiner Vorfahren sich aufgelöst haben.

Jetzt stehst du der Energie (oder dem Bereich) gegenüber, die die Wurzel der Krankheit oder des Problems eurer Familie formt. Sprich nun im folgenden Sinne: „Das ist die Stelle, an die die Krankheit oder das Problem in meiner Familie gehört. Alles kehrt jetzt an seinen Ursprung zurück." Wenn du möchtest, kannst du auch noch um Gesundheit, Unterstützung und Heilung für dich selbst und deine Familienmitglieder beten, die an der gleichen Krankheit oder am selben Problem gelitten haben oder noch immer leiden.

Nun stelle die Schale mit Wasser auf den Boden, und lasse sie dort stehen, während du einen Schritt zurücktrittst. Stelle dir jetzt wieder den Vorfahren vor, der am dichtesten am Ursprung der Krankheit stand. Das war möglicherweise dein Urgroßvater oder dein Großvater. Sehe ihn vor dir ohne die Krankheit, gesund und glücklich, und schicke ihm ein paar gute Gedanken. Vielleicht willst du dich deinem Vorfahren auch vorstellen. Du kannst ihm etwas über dein

Leben erzählen, über das, was dir gefällt, worauf du stolz bist und was dich am Leben erfreut. Auf diese Weise können die Ahnen ihre Freude über dein Leben verwenden, um die Leere zu füllen, die durch das Wegfallen der Krankheit entstanden ist. Die Vorfahren fühlen nun Kraft und Freude, da das Leben sich gut fortsetzt.

Mache anschließend einen weiteren Schritt zurück. Stelle dir wieder den Vorfahren vor, der an zweiter Stelle vor dem Ursprung der Krankheit stand, sehe auch ihn glücklich und gesund und begrüße ihn. Wiederhole den gleichen Ablauf wie beim ersten Ahnen, bis du schließlich deinem visualisierten Selbst gegenüberstehst. Erzähle auch dir selbst von den guten Dingen in deinem Leben. Drehe dich danach um, trete in das Bild von dir selbst ein und vereine dich mit ihm.

Das Ritual ist beendet. Lasse die Schale mit Wasser für einen bis zwei Tage an der gleichen Stelle stehen, bevor du den Inhalt wegschüttest.

KRAFT DURCH DIE AHNEN FINDEN BEI GENERATIONEN ÜBERGREIFENDER KRANKHEIT

Stelle dir dich selbst und die anderen Mitglieder früherer Generationen deiner Familie vor, die unter den gleichen Krankheiten litten wie du selbst. Denke besonders an diejenigen, die dennoch stark waren und ein relativ glückliches Leben führten. Sehe sie in einer Ahnenreihe hinter dir stehen, mit dem Blick nach vorne auf den ersten Platz gerichtet, auf dem dein visualisiertes Selbst steht. Dann lade die Kräfte ein, oder stelle sie dir vor, die ihnen die Kraft verleihen, ihr Schicksal zu tragen und mit ihren Problemen umgehen zu

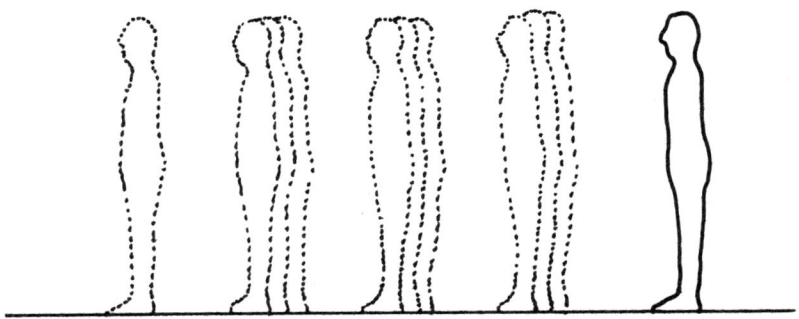

können. Stelle dir diese Quellen der Kraft auf jede beliebige Art vor, die für dich natürlich ist. Du kannst dir Engel vorstellen, die an der Seite der Vorfahren stehen oder auch Tiere oder abstrakte Kräfte. Stelle dich jetzt an das Ende der Ahnenreihe, neben den Vorfahren, der als Erster gelebt hat. Begrüße diesen Vorfahren und teile ihm mit, dass du an dem gleichen Problem leidest wie er. Sage ihm, dass du auf der Suche nach Unterstützung bist. Dann nimmst du Kontakt mit der Quelle der Kraft auf, die deinen Vorfahren unterstützt hat, und bittest sie um Unterstützung für dich. Nimm dir ausreichend Zeit, um wirklich alles zu fühlen und aufzunehmen, was diese Kraftquelle dir zu geben hat. Anschließend bedanke dich und gehe einen Schritt nach vorne.

Wiederhole nun diesen Ablauf, während du neben dem zweiten Vorfahren stehst. Mache dann wieder einen Schritt nach vorne, bis du letztendlich neben dir selbst stehst. Trete an den Platz deines visualisierten Selbstes und fühle alle Ahnen hinter dir. Fühle ihre Verbindungen mit den Quellen der Kraft. Stelle nun eine Verbindung zu den Kraftquellen her, die dich bis jetzt in deinem eigenen Leben unterstützt haben, und lasse die Kraftquellen deiner Vorfahren sich mit ihnen vereinen.

Auf diese Weise verbindest du dich auf der Ebene der Kraft und Würde mit deinen Vorfahren, statt auf der Ebene der Krankheit. Du stehst mit ihnen in einer Reihe und bekommst Kraft von denen, die etwas zu geben haben. Hierdurch erhältst du zusätzliche Stärke, das zu akzeptieren, was dein Leben dir zu geben hat. Indem du auf diese Weise dastehst, mit stiller Kraft, deine Kraftquellen mit denen deiner Ahnen verbunden, erhältst du nicht nur Gutes, sondern gibst auch etwas an die weiter, die hinter dir stehen. So wie sie dir Kraft geben, gibst auch du deinen Vorfahren wiederum Kraft. Auf diese Weise würdigst du ihr Leben.

STÄRKE FINDEN NACH PLÖTZLICHEN, UNWIDERRUFLICHEN VERÄNDERUNGEN IM LEBEN

Das oben beschriebene Ritual kann man nicht nur anwenden, um sich mit Quellen der Kraft von Mitgliedern früherer Generationen der eigenen Familie zu verbinden. Man kann es auch einsetzen, um sich mit Kraftquellen zu vereinen, die anderen Menschen Unterstützung gaben, die das gleiche Schicksal teilen. Ein solcher Fall ist beispielsweise, wenn man die Diagnose einer ernsthaften und lebensbedrohlichen Krankheit bekommen hat und nun gewisse einschneidende Behandlungen im Krankenhaus erhalten soll; oder wenn nach einem Unfall ein Körperteil amputiert wurde; oder eine geliebte Person bei einem Autounglück ums Leben kam. Auch wenn du keine direkten Familienmitglieder oder Vorfahren mit derartigen Erlebnissen hast oder hattest, gibt es viele andere Menschen, die der gleichen Situation wie du ausgesetzt sind. Viele Menschen haben es geschafft, früher oder später ihren Lebensweg nach einer derartigen schockierenden Erfahrung wieder fortzusetzen. Wenn du in deinem Leben mit einer plötzlichen, unwiderruflichen Veränderung konfrontiert wirst, kannst du das zuvor beschriebene Ritual in unterschiedlichen Variationen ausführen.

Anstelle der Familienmitglieder stelle dir eine Anzahl Menschen vor, die unter den gleichen Umständen gelitten haben wie du. Denke hierbei wieder an die Menschen, die es geschafft haben, Kraft aus den guten Dingen zu ziehen, die ihr Leben ihnen noch zu bieten hatte, und die irgendwie in der Lage waren, ihr Leben neu zu beginnen. Folge dann dem gleichen Ablauf, wie er im obigen Ritual mit den Familienmitgliedern beschrieben wird. Stelle dich erst den Menschen vor und bitte danach um Kontakt mit ihren Kraftquellen.

Vielleicht ist es dir noch nicht möglich, dir deine eigenen Kraftquellen vorzustellen und sie mit der Stärke der anderen Menschen zu vereinen. Wenn es dafür in deinem Prozess noch zu früh ist, kannst du das Ritual zu einem späteren Zeitpunkt wiederholen. Dann kann auch der letzte Schritt zur Vereinigung unternommen werden.

EIN ALTAR FÜR DIE FAMILIENSEELE

Im schamanischen Kontext werden nicht nur unsere direkten Verwandten, wie unsere Eltern, Großeltern und so weiter, als unsere Vorfahren gesehen, sondern auch die Familienmitglieder, die früh verstorben sind und diejenigen, die keine Kinder hatten. Aus diesem Grund sprechen traditionelle Schamanen oft von den „früheren Generationen" anstelle von den Vorfahren. Hierin sind alle Menschen eingeschlossen, die vor uns gelebt haben und auf die eine oder andere Art Teil unserer Familie waren.

In der systemischen Arbeit benutzen viele Begleiter die Bezeichnung „Familienseele". Damit meinen sie ein Bewusstsein, das auch alle Mitglieder früherer Generationen einer Familie enthält. Diese Familienseele ist eine aktive Kraft, die unser Leben beeinflusst: Was in den Leben der früheren Generationen positiv war, wird zu Stärke, die uns unterstützt, Ungelöstes dagegen manifestiert sich als Störungen. Die Individuen, die die Familienseele ausmachen, sind in unserem heutigen Leben anwesend. Sie können uns sowohl segnen als auch Schwierigkeiten bereiten.

Die spirituelle Kraft eines Schamanen oder Medizinmannes, der gestorben ist, kann nach seinem Tod in einer nachfolgenden Generation wieder auftauchen. Nach eigenen Aussagen traditioneller Menschen, mit denen ich gesprochen habe, können die Kräfte der Schamanen oder Medizinmänner bei direkten Abkömmlingen und Familienmitgliedern bis zu sieben Generationen später wieder zum Vorschein kommen. Das Gleiche gilt für alle spirituellen Kräfte, die Menschen in ihrem Leben entwickelt haben. Auch hiervon können spätere Generationen profitieren. Das folgende einfache Ritual kann man ausführen, um die Stärke, Fähigkeiten und Kräfte, die uns von der Familienseele übermittelt werden, zu empfangen. Hierfür baut man einen Ahnenaltar oder einen Familienseelenaltar. Ein derartiger Altar benötigt keinen komplizierten oder ausgiebigen Aufbau.

Zuallererst wähle einen Platz in deinem Haus aus, der relativ ungestört ist, zum Beispiel ein freier Platz auf dem Bücherregal oder auf einem kleinen Schränkchen. Im Wesentlichen wird der Altar aus verschiedenen kleinen Objekten erstellt, die entweder Familienmitgliedern früherer Generationen gehörten oder sie repräsentieren. Dazu gehören möglicherweise Fotos, Ringe oder Schmuck, persönlicher Besitz oder Symbole. Deine Eltern, Großeltern und andere Familienmitglieder, mit denen du eine besondere Verbindung hast oder deren Leben oder Schicksale eine spezielle Bedeutung für dich haben, können jeweils mit einem einzelnen Objekt oder Foto repräsentiert werden. Die anderen Familienmitglieder können dagegen mit einem allgemeinen Symbol vertreten sein. Wenn zum Beispiel die Familie deiner Mutter aus Ungarn stammte, kannst du eine kleine Landkarte von Ungarn zufügen.

Nachdem der Altar zu deiner Zufriedenheit aufgebaut ist, stellst du noch zusätzlich einen Kerzenständer und eine kleine Tasse dazu.

Jetzt kannst du eine gewisse Zeit lang jeden Tag für die Familienseele eine weiße Kerze brennen lassen und etwas frisches Wasser in die Tasse geben. Dabei kannst du selbst entscheiden, über welchen Zeitraum das Ritual gehen soll, möglicherweise einen Monat, drei Monate, ein halbes Jahr oder sogar ein ganzes Jahr. In dieser Zeit zündest du jeden Tag eine Kerze an und opferst ein paar Tropfen frisches Wasser. Solltest du in dieser Zeit in Urlaub gehen oder durch andere Umstände für einige Tage nicht zu Hause sein, zähle die Tage, an denen du weg sein wirst. Bevor du dann auf Reisen gehst, zündest du eine Kerze für jeden Tag, den du fort bist, an. Du kannst auch mehrere Kerzen gleichzeitig brennen lassen. Nenne dann einfach den entsprechenden Tag, für den du die jeweilige Kerze anzündest.

Solch ein Altar wird von der Familienseele benutzt, um sich zu reinigen und zu stärken. Hierdurch können die von ihr stammenden guten Dinge einfacher zu uns kommen und Verstrickungen, die ein Erbe unserer Familien sind, etwas leichter gelöst werden.

Dieses Ritual kann für eine Person ausgeführt werden, die krank ist und Kraft benötigt, um einen Schritt in Richtung Heilung gehen zu können. Der Person, die Hilfe braucht, wird ein Platz zugewiesen, an den sie sich entweder selbst stellt oder von einem Stellvertreter repräsentiert wird. Von diesem Platz aus werden zwei Linien gezogen: eine für die Generationenfolge der Familie der Mutter, die andere für den Vater und seine Familie.

Jede Linie besteht aus sieben Zonen, die jeweils eine Generation repräsentieren. Die ganze Ahnenreihe geht also auf sieben Generationen zurück. Außer dem Vater und der Mutter brauchst du keinen Unterschied zwischen den verschiedenen individuellen Personen zu machen. Betrachte einfach die verschiedenen Zonen auf der Linie als Schritte in den Gesamtbereich einer bestimmten Generation. Die erste Person, die ihren Platz einnimmt, ist der Klient. Mit seinen Eltern beginnen sich die Linien zu teilen. Danach kommen jeweils deren Eltern, wieder gefolgt von ihren jeweiligen Eltern und so weiter.

Zu Beginn der Arbeit geht der Leiter des Rituals langsam zwischen den verschiedenen Zonen umher. In jeder Zone lädt er die spezifische Generation der Vorfahren ein, für die der entsprechende Platz bestimmt ist. Anschließend stellt sich eine Frau auf die Linie der Familie der Mutter an die Stelle der Familienmitglieder, die vom Klienten in der Zeitfolge am weitesten weg ist. Gleichzeitig nimmt ein Mann die Position der siebten Generation in der väterlichen Reihe ein. An diesem Punkt beten die Stellvertreter und bitten darum, dass die Lebenskraft, die diese siebte Generation erschaffen und unterstützt hat, von dort weitergegeben wird an die Menschen der folgenden Generation auf der Linie. Sie stimmen sich nicht auf die einzelnen Individuen ein, sondern bitten im Namen einer ganzen Generation die Vorfahren um Unterstützung und Segen für alle diejenigen, die nach ihnen kommen werden.

Wenn die Stellvertreter das Gefühl bekommen, die Ahnen der siebten Zone unterstützen den Lebensfluss zur sechsten Generation, können sie einen Schritt nach vorne machen. Dabei müssen sie diese Bewegung nicht zur gleichen Zeit machen, sondern am besten jeder individuell in seinem eigenen Tempo. Stehen sie auf der Position oder in der Zone der sechsten Generation, wiederholen sie die

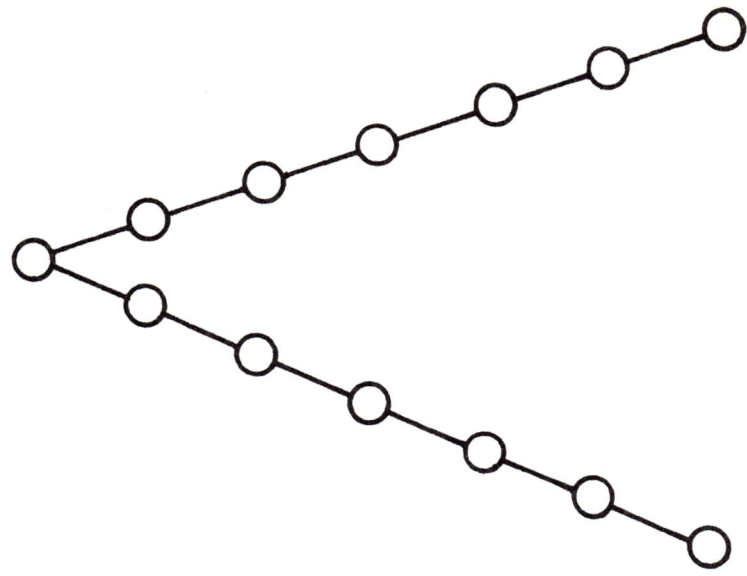

gleichen Gebete und Bitten. Wiederum beten sie darum, dass der Fluss des Lebens und der Kraft weiter nach vorne fließt. Haben sie das Gefühl, dass der Fluss stark genug ist, lassen sie sich von ihm einen weiteren Schritt nach vorne in die nächste Generation tragen.

Dieser Prozess setzt sich fort, bis schließlich der männliche Stellvertreter an der Stelle des Vaters des Klienten steht und der weibliche Stellvertreter auf dem Platz der Mutter. Auf dieser Position lassen sie zur gleichen Zeit die gesamte Stärke und Kraft aller Ahnen, die hinter ihnen stehen, zum Klienten vor ihnen fließen.

Wenn die zwei Stellvertreter sich durch die Generationen bewegen, erfahren sie in diesem Prozess möglicherweise sehr starke Gefühle oder bleiben sogar stecken. Handelt es sich dabei um schwerwiegende oder schmerzvolle Energien, die in einer bestimmten Zone einer Generation hervorgerufen werden, kann ein Stellvertreter sich entweder Zeit nehmen, diese Gefühle zu verarbeiten, oder aber er beginnt, sich zu wehren und dagegen anzukämpfen. Wenn die Stellvertreter dagegen ankämpfen, verbrauchen sie allerdings dafür die Lebenskraft, die sie eigentlich mit nach vorne bringen wollten, sodass davon nichts mehr für die kommenden Generationen übrig bleibt. Im Kämpfen verwenden die Stellvertreter die Lebenskraft für sich selbst, um auf diese Weise stark genug zu sein, die Hindernisse zu bekämpfen. So ein Kampf ist immer das Resultat einer Identifikation mit gewissen Gefühlen oder der Lebensstrategie einer Person.

Wenn ich bemerke, dass ein Stellvertreter auf diese Weise stecken bleibt, ermutige ich ihn, mit dem Kämpfen aufzuhören und stattdessen einfach das zu fühlen, was es hier zu fühlen gibt. Einige Sekunden später fordere ich ihn auf, vor sich ein Symbol der Kraft zu visualisieren. Dann schlage ich dem Stellvertreter vor, durch dieses Symbol in die nächste Zone der folgenden Generation von Vorfahren zu schreiten, als wäre es ein Tor. Während dieses Schrittes hält er aber weiter die Verbindung zu der Linie der Lebenskraft, die er während des gesamten Rituals mit sich nach vorne trägt.

DEN FLUSS VON GEBEN UND NEHMEN STÄRKEN

Dieses Ritual hilft Menschen, den ständigen Kraftstrom in ihrem Leben zu spüren, eine Kraft, die nicht direkt aus ihnen kommt, die größer ist als sie selbst, aber von der sie dennoch Gebrauch machen können.

Ein Muster konzentrischer Kreise wird so auf den Boden gezeichnet, dass fünf runde Bereiche um ein Zentrum entstehen. In diesem Ritual stellt das Zentrum die geheime Quelle des Lebens dar. Die weiteren Kreise kennzeichnen verschiedene Bereiche, die jeweils etwas weiter von dieser Kraft entfernt liegen. Das bedeutet aber nicht, dass diese Bereiche schlechter oder nicht ebenso rein sind. Sie sind einfach in der Reihenfolge weiter von der ursprünglichen Quelle des Lebens und der Kraft entfernt.

Die Teilnehmer beginnen im mittleren, dem dritten Kreis, mit dem Rücken zum Zentrum. Während des ganzen Rituals schauen sie sich nicht um und betreten auch das Zentrum nicht. Die mittlere Zone, in der sie nun stehen, repräsentiert ihr eigenes Leben. Hinter ihnen, in den ersten zwei Kreisen, befinden sich Bereiche, in denen man die Menschen finden kann, die dem Teilnehmer Leben, Kraft oder Weisheit gegeben haben. Je mehr sie nach hinten schreiten, desto mehr gehen sie auch in der Zeit zurück. Zuerst befinden sie sich auf der Ebene ihrer Eltern, dann im Bereich der Großeltern. Der Kreis, der mit den Eltern verbunden ist, stellt auch den Ort der Lehrer und Hilfsgeister des Teilnehmers dar. Der Kreis der Großeltern

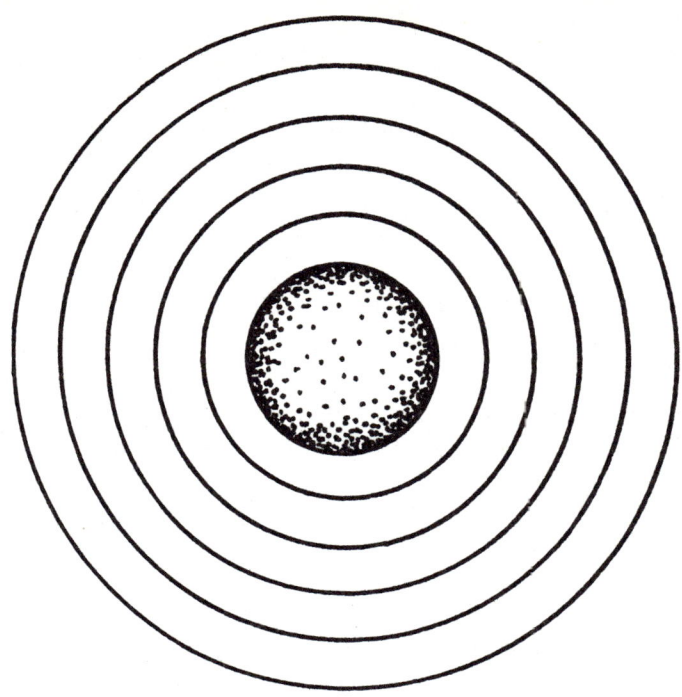

ist wiederum der Kreis der Lehrer seiner Lehrer und der Helfer seiner Hilfsgeister.

Vor den Teilnehmern liegen zwei Kreise, die für die Generationen bestimmt sind, die von der Weisheit und der Kreativität der Teilnehmer profitieren werden. Der erste Kreis gehört zu den Personen, die von den Teilnehmern aufgezogen werden und Dinge von ihnen lernen. Der zweite Kreis steht für die Menschen, die wiederum nach diesen Personen kommen.

Bevor die Teilnehmer nun beginnen, sich durch die verschiedenen Kreise zu bewegen, wird das Ritual einem Ziel gewidmet. Hierfür kannst du laut ein Gebet aussprechen, dass alle anwesenden Menschen ihren Platz in der Lebenskette finden werden, dass sie einen Weg entdecken werden, an diesem zeitlosen Geben und Nehmen in Fülle teilhaben zu können. Zusätzlich kannst du auch die Hilfsgeister bitten, das Ritual zu unterstützen, sodass etwas Gutes aus der Quelle des Lebens zu allen Teilnehmern fließen kann und auch alle sich dessen bewusst werden, dass sie etwas an andere zu geben haben.

Dann können sich die Teilnehmer ganz nach ihrem eigenen Gefühl durch die verschiedenen Bereiche bewegen. Sie können langsam oder schnell gehen, sich zuerst nach vorne oder zuerst nach hinten bewegen, mehrere Male hin und her gehen oder nur ein einziges Mal alle Kreise durchlaufen. Dabei durchlaufen sie die verschiedenen Bereiche der Menschen, die vor ihnen kamen, und derjenigen, die nach ihnen kommen werden. Dabei haben sie ihren Blick fortwährend vom Zentrum weg nach außen gerichtet.

Nach einiger Zeit, in den meisten Fällen nach ungefähr zwanzig Minuten oder einer halben Stunde, kommen alle zu ihrer Ausgangsposition, dem dritten Kreis, zurück. Nun kann das Ritual mit einem kurzen Gebet beendet werden, indem du zum Beispiel die Quelle des Lebens um Segen bittest. Oder die gesamte Gruppe kann sich vorstellen, dass alle die Kraft, die sie erhalten haben, weiterhin fühlen werden und sie an die Menschen weitergeben können, die sie nötig haben.

KRAFT VON EINEM UNBEKANNTEN VORFAHREN EMPFANGEN

Von allen unterschiedlichen Ritualen, die ich entwickelt habe, um Zugang zur Kraft der Ahnen zu bekommen, ist das folgende Ritual das einfachste. Du kannst es alleine ausführen oder mit einer Gruppe Menschen.

Der erste Schritt besteht darin, dir die Struktur eines vereinfachten Familienstammbaums vorzustellen, der hinter dir auf dem Boden liegt. Die aufeinander folgenden Generationen deiner Vorfahren kann man als Schritte zurück in der Zeit sehen. Dieses Ritual funktioniert am besten, wenn man vermeidet, sich hinter einem individuelle Vorfahren vorzustellen, da es sonst schnell zu verwirrend wird. Stattdessen kannst du dir wieder verschiedene Zonen vorstellen, wobei jede Zone eine Generation von Vorfahren beinhaltet.

Mit diesem Bild in deiner Vorstellung hinter dir – schließe deine Augen und bitte mit Respekt um Zugang zu dieser Struktur. Bitte dabei speziell um Kontakt mit einem Vorfahren, der dir Kraft geben kann. Bitte darum, dass du zu einem Vorfahren geführt wirst, der in der Lage ist, dich zu unterstützen, und dass diese Person sich dir in diesem Ritual zu erkennen gibt, während du nach ihr Ausschau hältst. Daneben kannst du auch deine Hilfsgeister oder Kräfte um

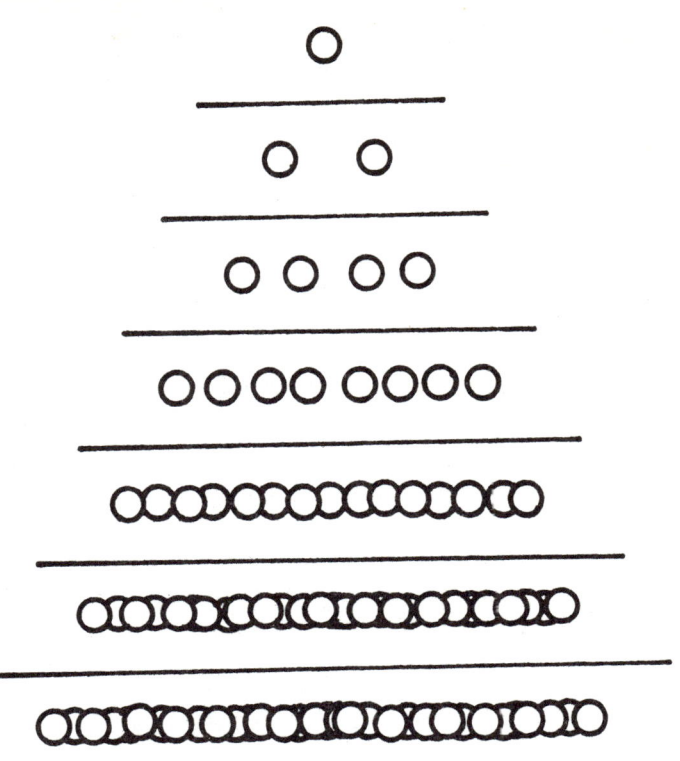

Schutz und Führung bitten, die dich in deinem Leben und bei dieser Arbeit, wenn du durch die Reihen der Vorfahren gehst, unterstützen.

Bevor du damit anfängst, nimm dir etwas Zeit, um das Gefühl zu entwickeln, dass ein bestimmter gut gesinnter Ahne auf dich wartet. Ist dir das gelungen, beginne langsam, dich nach hinten zu bewegen. Lasse zu, dass dein Körper deine Schritte lenkt, bis du in die Zone kommst, in der dieser gewisse Vorfahre sich befindet. So kannst du zum Beispiel erst einen Schritt in die Position deines Vaters machen, danach in den Bereich seiner Mutter, anschließend zu ihrer Mutter, dann deren Vater, gefolgt von dessen Vater und so weiter. Die meisten Menschen fühlen eine Reaktion von einem Vorfahren bis zur fünften Generation, häufig auch bis zur achten oder neunten, zurück. Bewege dich einfach rückwärts, bis du zu einem Halt an einer Stelle kommst, an der du die Anwesenheit des Vorfahren spürst, der dich unterstützen und dir Kraft geben kann.

In dieser Zone des Vorfahrens angekommen, bleibe still stehen oder setze oder lege dich hin, je nachdem wie es sich passend für dich anfühlt. Öffne dich ganz einfach für seinen Segen. Möglicherweise nimmst du bestimmte Bewegungen oder einen Energiestrom wahr, oder du siehst oder hörst diesen Vorfahren, während deine Augen geschlossen bleiben.

Wenn du in schamanischen Techniken ausgebildet bist, kannst du dich erst in einen leichten Trancezustand versetzen, bevor du beginnst, die Schritte zurückzugehen. Wenn du dann bei dem Ahnen angekommen bist, kannst du mit ihm bewusst kommunizieren und ihn um seinen Segen bitten. Nach einiger Zeit spürst du, dass es Zeit ist, Abschied voneinander zu nehmen. Bevor du gehst, kannst du den Vorfahren fragen, ob du ihn noch einmal besuchen darfst. Wenn du möchtest, kannst du dem Ahnen auch die Erlaubnis geben, in deinen Träumen zu erscheinen.

Dann beginnst du, wieder nach vorne zu schreiten, und lässt den Vorfahren in seiner Zone zurück. Gehe diese Schritte nach vorne sehr bewusst, bis du dich wieder an der Stelle deines eigenen Lebens befindest, in der Ausgangsposition, wo du deine Augen wieder öffnest.

DEN FLUSS VON DER VERGANGENHEIT ZUR ZUKUNFT STÄRKEN

Dieses Ritual kann nur in einer Gruppe mit mindestens zwölf Teilnehmern durchgeführt werden. Teile den Raum in drei Zonen ein: zwei große offene Flächen, die durch eine Längslinie von ungefähr einem Meter Breite unterteilt werden. Eine der offenen Flächen repräsentiert die Vergangenheit, die Trennungslinie stellt die Gegenwart dar, und die zweite offene Fläche steht für die Zukunft.

Die Teilnehmer beginnen das Ritual in der mittleren Zone, mit dem Blick in die Zukunft gerichtet. Wenn man sich in der Zone der Gegenwart befindet, bedeutet das, dass man sich selbst repräsentiert, d.h. sein eigenes Leben. Man kann an diesen Platz so oft man wünscht zurückkehren und so lange dort sitzen und verharren, wie man will. Man kann auch aufstehen und sich nach hinten oder nach vorne bewegen, aber wenn man in der Zone der Vergangenheit oder der Zukunft steht, repräsentiert man nicht mehr sich selbst.

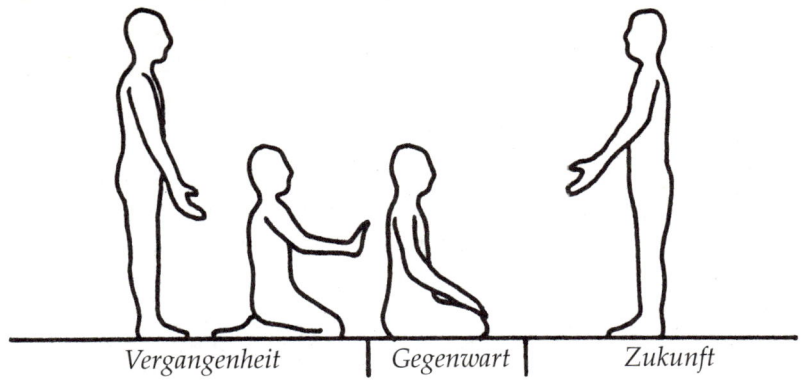

Vergangenheit | *Gegenwart* | *Zukunft*

In der Zone der Zukunft drehst du dich um und nimmst eine Position ein, sodass du jemandem gegenüberstehst, der noch in der Zone der Gegenwart sitzt. Jetzt stellst du etwas Gutes dar, was auf diese Person in der Zukunft wartet. Stehst du dagegen in der Zone der Vergangenheit, stellst du dich hinter eine Person, die schon in der Zone der Gegenwart sitzt. Hier repräsentierst du die Kraft der Vergangenheit, durch die die Person vor dir befähigt wird, sich mit der Zukunft zu verbinden. Du stehst für etwas oder jemand Gutes, wobei es nicht von Bedeutung ist, was oder wen du repräsentierst. Es ist nicht nötig, irgendwelche Details darüber zu wissen. Wenn du in der Vergangenheit stehst, öffnest du dich einfach für etwas Gutes aus der Vergangenheit der Person, die vor dir sitzt. Diese Kraft lässt du dann nach vorne zu der anderen Person strömen. Es kann sein, dass du einen Impuls fühlst, deine Hände auf den Rücken der Person zu legen, die vor dir sitzt. Tue das dann auch, aber bewege deine Hände nicht, wenn du die andere Person berührst. Lege deine Hände einfach ruhig auf den Rücken des anderen und halte sie still.

Wenn du dich in der Zone der Zukunft befindest, kannst du deine Augen schließen oder der Person in die Augen schauen, die vor dir in der Zone der Gegenwart sitzt. Hier stellst du etwas Gutes für sie dar, etwas, was noch geschehen wird. Das kann ein Objekt sein, das sie in der Zukunft bekommen wird, oder eine gute Person, die ihr begegnen wird. Wenn du in der Zone der Zukunft stehst, kannst du in Stille die andere Person einladen, zu dir zu kommen. Nimm ganz ohne Worte wahr, wie dein Herz sich ausdehnt, um sie willkommen zu heißen. Vielleicht verspürst du einen Moment lang das Gefühl, dass du deine Arme ausstrecken willst und die andere Person an ihren Händen nehmen möchtest. Folge dann deinem Gefühl. Doch ziehe sie nicht in Richtung Zukunft. Stehe einfach still, und heiße sie in Stille willkommen.

Während des Rituals kann es auch vorkommen, dass du spürst, hinter einer Person stehen zu müssen, die in der Vergangenheit oder Zukunft schon etwas oder jemanden repräsentiert. Auf diese Weise entsteht eine Art Kette der Kraft oder eine Kette, die Potenzial willkommen heißt.

Auch wenn Menschen hinter dir stehen und dir Kraft aus der Vergangenheit geben oder Menschen vor dir dich einladen, bleibst du trotzdem an deinem Platz. Nimm einfach die von hinten kommende Kraft wahr und absorbiere sie. Und lasse die Einladung von vorne dir dabei helfen, dein Vertrauen zu erweitern. Fühle die Kraft der Vergangenheit, die durch dich strömt und verbinde sie mit der Zukunft. Nimm die gesamte Energie auf, aber reagiere nicht darauf. Lasse zu, dass die Kraft sich einfach weiter aufbaut, sodass die Verbindung zwischen den guten Dingen aus der Vergangenheit und der Zukunft stets größer wird.

Wenn du das Gefühl hast, dass es zu viel wird – oder wenn es sich einfach passend anfühlt –, stehst du auf und bewegst dich aus der Gegenwart hinaus. Dafür brauchst du nicht auf die Menschen in der Vergangenheit oder Zukunft zu warten, bis sie sich von dir wegbewegen. Du kannst jederzeit aufstehen. Die Personen hinter und vor dir werden dann auch automatisch ihre Position verändern.

Es gibt eine wichtige Einschränkung in diesem Ritual, an die du denken musst: Wenn du dich aus der Zone der Gegenwart hinausbewegst, bist du nicht mehr du selbst. In der Zone der Vergangenheit und in der Zone der Zukunft wirst du zu einem Stellvertreter der guten Dinge für eine andere Person.

Während des gesamten Rituals bewegen sich die Teilnehmer langsam und in Stille durch die Zonen. Jede Person verbringt eine gewisse Zeit in jeder der drei Zonen. Sie bewegen sich von der einen Stelle zur anderen, so wie es sich richtig für sie anfühlt. Das Ritual findet meistens nach ungefähr einer halben Stunde ein natürliches Ende, wenn alle Teilnehmer in die Gegenwart, in das Hier und Jetzt zurückkehren, mit dem Blick in die Zukunft gerichtet.

Über den Autor

Daan van Kampenhout, geboren 1963, hat bei traditionellen schamanischen Lehrern verschiedener Kulturen studiert. Er ist ein international angesehener Lehrer und Mentor des Schamanismus. 1993 gründete er eine Praxis für Schamanismus und Rituale. Van Kampenhout ist Autor von drei Büchern und vielen Artikeln über traditionelle und zeitgenössische schamanische Praxis. Übersetzungen seiner Bücher und Artikel sind auf Deutsch und Französisch erschienen.

Daan van Kampenhout veranstaltet Workshops in vielen Ländern. Mehr Information über Veranstaltungen von und mit Daan van Kampenhout erhalten Sie auf seiner Website:

www.daanvankampenhout.com

Daan van Kampenhout

ich lasse mich finden

Wie mein Wunschpartner zu mir kommt

Neue Wege der Partnersuche

Aus d. Niederl. v. Volker Motiz
172 Seiten, 44 Illustrationen, Kt
2. Auflage 2003
ISBN 3-89670-406-0

Viele Singles haben schon lange genug vom Alleinsein, wissen jedoch nicht (mehr), was sie (noch) tun können, um (wieder) einen Partner zu finden. *Ich lasse mich finden* bietet über 80 Übungen, Rituale, Tipps und Meditationen für alle, die auf der Suche nach einem Lebensgefährten sind. Mit viel Einfühlungsvermögen, Humor und Kreativität geschrieben und mit 44 witzigen Karikaturen illustriert, helfen sie, Verhaltensmuster aufzudecken, Familienmuster in den Blick zu nehmen und alte Beziehungsgeflechte neu zu betrachten.

Das Buch mobilisiert die Kraft, das eigene Leben und Glück selbst in die Hand zu nehmen.

Ein unkonventioneller Ratgeber für Mann und Frau, jung und alt, dick und dünn, hetero und homo, spirituell oder bodenständig.

Carl-Auer-Systeme Verlag – www.carl-auer.de

Derselbe Wind lässt viele Drachen steigen

Gunthard Weber (Hrsg.)

Derselbe Wind lässt viele Drachen steigen

Systemische Lösungen im Einklang

Gunthard Weber (Hrsg.)
Derselbe Wind läßt
viele Drachen steigen
Systemische Lösungen im Einklang

Carl-Auer-Systeme Verlag

432 Seiten, Kt, 2001
ISBN 3-89670-124-X

Dieser Band enthält alle wichtigen Beiträge der 2. Arbeitstagung Systemische Lösungen nach Bert Hellinger im April 1999 in Wiesloch, u. a. die Hauptvorträge von Bert Hellinger und Rupert Sheldrake. Durch sie wurde die Aufstellungsarbeit auf eine breitere theoretische Basis gestellt. Weitere Schwerpunkte sind u. a.:

• Aufstellungen als Rituale
• der Umgang mit dem Tod und den Toten (Ahnen)
• die Beziehungen zwischen dem konstruktivistischen und dem phänomenologischen Ansatz in der systemischen Therapie
• die Anwendung der Aufstellungsarbeit in unterschiedlichsten Bereichen (in der Arbeit mit Strafgefangenen, mit Krebskranken, bei Suchtverhalten, bei juristischen Prozessen, in Schulen etc.)

Dieser Band dokumentiert einerseits das Tagungsmotto „Derselbe Wind lässt viele Drachen steigen", er zeigt aber auch, wie sich die Aufstellungsarbeit auf wesentliche Themen menschlicher Schicksale und menschlicher Existenz verdichtet.

www.carl-auer.de

Wilfried Nelles

Liebe, die löst

Einsichten aus dem Familien-Stellen

174 Seiten, Gb/SU, 2002
ISBN 3-89670-286-6

Das Familien-Stellen nach Hellinger gilt vielen als Weg der Rückbindung an alte Werte. Im Gegensatz dazu demonstriert Wilfried Nelles hier, dass diese Methode ganz im Dienst des Wandels steht: Sie zeigt Wege auf, wie man alte Bindungen ohne Verstrickung hinter sich lassen und so zu persönlicher Freiheit und sozialer und kultureller Verständigung kommen kann. Der Schlüssel dafür ist die liebende Anerkennung der Bindung und der Wirklichkeit.

Wilfried Nelles liefert mit diesem Buch eine in sich geschlossene, lebendige Einführung in das Familien-Stellen und gibt wichtige Anregungen für die fachliche Diskussion. Nicht zuletzt zeigt er, welche Konsequenzen die phänomenologische Haltung über den therapeutischen Prozess hinaus für die persönliche Lebensweise hat.

„Ein tiefes und ein spannendes Buch, auf der Höhe der Entwicklung des Familien-Stellens, wegweisend und zugleich bescheiden. Ich habe es mit großem persönlichen Gewinn gelesen."   Bert Hellinger

www.carl-auer.de